Kosakenküche

200 Rezepte der ukrainischen Kosaken

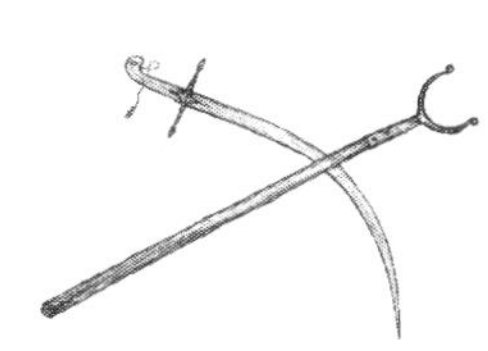

In der Setsch kulinarische Rezepte gesammelt und aufgeschrieben sowie Bilder zum Buch gemalt haben

Lesja Gontschar und Ruslan Naida

Berlin 2014

Kosakenküche. 200 Rezepte der ukrainischen Kosaken

Ein ungewöhnliches Kochbuch, das rund 200 Rezepte der ukrainischen Kosakenküche vorstellt – Kulesch und Galuschki, die Kosaken-Ucha und den Königskarpfen, Met und andere Honig-Geheimnisse, die Sülze, den Hetman-Bortsch und die hausschlachtenen Würste, die Hochzeitstorte und das Kosaken-Schaschlik. Und was wären die Kosaken ohne ihre eingelegten Gurken. Vorgestellt werden sie von einer Menge sympathischer Charaktere – dem Kosaken von der Wiese und Eneid, dem Pilzkenner Borowik und dem Bienenzüchter Jaroschalo, Jawdocha, dem jungen Kosakenfräulein, und Gevatter Teterja, dem Priester Tschortochwost und Wolchow Haplyk. Dazu gibt es jede Menge Kosakenweisheiten, Witze, Zitate aus Klassikern der ukrainischen Literatur, Illustrationen und eine kleine Kosakengeschichte: Wer sind sie, die Kosaken. Woher kommen sie, und wie leben sie heute. Ein Gemeinschaftsprojekt der Schriftstellerin Lesja Gontschar und des Künstlers Ruslan Naida.

Redaktionelle Bearbeitung: Peter Franke, Britta Wollenweber
Übersetzung: Britta Wollenweber

Umschlag und Layout: Ruslan Naida, Peter Franke, Wostok Verlag
Fotos: Privatarchiv der Autoren; Wostok Verlag
Zeichnungen: Ruslan Naida
Satz: Wostok Verlag - Berlin
Druck und Einband: BOOKPRESS.EU, Olsztyn

Wostok Verlag, Am Comeniusplatz 5, 10243 Berlin
Im Internet: www.wostok.de

ISBN: 978-3-932916-62-5

Inhalt

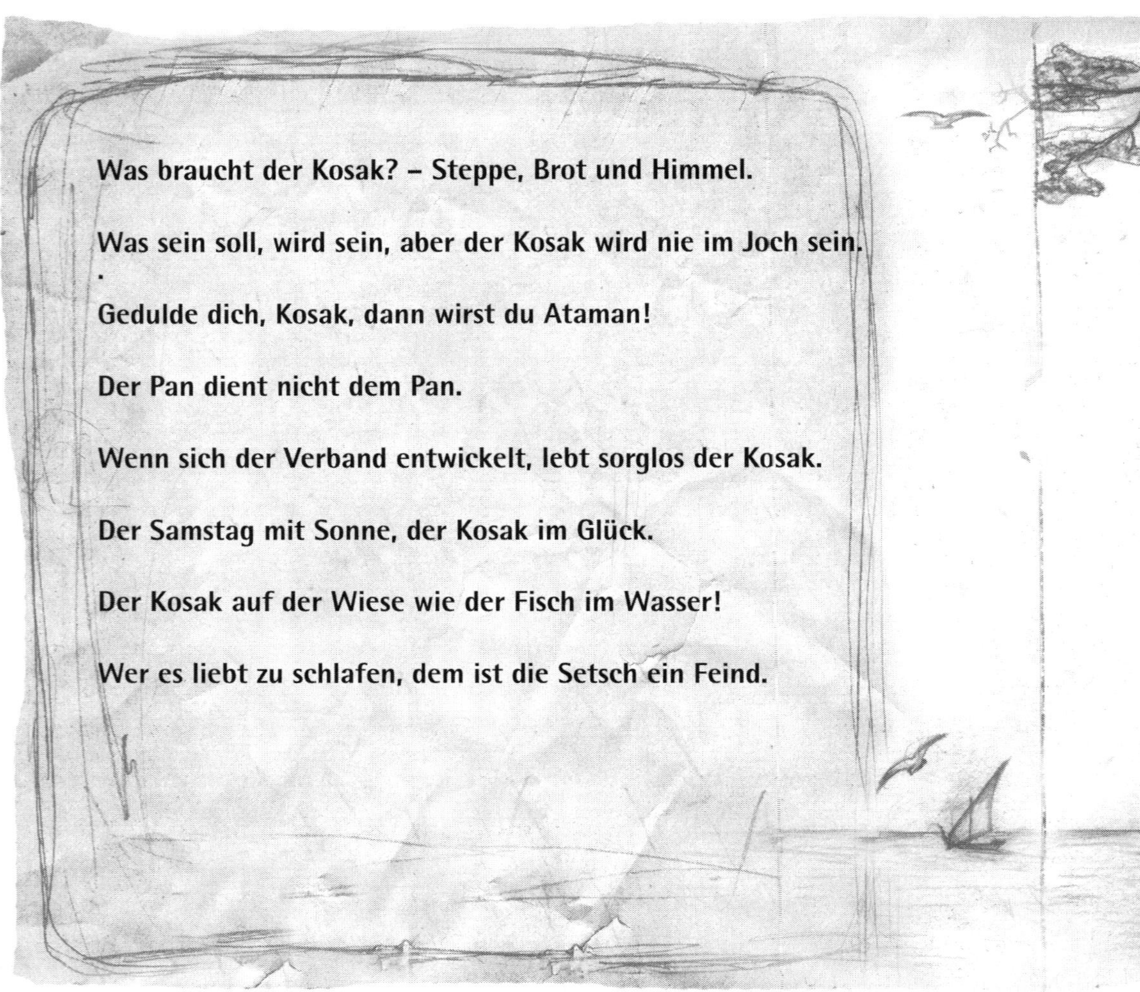

Der Kosak von der Wiese

Der Schafhut mit Loch, durch das die Winde tanzen,
Gibt dem Kosak, sich zu erwärmen, keine Chancen.

Mein Hut hat eine schöne Stange Geld gekostet! Die Sache hat sich wie folgt zugetragen: Ich schämte mich, mich in meinem alten Hut sehen zu lassen. Meine Frau besaß einen uralten Wolfspelzmantel, der mir in den Sinn kam! Eines Tages war ich allein zu Hause, meine Frau war mit den Kindern ins Ope-

rettentheater gegangen. Ich erinnerte mich an den Mantel – der Pelz war genau richtig. So habe ich drei Hüte geschnitten – für mich und meine beiden Kinder.

Die Zuschnitte versteckte ich in der Werkstatt. Der milde Winter war Wasser auf meiner Mühle – meine Frau brauchte den Pelzmantel nicht. Jede freie Minute arbeitete ich an den Hüten. Und das Ergebnis meiner Arbeit war fabelhaft, an meinen Hut hatte ich sogar eine schwarze Bräm genäht!

Was mich angeht, so glaubte ich, eine gute Sache getan zu haben – schließlich war es ein alter Mantel und wurde zudem nur einige Male im Jahr getragen. Das

Material hatte für drei Hüte und einen Pelzbesatz gereicht. Die Frau jedoch war anderer Meinung.
„Mäntelzerschneider!", schrie sie, die Hände über dem Kopf zusammenschlagend, als sie die drei neuen grau-schwarzen Hüte auf dem Tisch der Werkstatt sah. „Du hast den Wolfspelzmantel zerschnitten! Und wo ist der neue?"
„Sieh doch, die Pracht!" Ihre letzte Frage überhörte ich. „Für mich und die Kinder – gerade zum Weihnachtsfest fertig!"
„Mäntelzerschneider!", konnte sie sich nicht beruhigen und verdrehte die Augen.
„Mami, Mami, wir fahren in die Saporoscher Setsch, mit unseren neuen Hüten fahren wir zum Kosaken auf der Wiese!" Die aufgeregten Jungen hüpften auf und ab. Um die Mutter zu trösten, waren sie liebevoll und nett.
„Mami, wein doch nicht ...", sagte der Jüngste mit tränenerstickter Stimme. Worin der Grund für den Streit bestand, verstand er wohl nicht.
„Macht euch auf! Mit euren Hüten!"
„Wir machen es genau so! Die Bruderschaft versammelt sich dort!"
„Komm doch mit!", forderte der Ältere die Mutter auf. Grenzenloses Vertrauen der Kinder ...
„Mäntelzerschneider! Ihr seid Mäntelzerschneider!", schüttelte die Frau den Kopf und träumte von einem neuen Mantel.
„Wir fahren morgen los!", beendete ich das Gespräch und ging, den Wagen vorzubereiten.
So kam es also, daß ich in die Saporoscher Setsch wollte, zum Trachtemirsker Berg, Kosakenrezepte sammeln, um von meiner lieben Frau unabhängig zu sein. In der nächsten Zeit würde sie den Mäntelzerschneider kaum verköstigen wollen. Ich war also ganz allein auf mich gestellt. Und was wußte ich denn? So entschied ich, Kosakenrezepte für ein ganzes Buch zu sammeln, Freigeistern, wie mir, kann dies zustatten kommen. Nur Mut!
Früh am Morgen ging es los – die Sonnenstrahlen liefen lächelnd vor uns her. Es war noch früh, aber ich hatte Hunger. Die Frau hatte den Jungs zu Essen ge-

geben, ich aber hatte keinen Krümel bekommen. Das Auto eilte durch die Dörfer, und von überall wehten leckere Düfte heran – Kartoffeln, Speckgrieben, Eier mit Schinken ...
„Unglück", knurrte der Bauch und fing an zu brüllen wie ein Wildschwein im Dickicht. „Ha, ein Schwein könnte ich jetzt leicht verdrücken!" Die Jungen schliefen satt und zufrieden auf der Rückbank.
Wir müssen uns eilen, um zum Berg zu kommen. Dort treffen wir den Kosaken von der Wiese, meinen Bruder, meinen Beschützer. Gemeinsam sind wir stark. Und das Buch wird uns um so leichter gelingen. Frau hin, Frau her, wir werden nicht vor Hunger sterben!
Der Kosak von der Wiese war nicht da. Er wird wohl zum Angeln auf dem Fluß sein, dachte ich und irrte mich nicht. Ich stand auf dem steilen Dnjepr-Ufer (an dem schon Schewtschenko gestanden hatte) und hielt nach meinem Bruder Ausschau. Hundert Meter vom Ufer entfernt entdeckte ich einen schwarzen Punkt – ein geteertes Boot. Ich fischte nach meinem Handy, erinnerte mich dann, daß elektronische Geräte nicht zum Angeln mitgenommen werden, sie könnten ins Wasser fallen. Aber Kosaken sind ja eigenwillige Menschen, so klingelte ich ihn doch an. Irgendwo ertönte ein bekannter Kosakenmarsch.
„Huhu!", rief ich ins Telefon.
„Hier ist der Kosak von der Wiese!", meldete sich jemand.
Ja, viele Rotaugen habe er schon gefangen, eine Fischsuppe könne er schon kochen. Als mein Magen das Wort Fischsuppe hörte, hüpfte er lustig. Dann hörte ich es blubbern ... Stille. Der schwarze Punkt ritt auf den Wellen, und es war klar, daß das Handy dem mächtigen Dnjepr zum Opfer gebracht worden war.
Aber was passiert da? Die Angelrute des Kosaken von der Wiese spannt sich wie eine Bogensehne, das Boot wird Richtung Perejaslaw gezogen, fährt in der Mitte des breiten Dnjepr. Der Bruder hat die Rute fest in der Hand, schreit aus vollem Halse, aber sitzt wie angenagelt im Boot.

Ein unbekanntes Ungeheuer zieht das Boot hierhin und dorthin – dauerte es eine Ewigkeit oder eine kurze Weile? Ich bin nicht sicher, und lügen will ich nicht. Erst als das Boot das Ufer erreichte, lief ich hin. Und was sah ich! Der Bruder steht blaß wie eine Leiche, die Rute und ein Ruder in der einen Hand – die andere Hand hat ein riesiger Wels verschluckt. Der Kopf des Welses ist größer als unsere beiden Köpfe zusammen. Der Kosak von der Wiese steht wie angewurzelt, säuselt Beschwörungen: „Chrim-chram-chrom-chrum".

Ich hing mich an den Wels, und erst da bemerkte der Freund mich: „Strolch, der, hat meine Hand geschluckt und ist am Ende seiner Kräfte ..."

„Zieh die Hand heraus!", gab ich ihm den segenbringenden Rat.

„Geht nicht", kam die Antwort. „Ich habe etwas im Magen gegriffen."

Da war guter Rat teuer, wir machten uns auf den Weg, der Fischschwanz fegte über den Pfad. Zu Hause würden wir eine Lösung finden.

Und fanden tatsächlich eine. Wir schnitten den Fisch auf. Und siehe da, mein Freund hatte einen Krebs gegriffen, der im Magen des Welses saß. Der Krebs lebte noch und schaute uns dankbar an, hatten wir ihn doch gerettet.

„Krebs ist kein Fisch", sagte der Kosak von der Wiese bewegt und warf ihn ins Wasser. Die Jungen fingen gleich an, ihn zu schulen. Da war immer noch Dankbarkeit in seinen Augen ...

Eine leckere Fischsuppe haben wir dann doch gekocht, und uns übersatt gegessen. Am glücklichsten war Serafima, weil nur Katzen Fisch noch lieber mögen als Kosaken. Die Katze hat sich satt gefressen und schlief gleich neben ihrem Teller ein.

„Morgen bringe ich sie zu Genej", erklärte mein Freund. „Ich soll ihm Serafima ausleihen, weil die Mäuse alle Getreidekörner gefressen haben."

„Oi, seit Jahren habe ich Eneid nicht gesehen!", freute ich mich. „Ich kenne keinen besseren Kulesch-Koch als ihn!"

Wir schliefen auf einem Haufen frisch gemähten Heus. Die Pferde haben fabelhaftes Glück, daß sie solch duftendes Heu fressen dürfen, dachte ich, die Hände hinter dem Kopf verschränkt. Weiter Himmel über mir, an dem riesige Sterne tanzen. Mein Bruder schlief schon tief, dieses Sternenschauspiel hat er jede Nacht.

Was für ein Wels! So einen habe ich nie gesehen! Die Kinder haben sich die Finger abgeleckt. Geschieht Dir recht, liebe Frau, dachte ich! Ehrlich gesagt, habe ich sie aber schon ein wenig vermißt ... Aber ich weiche nicht! Zuerst sammle ich alle Kosakenrezepte, mache mich unabhängig von der Küchenzauberei der Frau, auch das dachte ich noch und schlief ein. Die Katze schnaufte neben mir.

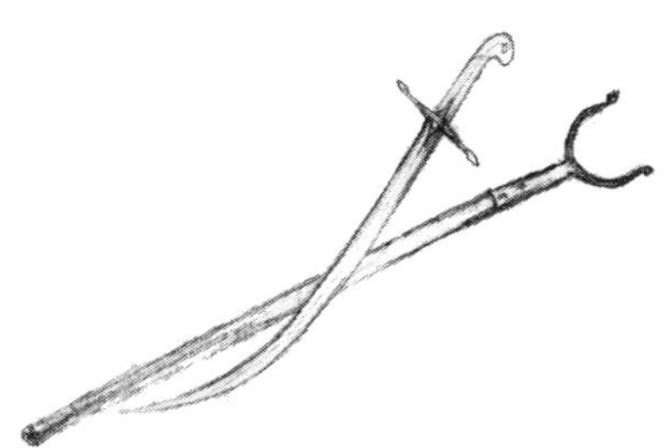

Ucha und andere Fischköstlichkeiten vom Kosaken von der Wiese

„Was haben die Saporoscher Kosaken aus Fisch zubereitet?", hatte ich mich am Vorabend beim großen Fischliebhaber und Kosaken von der Wiese erkundigt, während ich den Niwa auslud.

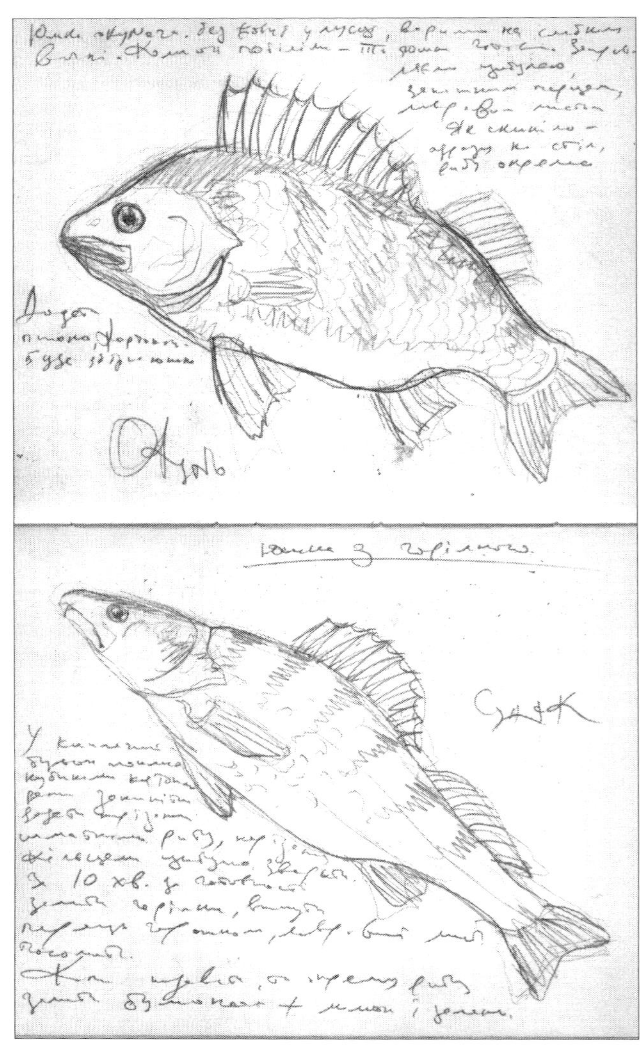

„Die Fischer am steilen Kanew-Ufer (und in ihren Adern fließt kein fremdländisches Blut) kochten Ucha wie folgt", hatte der Hausherr erklärt, während er den Tisch deckte. „Kleine Fische – Kaulbarsch und Barsch – ausnehmen, nicht schuppen, Kopf abschneiden, sonst wird die Suppe bitter, in Gaze einschlagen und in einen nicht zu großen Kupferkessel legen, mit Wasser bedecken und bei mittlerer Hitze annähernd eine Stunde lang kochen. Die Schuppen geben der Ucha Fettaugen und einen ganz besonderen Geschmack. Dann wird der Fisch herausgeholt, die Gaze kommt auf den Müll, den Fisch bekommt der Kater. Nun kommen in den köchelnden Sud Stücke von gewaschenen und gesäuberten großen Fischen – Rotauge, Stör, in unserem Falle Wels. Zudem gehackte Zwiebeln, fein zerdrückte Knoblauchzehen, Kartoffeln, Möhren, Pfeffer und Salz. Auf kleiner Flamme köchelt die Ucha weitere zwanzig Minuten im geschlossenen Topf. Zum Schluß noch 3 Lorbeerblätter dazugeben. In die in Schalen oder Teller gefüllte Suppe kann man Dill oder Zitrone geben.

Gekochter Edelfisch (Stör, Karpfen, Wels) wird in großen Stücken auf einer Schilfunterlage serviert. Oder auf dem Stjablo – von dem die einen behaupten, es sei eine große Schüssel mit einem Gitter darin, so daß die Ucha in der Schüssel ist, und der Fisch auf dem Gitter scheinbar in ihr schwimmt, andere sagen, daß der Stjablo ein einfaches Brett mit einer Vertiefung

in der Mitte ist. Ich habe beide Varianten nachgebaut. Hatte sich die gesamte Gesellschaft um den Tisch versammelt, wurde der Stjablo vor den Ataman gestellt, wobei der Fischkopf in seine Richtung wies, und so begann das Mahl. Ein Reisender führte in seinen Aufzeichnungen aus, daß der Begriff ‚Fisch auf dem Stjablo' bedeutete, daß in der Vorratskammer des Ataman (nach der Zubereitung) ein kniehoher Topf mit zubereiteter Ucha stand. Man kann sich als phantasievoller Mensch also vorstellen, was ein Abendessen beim Ataman bedeutete. Manchmal wurde der gekochte oder gebratene Fisch mit Salamur – ein wenig Bouillon mit zerdrücktem Knoblauch und Salz – gewürzt. Mit Mehl gebundene Fischsuppe bezeichnete man als Schtscherba. Später nannte man so die siedend heiße Ucha aus verschiedenen Fischen oder die Ucha, die aus verschiedenen Graupen zubereitet wurde. Und zudem aß man Ucha mit Hirsekascha, die durch das Kochen einen leicht sauren Roggengeschmack bekam. So, Bruder, steht die Sache. Und heute bereiten wir eine klassische Dnjepr-Ucha."

„Er (der Koch) holte aus dem Kupferkessel ... gekochten Fisch und legte ihn auf den Stjablo, eine riesige Schöpfkelle mit ausgehöhltem Boden. Der Stjablo war groß wie ein Trog. Der Koch hatte mit der Ucha ein wenig flüssige Salzlake bereitet, goß sie über den Fisch ... stellte den Stjablo mit dem Fisch auf den Tisch, legte Scheiben geschnittenes Brot in die Schüsseln und goß den Fischsud darüber ... Die hungrigen Treidler schlangen den frischen Hecht, Stör und Beluga in einer einzigen Ausschweifung in sich hinein."

I. Netschui-Lewizki, Mykola Dscherja

Dnjeprowsker Ucha

Zutaten:

10 kleine Fische
3 bis 4 Liter Wasser
2 Barsche, Brassen oder Hechte
5 Kartoffeln
3 Zwiebeln
2 Petersilienwurzeln
3 zerdrückte Tomaten
1 Teelöffel Butter
1 Stück weißer Speck
1 Knoblauchknolle
Petersilie, Lorbeerblätter, Salz, schwarze Pfefferkörner nach Geschmack

Zubereitung:

Aus den kleinen Fischen und den Fischköpfen wird ein Sud zubereitet. Lorbeerblätter und schwarze Pfefferkörner dazugeben, köcheln lassen, abseihen. In den Kessel mit dem Fischsud die geschälten und fein geschnittenen Kartoffeln, die fein gehackten Zwiebeln, die Petersilienwurzeln geben, 15 Minuten köcheln lassen. Fügen Sie nun portionsweise Stücke des Edelfischs ohne Haut und Gräten, die in Butter geschwenkten, zerdrückten Tomaten, Knoblauch und Salz hinzu. Weitere 15 Minuten köcheln lassen. Lorbeerblätter 5 Minuten vor Ende der Garzeit zugeben. Die Ucha wird mit gehackter Petersilie bestreut und mit schierem Speck – Salo (wenn man diese Köstlichkeit nicht schon vorher verputzt hat) – und zerdrücktem Knoblauch gereicht.

Taurische Ucha mit Tomaten

Zutaten:

1 Kilogramm kleine Fische
½ Kilogramm Zander (Karpfen, Hecht, Barsch)
1,5 bis 2 Liter Wasser
2 Zwiebeln
1 Möhre
2 Petersilienwurzeln
5 mittelgroße Tomaten
2 Eßlöffel Butter
Salz, Pfeffer
2 Lorbeerblätter
5 Pimentkörner
1 Bund Dill

Zubereitung:

Aus den kleinen, in Gaze eingeschlagenen Fischen wird in 15 bis 20 Minuten ein Sud gekocht, dann die Fische entfernen und der Katze geben. In die Brühe werden nun für 15 Minuten Stücke des Edelfischs gegeben, danach den Fisch herausnehmen und beiseite stellen – den Sud abseihen. Zwiebeln, Möhre und Petersilienwurzeln werden in feine Streifen geschnitten, dann in Butter gedünstet und danach passiert. Tomaten häuten, in kleine Würfel schneiden und in Butter dünsten bis eine glatte Masse entsteht. Diese in den Fischsud geben, umrühren. Nun kommen das passierte Gemüse und die Petersilienwurzeln hinzu. Kochen bis alles gar ist. Salzen, pfeffern. Zum Schluß die Ucha mit Lorbeerblättern und Piment abschmecken. Je ein Stück Fisch in die Suppenschalen legen, mit Suppe auffüllen und mit fein geschnittenem Dill bestreuen.

Ucha aus Barsch

Zutaten:

1 Kilogramm Barsch (oder mehr)
2 Liter Wasser
100 Gramm Lauchzwiebeln
schwarzer Pfeffer, Salz, Lorbeerblätter
Fischgewürzmischung nach Geschmack

Zubereitung:

Die Barsche sorgfältig säubern, die Galle vorsichtig entfernen. Die anderen Innereien können, müssen aber nicht entfernt werden. Der Fisch kommt mit Haut und Schuppen in eine Kasserolle. Die Schuppen können später leicht abgezogen werden, wie die Haut von gebutterten Pilzen. Die Barsche werden bei schwacher Hitze in Wasser geköchelt. Wenn das Fischauge weiß ist, ist der Fisch gar, den Fisch herausnehmen und beiseite stellen. Nun die Ucha mit Lauchzwiebeln, Salz, Pfeffer, Lorbeerblättern und anderen Gewürzen (Fischgewürzmischung) abschmecken. Wenn die Ucha kocht, muß sie direkt auf den Tisch, der Barsch wird in einer separaten Schüssel aufgetragen. Wenn Sie in die Kasserolle Hirse und Kartoffel geben, bekommen Sie keine Barsch-Ucha, sondern eine Sbornaja Ucha, also eine gemischte Ucha.

Ucha mit Kaviar und Sekt

Zutaten:

1 Kilogramm Kaulbarsche
2 Liter Wasser
500 Gramm Stör oder Sterlet
je 4 Petersilien- und Selleriewurzeln
Salz
1 Bund Kräuter (Dill, Petersilie)
½ Glas Kaviar aus dem ausgenommenem Fisch
4 Eßlöffel geriebene Zwiebeln
½ Zitrone
1 Glas Sekt

Zubereitung:

Kochen Sie die Suppe aus den Kaulbarschen sowie den Petersilien- und Selleriewurzeln und klären Sie diese dann mit Kaviar. Dafür, 10 Minuten bevor die Suppe fertig ist, die Fischeier in den Kupferkessel geben und mitkochen. Abseihen, salzen. Stör oder Sterlet in Stücke schneiden, mit einem Handtuch trocken tupfen, in die heiße Suppe geben und etwa 15 Minuten auf schwacher Flamme köcheln lassen, bis der Fisch gar ist. Die Fischstücke in einen Suppenteller – oder eine Suppenschale – geben, mit Kräutern bestreuen, dann vorsichtig den Fischsud darüber gießen. Der Sekt wird zur Verfeinerung des Geschmacks am Tisch in die Ucha gegeben. Zudem kommen die von Schale und Kernen befreite Zitrone sowie die geriebenen Zwiebeln in den Sud. Den Sekt aus der Flasche unbedingt austrinken: Gutes darf nicht verlorengehen.

Wenn in der Setsch zum Mittagessen gerufen wurde, dann stellte der Koch auf den Syrno – ein kleiner, niedriger Tisch, an dem man auf dem Boden saß – Holzschüsseln mit Beilagen, und zwischen diese verteilte er große Holzkrüge mit Getränken: Wodka, Honigwein, Bier und Braga (ein alkoholisches Getränk auf Maischebasis). Um die Holzkrüge herum standen Korjatschki (Holzschälchen) – bei den Saporoschern Michailiki genannt, denn normale Wodka- und Weingläser kannte man in der Setsch nicht.
Mit ihrem Ataman zusammen beteten die Kosaken und setzten sich zu Tisch, und alle langten ordentlich zu. Der Koch verteilte den Fisch auf dem Stjablo. Nach dem Essen wurde wieder gebetet, alle verbeugten sich voreinander und vor dem Ataman und dankten dem Koch.
„Danke, Bruder", sagten sie, „danke, daß Du die Kosaken gesättigt hast, danke für das schmackhafte und nahrhafte Essen."
Und im Hinausgehen warfen der Ataman und alle Kosaken einige Kopeken – oder auch mehr – in ein Kästchen, dann zerstreuten sie sich in alle Winde. Und der Koch nahm das Geld aus dem Kästchen und kaufte auf dem Markt alles, was nötig war für das Abendessen.
Gekocht wurde dreimal am Tag, und nicht in Töpfen, sondern in Kupfer- oder Eisenkesseln, und nicht auf dem Herd, sondern über dem offenen Feuer.

Saur-Mogila. Sagen und Legenden vom Unterlauf des Dnjepr

Ruft der Kosak von der Wiese im grimmigen Winter an
„Rate, wo ich sitze!"
„Hoch oben auf dem Turm?"
„Nein, auf dem Ofen!"
„Rate, was ich esse!"
„Brot?"
„Nein, Wareniki!"
„Rate, was ich trinke!"
„Samogon?"
„Wieder falsch! Scham-Pan-ski."

Es ist leichter, den Fisch zu essen, als ihn zu fangen.

Nicht alles was im Wasser schwimmt, ist Fisch.

Weder Fisch noch Fleisch.

Einerlei, ob du für den Fisch oder für den Krebs dankst.

Fisch im Wasser – und er hackte für ihn Petersilie.

Ucha mit Rauch

Das einfachste Fischsuppenrezept aus frisch gefangenen Fischen

Zutaten:

2 Kilogramm Plötze oder alles, was sie gefangen haben
2 große Zwiebeln
4 Möhren
5 Kartoffeln
1 Zitrone
Petersilie, Dill, Salz, schwarzer Pfeffer, Lorbeerblätter
Butter, um die Ucha zu binden
100 Gramm Wodka
Vergessen Sie nicht den Kupferkessel, den Feuerstein und das Holz. Und natürlich: Wasser brauchen Sie ebenfalls.

Zubereitung:

Das Interessanteste an diesem Rezept ist, daß Sie den Fisch selbst fangen müssen, das ist unabdingbar. Statt Plötze kann Rotauge oder Barsch genommen werden, was immer Ihnen an die Angel hüpft. Zuerst fangen wir den Fisch, schuppen ihn, nehmen ihn aus und entfernen die Kiemen. Dann häuten wir die Zwiebeln, schneiden sie in große Ringe und geben sie in das bereits köchelnde Wasser im über dem Feuer hängenden Kessel. Dann schrubben wir die Möhren, schneiden sie in große Stücke und geben sie in das Wasser zu den Zwiebeln. Während das Gemüse kocht, schälen wir die Kartoffeln, würfeln sie und geben sie zusammen mit den zusammengebundenen Petersilien- und Dillstengeln in den Sud (die Stengel zusammenbinden, damit Sie sie leicht wieder herausnehmen können). Alles kochen, bis die Kartoffeln fast weich sind. Dann ist schon Zeit, den Fisch in den Sud zu geben, er braucht nicht länger als 7 Minuten, um zu garen. Wenn die Augen weiß werden, den Kessel vom Feuer nehmen und den Fisch herausnehmen, sonst zerfällt er, und die Gräten verderben die Ucha. Vorher aber für die letzten Minuten die fein gehackten Petersilienblätter und den gehackten Dill in den Sud geben, zudem einen Schnitz Zitrone, Lorbeerblätter, Salz und Pfeffer. Und dann gießen wir andächtig ein halbes Glas Wodka in die Ucha. Zu guter letzt nehmen wir einen glimmenden Holzscheit und löschen ihn - ebenfalls voller Andacht - in der Fischsuppe. Wenn Ihnen dies alles in 2 bis 3 Minuten gelingt, so daß der Fisch nicht zerkocht ist, dann haben Sie tatsächlich eine Ucha zubereitet.

Nun geben Sie die Ucha in eine Schüssel, binden sie leicht mit einem Stückchen Butter, streuen die restlichen Kräuter darüber und mahlen frischen schwarzen Pfeffer darüber.

Übrigens, wenn Sie neben der Suppe noch ein zweites Gericht – marinierten Fisch – reichen möchten, dann bereiten Sie Salamur, eine Art würziger Sauce. Dafür nehmen Sie einen oder zwei Fische aus der Ucha. In einer kleinen Schüssel zerdrücken Sie Knoblauchzehen und vermischen diese mit Salz und gemahlenem schwarzen Pfeffer. Dann gießen Sie ein wenig Fischsud dazu, so daß eine relativ dünnflüssige Sauce entsteht. Alles gut verrühren. Geben Sie diese über den Fisch – Salamur und Ucha: zwei Gerichte aus einem Kessel.

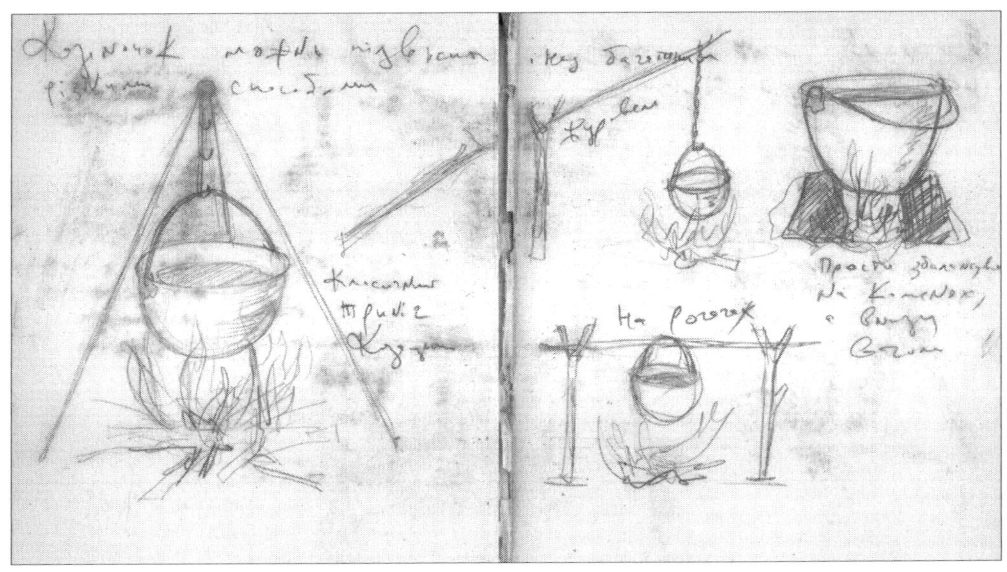

Billiger Fisch ergibt eine schwache Ucha.
Teurer Fisch macht eine gute Ucha.

Wer zuerst kommt, dem gibt man zuerst.

Salziger Fisch – schlechte Ucha.

Wenn sie Ucha anbieten, geben sie auch einen Löffel.

Schlechte Suppe wird auf die Straße geschüttet, gute gegessen.

Er aß eine Suppe aus Kartoffeln, Piroggen und Ei,
und schrie, daß er immer noch Hunger habe.

Zwei bekommen einen Krebs, der dritte eine Ucha.

Für nichts gibt es keine Ucha. (Alles hat seinen Preis.)

Wenn du Suppe willst, fang Fisch und gib Petersilie dazu.

Er kochte viel Ucha, nun muß sie gegessen werden.

Die Hungrigen löffelten die Ucha, und der Fisch blieb auf dem Kesselboden.

Gehst du zum Ucha-Essen, bring Petersilie mit.

Versteck es unter dem Kissen, morgen kochst du Ucha.

Lehr den Fisch das Schwimmen nicht.

Als der Saporoscher Kosak einen kleinen Otter gefangen hatte, lehrte er ihn, sich wie eine Katze auf seine Füße zu legen und mit ihm unter der Decke zu schlafen, mit der er sich nächtens bedeckte. Nachdem der Kosak den Otter auf diese Weise großgezogen hatte, nutzte er ihn auch zum Fischen. Der Otter ging ins Wasser, fing einen Fisch und kehrte mit ihm zu seinem Wirt zurück.

Dmitri Jawornizki, Geschichte der Saporoscher Kosaken

Juschka Sloschnaja

(eine komplizierte Suppe)

Zutaten

Je 1 Kilogramm Kaulbarsch und Barsch

3 Liter Wasser

2 Zwiebeln

5 Kartoffeln

4 Petersilienwurzeln

1 Bund Dill

Zitronenscheiben

Salz • gemahlener schwarzer Pfeffer

Lorbeerblätter (nach Geschmack)

Zubereitung:

Kaulbarsche und Barsche abspülen, säubern, ausnehmen, Kiemen entfernen. Den Barsch häuten und entgräten. Kaulbarsche und die Barschköpfe sowie Haut und Gräten in rund 3 Liter kaltes Wasser geben, in Ringe geschnittene Zwiebeln, Petersilienwurzel, Salz, Pfeffer, Lorbeerblätter dazugeben. 2 bis 3 Stunden kochen, bis die Kaulbarsche vollständig zerkocht sind. Dann den Sud abseihen und noch einmal aufkochen. Die Barschfilets in den Sud geben und garen lassen. Nun den Fisch zusammen mit Dill auf die Teller legen, vorsichtig mit Brühe übergießen und servieren. Auf einem separaten Tellerchen Zitronenscheiben und Kräuter anrichten. Um den Geschmack der Brühe zu verfeinern, kann man ein wenig Wasser von den separat gekochten Kartoffeln hinzugeben.

Ucha mit Milch

Zutaten:

½ Kilogramm Fisch, beliebiger Fisch, am schmackhaftesten ist Barsch
½ Liter Milch
½ Liter Wasser
3 Eßlöffel Butter
Salz

Zubereitung:

Geben Sie das Wasser mit Salz in eine Kasserolle, warten Sie bis es kocht, legen Sie dann die Stücke des gesäuberten Fisch hinein, wieder warten, bis es kocht, gießen Sie nun die Milch dazu, kochen, bis der Fisch gar ist, dann die Suppe mit Butter binden.

Aus einem Kosakenlied

Hey, wer da auf dem Felde,
antworte!
Hey, wer da auf der Wiese, ich
rufe dich.
Komm zu mir zum Abendessen!
Mein Herz jubelt.
Es bläst der Wind,
Es kocht im Kessel,
Wenn alles schläft im Nebel.
Komm zu mir zum Abendessen,
Ich rufe – der Mond gießt sein
Licht über die Wiese,
Der Kessel kühlt ab,
Der Wind weht und weht,
Das Herz stockt aus Mitleid.

Ucha mit Sahne

Zutaten:

1 Kilogramm Meeresfisch (Makrele, Flunder, Kabeljau)
2 Liter Wasser
½ Kilogramm Kartoffeln
2 Eßlöffel Weizenmehl
½ Glas ungesüßte Sahne
1 Glas Milch
8 Stück getoastetes Weißbrot
50 Gramm Butter
1 Zwiebel, 2 Möhren
2 Eßlöffel Salz
schwarze Pfefferkörner, Lorbeerblätter nach Geschmack, Petersilie, Dill

Zubereitung

Lassen Sie 2 Liter Wasser aufkochen, salzen, dann die gehackten Möhren, die ganze Zwiebel und die Petersilie dazugeben. 15 Minuten kochen. Nun die geschälten und gewürfelten Kartoffeln in den Sud geben, weitere 15 Minuten kochen. Den gewaschenen und ausgenommenen Fisch in Stücke teilen und mit Pfefferkörnern und Lorbeerblättern in den Sud geben, köcheln lassen. Aber Vorsicht, der Fisch darf nicht zerfallen. Zur gleichen Zeit in einer Pfanne Mehl in Butter anschwitzen. Milch hinzugießen, bei schwacher Hitze immer gut rühren, damit es nicht klumpt. Die Masse muß in etwa die Konsistenz von Smetana (Crème fraiche) haben. Zum Schluß wird die Sahne dazugegeben, immer weiter rühren. Nehmen Sie den Fisch aus dem Sud, legen Sie ihn auf einen Teller und verteilen Sie das mit Butter bestrichene geröstete Brot um den Fisch. Nun wird die „Weiße Sauce" langsam in die Fischbouillon gegossen, immer rühren, kurz aufkochen lassen. Nun geben Sie die Sauce über den Fisch oder essen den Fisch und die Sauce nacheinander.

Noch eine Ucha mit Sahne

Zutaten:

1 Kilogramm Fisch (Buckellachs, Lachs oder ein anderer roter Fisch)
4 Kartoffeln
3 Möhren
200 Gramm Butter
1 Glas fette ungesüßte Sahne oder Smetana
Salz, weißer Pfeffer, Piment (Nelkenpfeffer), Lorbeerblätter
Dill nach Geschmack

Zubereitung:

Den Fisch säubern, ausnehmen und in große Stücke schneiden. In einen großen Kessel (oder in einer Kasserolle, wenn Sie die Ucha auf dem Herd zubereiten) legen Sie das in große Stücke geschnittene Gemüse in folgender Abfolge hinein: Kartoffeln, Möhren, dann Piment und Lorbeerblätter. Nun legen Sie den Fisch darauf – alles kräftig mit Salz bestreuen. Schneiden Sie die Butter in Scheiben und bedecken Sie mit ihr den Fisch. Alles mit Wasser übergießen und eine halbe Stunde kochen lassen. Nun geben Sie ein halbes Glas Smetana oder fette ungesüßte Sahne darüber, mit weißem Pfeffer würzen, lassen Sie das Gericht 10 Minuten zugedeckt ziehen. Dann streuen Sie fein geschnittenen Dill darüber. Schnell zubereitet und überaus schmackhaft.

Ucha aus Wels oder Zander

(in der Natur zubereitet)

Zutaten:

600 Gramm Fisch (Wels oder Zander)
2 Liter Wasser
5 Kartoffeln
2 Möhren
1 Zwiebel
40 Gramm Zitrone
20 Gramm Petersilie und Dill (nur das Grün)
schwarze Pfefferkörner
50 Gramm Wodka
Lorbeerblätter, Salz (bei den Tschumaken gekauft)

Zubereitung:

In das kochende Wasser im Kessel werfen Sie die ganze Zwiebel (mit Schale) sowie die geschnittenen Möhren und Kartoffeln, zudem den Fischkopf (Flossen und Kiemen vorher entfernen) und die Zitronenstücke. Damit die Ucha klar wird, dürfen Sie sie nicht kochen lassen wie im Krater eines Vulkans, sondern müssen sie am Rand des Feuers gleichsam zerfließen lassen. Wenn das Gemüse fast weich ist, geben Sie den vorbereiteten Fisch dazu (als ganzen oder in Stücke geschnitten). 15 Minuten köcheln lassen. 2 Minuten vor Ende der Garzeit kommen Dill, Petersilie, Salz und Pfeffer in den Sud. Wenn Sie die Ucha vom Feuer nehmen, gießen Sie 50 Gramm Wodka dazu und löschen Sie einen glimmenden Holzscheit in der Suppe.

„Der Wels ist ein starker, ein mächtiger Fisch"

„Eines Tages", erzählte mir ein begeisterter und gerechter Angler, „stand ich mit meiner Rute in meinem Boot auf dem Dnjepr. Ein wenig unterhalb von Pljuta. Solche Brassen, Alande, Rotfedern. Wie gut sie anbissen ...! Aber dann – siehe da – in der Mitte des Dnjepr eilte ein Boot gegen die Strömung. Schnell fuhr es, aber ein Motor war nicht zu hören. Was, so denke ich bei mir, für ein Hokuspokus: einen Motor hat das Boot nicht und ein Segel auch nicht, und niemand ist am Ruder, aber das Boot rast dahin wie ein Gleitboot. Plötzlich drehte sich das Boot direkt vor mir wie ein Strudel auf der Stelle. Und wie es sich drehte und drehte, und dann sprang es wieder vorwärts und kreiselte erneut, ein stetes Auf und Ab, tauchte auf, tauchte unter und wieder auf. Dann war plötzlich von dort – aus dem Boot – ein verzweifelter Schrei zu hören: ‚Rettet mich! Hilfe!' Stille. Und erneut: ‚Rettet mich. Kommt!' Ich ruderte zum Boot. Verzweifelt hielt sich ein Großväterchen mit der einen Hand am Bootsrand fest, aber die andere Hand war aus irgendeinem Grund im Wasser. ‚Was ist los?', fragte ich. ‚Der Wels. Hilfe!' ‚Wo ist der Wels?' ‚Der Wels ist am Haken!' ‚Laß los!', rief ich. ‚Du wirst sonst untergehen!' ‚Die Schnur hat sich um die Hand geschlungen, ich kann nicht loslassen!' ‚Schneid die Schnur durch!' ‚Ist nichts da zum Schneiden. Komm zu mir, hilf mir!' ‚Zieht er dich schon lange?' ‚Seit Kanew reißt er mich mit!' Ich griff nach dem Rand des Bootes, aber wie der Wels zog und zog. Wohin wollte er mit dem Boot? Er zog uns schon weiter bis dahin, wo die Kirschen stehen, und dort – Gott sei Dank – zog uns der Wels am Ufer entlang, und ich konnte nach einem Strauch greifen. Der Wels zog, zog ... Ich klammerte mich am Strauch fest – und der Wels wurde offensichtlich müde. Und wie konnte er auch nicht müde sein – so lange hatte er das Boot gegen die Strömung gezogen. ‚Das Seil lockert sich, Gott sei Dank!', freute sich der Alte. ‚Zieh!', sage ich. ‚Zieh nicht straff!' Aber – siehe da – da tauchte der Wels auf, und drehte sich

im Wasser auf den Rücken. Der Fischbart bewegte sich und Blasen stiegen aus dem Fischmaul auf, als wollte er sagen: ‚Ah, was bin ich müde, meine Herren Angler. Gebt mir eine Pause, dann werde ich euch mitnehmen bis Kiew.' Wir schleppten den Wels ans Ufer. Ich sagte: ‚Glaub ihm nicht, das ist eine Bestie. Schlag ihm mit dem Ruder auf den Kopf.' Der Alte scheute zurück und sagte: ‚Amen'. Er zeigte seine Hand, und die sah aus, als sei sie vom Handgelenk abgeschnitten, die Finger dick geschwollen und tiefblau. ‚Aber wo', fragte ich, ‚hat dieses seltsame Wesen dich aufgegriffen?' ‚Ein wenig oberhalb von Kanew', antwortete der Alte. ‚Ich fuhr aus mit dem Boot, wollte Wels fangen, ein Weibchen anlocken. Nun, natürlich, am Boot ist ein Haken mit Köder. Doch ein Wels biß an, zog. Dann war er wieder verschwunden. Das Seil hatte ich ums Handgelenk geschlungen. Und als er plötzlich anzog, und wenn ich mich nicht am Boot festgehalten hätte, würden jetzt die Krebse auf mir kriechen. Immerhin, ich konnte mich halten. Aber was für ein Unglück. Wie kommen wir jetzt nach Hause?"

Wie es scheint, ist der Wels ein mächtiger Fisch."

Ostap Wischnja,
Jägerlatein

Haben wir Fisch, gibt es auch Brot.

Der Fisch lebt als Fisch, der Mensch als Mensch.

Der Fisch lebt nach seiner Fasson.

Wenn es Fisch gibt und die Menschen ihren Mund nicht aufmachen, wenn es nicht nötig ist, gäbe es eine Menge weniger Probleme.

Der Fisch schaut,
wo es am tiefsten,
der Mensch, wo es am
besten ist.

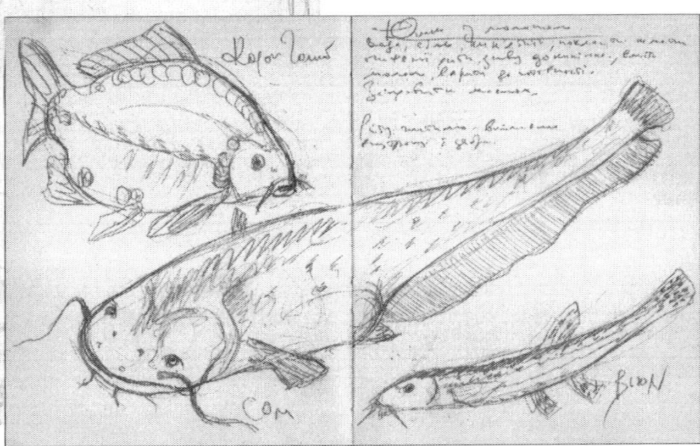

Lachs in Sahne

Dieses leicht zuzubereitende und köstliche Rezept wird allen gefallen, die nicht viel Zeit in der Küche verbringen wollen ...

Zutaten:

1 Kilogramm Lachs (oder ein anderer roter Fisch)
300 Gramm ungesüßte, fette Sahne
½ Zitrone
Salz ist nicht nötig, aber Sie können etwas dazugeben

Zubereitung:

Zwei große Stücke Lachs – oder 4 oder 6 – auf ein Backblech legen. Dann vorsichtig und nicht von oben, sondern von der Seite die fette, ungesüßte Sahne angießen. Auf den Fisch je ein bis zwei Stücke Zitrone legen, das Blech in den Ofen schieben und eine halbe Stunde backen.

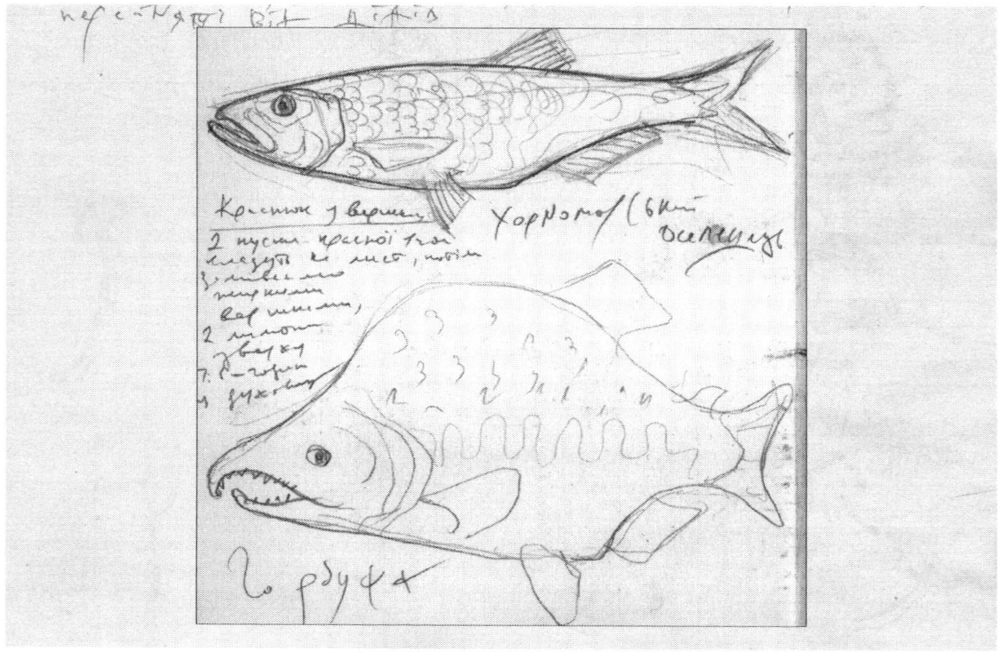

Gebackener Fisch

Zutaten:

1 großer Edelfisch (Stör, Lachs, Buckellachs)
Salz
Öl

Zubereitung:

Fangen Sie mit den bloßen Händen einen Fisch, am besten einen Rotfisch (wie es Pawlus im folgenden Ausschnitt einer Erzählung tut), und die Frösche lassen Sie im Wasser. Nehmen Sie den Fisch aus und salzen ihn. Den Fisch als ganzen auf ein mit Öl bestrichenes Gitter über Kohlen grillen oder in eingeölte Alufolie wickeln und in die Kohlen legen. Etwas Köstlicheres haben Sie noch nicht gegessen, insbesondere wenn Sie den Fisch wirklich mit eigenen Händen gefangen haben.

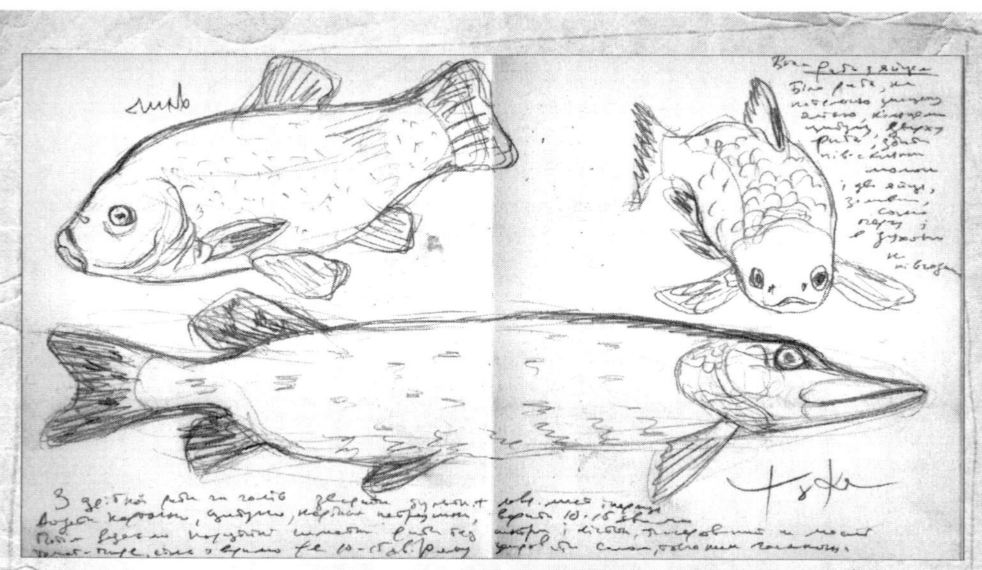

Dann stand der Kosak auf, um das Frühstück zu bereiten. Er schlug aus dem Baumknorren am Fluß drei Pflöcke heraus, steckte sie in den Boden, so daß sie eine Pyramide bildeten. Dann hängte er zwischen den Pflöcken den Kupferkessel auf, öffnete einen Sack und warf Getreide in den Kessel, goß Wasser darüber. Er sammelte trockenes Holz für das Feuer. Aus seinem Gürtel nahm er einen Feuerstein, einen Schwamm und trockenes Schießpulver. So entzündete er ein Feuer. Den brennenden Schwamm legte er auf ein Bündel trockenes Gras und wedelte so lange mit der Hand, bis das Gras zu glimmen begann. Er baute ein Feuer, dessen gelbe Zungen von allen Seiten am Kessel leckten. Das Feuer loderte fröhlich, spritzte Funken in alle Richtungen.

Oi, und was hatte er nun für einen Hunger. Pawlus dachte bei sich, daß er auch einen Otter oder einen Frosch nehmen würde. Frosch wäre in diesem Falle besser. Im Fluß schien es welche zu geben. Ließen sie sich nur fangen, denn er hatte einen solchen Hunger. „Vielleicht könnte ich einen Vogel schießen", dachte er, „aber jetzt ist Nacht. Da kann man nichts machen, ich muß mit einem Frosch zufrieden sein."

Er nahm ein Bündel Gras, zündete es an und ging zum Fluß. Und siehe da, einige Frösche hüpften lustig im Wasser. Der Bursche ging mit seinem brennenden Grasbündel ins Wasser und achtete nicht auf die Gefahr. Ein solches Wunder hatte er noch nie gesehen, das Wasser ging ihm schon über die Knie, es war sauber und klar. Unten war Sand zu sehen, im Licht schimmerten seine Füße weiß.

Er schaute, ob sich etwas im Wasser bewegte, stand regungslos. Das Gras brannte nieder. Helle Funken fielen ins Wasser und gingen zischend aus. Pawlus beobachtete einen Fisch. Der Fisch, angelockt von seinen weißen Füßen, schlug mit dem Schwanz, bewegte die Kiemen und kam immer näher. Und während er sich näherte, schluckte er ein schwimmendes Stückchen und spuckte es direkt wieder aus. Pawlus verharrte bewegungslos. Das Gras brannte ab. Dann fuhren seine Hände wie der Blitz ins Wasser und packten den Fisch am Kopf. Die Finger legte er in die Kiemen. Das sterbende Grasbündel fiel ins Wasser. Alles war Dunkelheit. Er sah nur den weißen Fisch in seinen Händen, der Widerstand leistete.

„Das ist doch besser als ein Frosch", dachte Pawlus. „Dank Dir, oh Herr!"

Er erreichte das Ufer, kehrte zu seinem Unterstand zurück, wo das Feuer schon verlöschte. Pawlus legte Zweige nach, dann nahm er sich den Fisch vor, teilte ihn mit dem Messer, nahm ihn aus, salzte ihn von allen Seiten und legte ihn auf den Rand des Feuers. Wieder und wieder wendete er ihn, damit er gegart wurde, wie es sein sollte. Pawlus konnte sich nicht erinnern, je etwas Köstlicheres gegessen zu haben als diesen herrlichen Fisch. Dann betete er, bedeckte sich mit seiner Jacke und schlief unbekümmert ein.

A. Tschaikowski,
Für die Schwester

Karauschen mit Smetana

Einige Kosaken vertreten mit Blick auf Karauschen mit Smetana folgende Auffassung: Damit die Karausche nicht nach Schlamm riecht und ihre Feinheit behält, muß man sie bis zur Verarbeitung in Milch schwimmen lassen. Ich weiß nicht, ob Sie einen Karpfenfisch einen ganzen Tag in Milch schwimmen lassen wollen. Wir empfehlen Ihnen, ein einfaches und oft erprobtes Fischrezept wie das folgende auszuprobieren.

Zutaten:

Karauschen, so viele wie Sie fangen, sie müssen auf ein Blech passen.
300 Gramm fette Smetana
4 Zwiebeln
2 Eßlöffel Petersilie und Dill
100 Gramm Lauchzwiebeln
100 Gramm Butter
Salz, schwarzer Pfeffer nach Geschmack

Zubereitung:

Wer wollte nicht schon einmal Karauschen in Smetana mit goldener Kruste, knusprigen Flossen und erstaunlichem Geschmack probieren? Fangen wir also an. Je kleiner die Karauschen, desto köstlicher das Gericht. Die Fische säubern und sorgfältig alle (unnötigen) Innereien entfernen, damit die Speise nicht bitter wird. Die Fische in eine Schüssel geben, salzen, pfeffern und 5 Minuten stehen lassen. Dann in jeden Fisch einen Längsschnitt machen – 3 Zentimeter tief, um die Gräten von der Wirbelsäule zu trennen, die die Angewohnheit haben, im entscheidenden Moment in der Kehle stecken zu bleiben. Wenn Sie flache Karauschen zubereiten, ist es rein theoretisch möglich, daß sich die Gräten auflösen, wenn Sie den Fisch als ganzes backen. Doch nicht faul sein, wir machen die Schnitte. Fische zurück in die Schüssel legen. Petersilie und Dill fein hacken, in die Smetana geben und verrühren. Dann die Flüssigkeit aus der Schüssel mit den Fischen abgießen und die Smetana mit den Kräutern über die Fische geben, so daß jeder Fisch bedeckt ist. Dann schmieren wir das Backblech dick mit Butter (Zimmertemperatur) ein und geben die dick geschnittenen Zwiebelringe darauf. Auf die Ringe legen wir dann die Karauschen mit der Kräutersmetana und schieben das Blech in den vorgeheizten Ofen. Nach einer halben Stunde beginnen die Fische gar zu werden. Damit die Kruste golden und herrlich knusprig wird, müssen Sie den in einer Pfanne köchelnden Karauschen-Saft über das Blech gießen und dieses dann für eine weitere halbe Stunde in den Ofen schieben. Das wichtigste ist, den Moment nicht zu verpassen, wenn der Fisch nicht mehr backt, sondern schon verbrennt. Deshalb sollten Sie sich nicht vom Ofen entfernen. Die fertigen Karauschen sofort servieren und genießen.

Jeder Angler sollte wissen: Wenn in der Kehle eine Gräte steckt, muß man Zwieback essen, der bringt die Gräte in Bewegung.

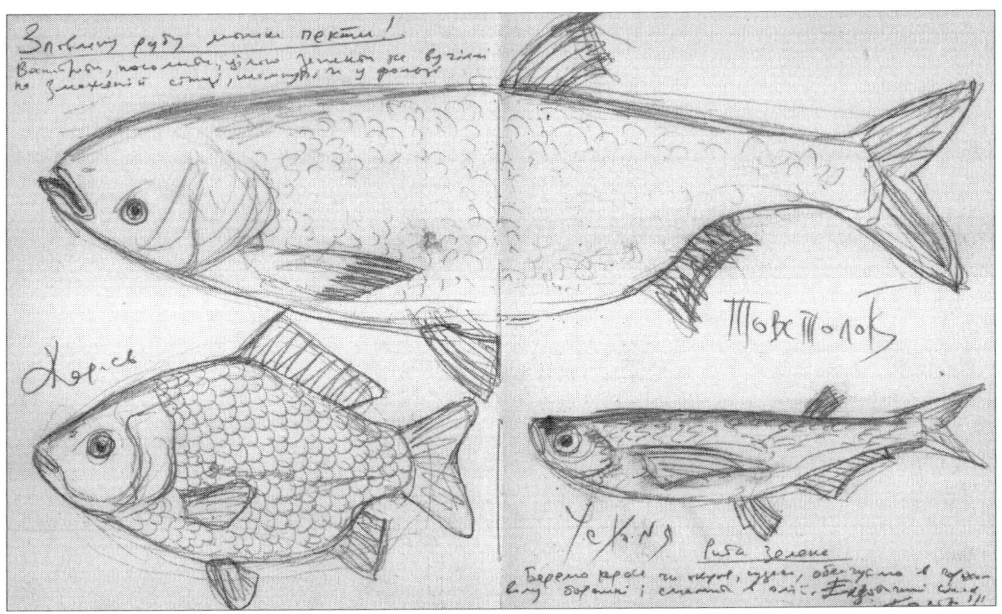

Karauschen mit Smetana ohne Gräten

Zutaten:

4 mittelgroße Karauschen
Öl zum Braten
1 Glas Smetana
Salz

Zubereitung:

Die 4 mittelgroßen Karauschen säubern, Köpfe abschneiden. Fische in einer Pfanne bei geschlossenem Deckel kurz anbraten (damit das Öl nicht wie goldener Regen in alle Richtungen spritzt – haben Sie keinen Deckel, können Sie die Pfanne mit einem Durchschlag bedecken). Dann den Fisch akkurat auf das Backblech legen, mit nicht allzu fetter Smetana begießen, so daß die Karauschen schwimmen (fette Smetana mit Wasser verdünnen). Schieben Sie nun das Blech in den hochgeheizten Ofen, 20 Minuten backen. Dann den Fisch für 3 bis 4 Stunden auf kleinster Flamme im Ofen weiter backen, bis sich die Gräten (kleine wie große) so weit aufgelöst haben, daß sie nicht mehr zu spüren sind.

Borschtsch mit Karauschen

Zutaten:

4 mittelgroße Karauschen
Wasser
1 bis 2 Zwiebeln
2 Möhren
2 Rote Bete
1/2 Weißkohl
1/2 Glas Tomatensaft
4 Kartoffeln
Olivenöl
Lorbeerblätter
Salz, Pfeffer
Mehl

Zubereitung:

In einer großen Kasserolle Wasser zum Kochen bringen. Dahinein geben Sie die klein geschnittenen Zwiebeln, 1 Teelöffel Ölivenöl, die fein geriebenen Möhren und die Lorbeerblätter. In einem gesonderten Topf die geriebene Rote Bete in Tomatensaft passieren. Nun werden die in Mehl gewälzten Karauschen in Öl gebraten. In die Kasserolle kommen dann der fein geschnittene Weißkohl, die Kartoffeln sowie die Rote Bete mit dem Tomatensaft. Salzen pfeffern. Köcheln lassen. 10 Minuten vor Ende der Garzeit geben Sie die gebratenen Fische dazu. Denen wünschen wir für weitere 10 Minuten ein fröhliches Schwimmen.

Es sind Wunder, keine Krebse, die von selbst in die Tasche klettern.

Gott erbarmte sich des Krebses, er gab ihm hinten Augen.

Kein Krebs, kein Fisch, sagt die Alte, sondern irgendeine Kröte.

Krebs, kein Krebs, an seinem Biß erkennst du ihn.

Für den Krebs ist nicht wichtig, in welchem Topf er kocht.

Oh Elend, Krebs, das Wasser kocht.

Auf dem Basar in Kagarlyk
„Warum gibt es keinen Fisch?"
„Weil es kein Wasser gibt!"
„Warum gibt es kein Wasser?"
„Weil es 50 Millionen Ukrainer in den Mund genommen haben und nun stumm sind wie die Fische."

Die Geschichte des Kosaken von der Wiese
„Und selbst am Morgen denke ich an Dich, Jawdocha, meine Liebe. Und kann nicht einmal frühstücken.
Ich kann nicht zu Mittag essen, weil ich den ganzen Tag an Dich denke ...
Wenn der Abend kommt, traue ich mich nicht, an das Abendessen auch nur zu denken, weil alle meine Gedanken immer bei Dir sind, Geliebte ...
Und in der Nacht kann ich nicht schlafen, weil ich Hunger habe!"

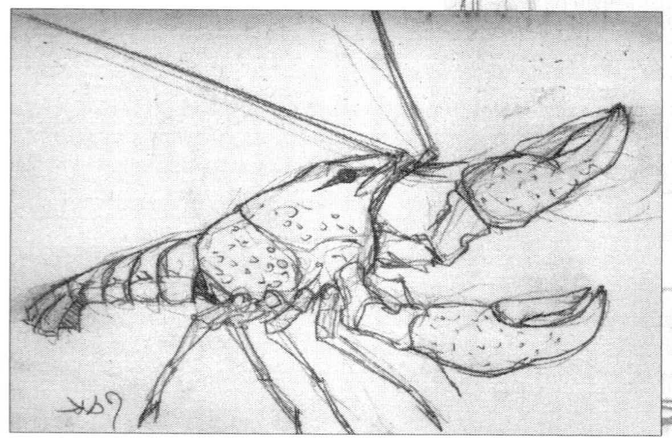

Der Karpfen beklagt sich beim Karpfen: „Ich bin es müde, im Schlamm zu leben." „Klammer dich an den Haken, schon schwimmst du in Smetana", rät ihm der andere.

Grüner Fisch

Zutaten:

1 Kilogramm Zander
3 Eßlöffel Erbsenmehl (oder Grießmehl)
Öl zum Braten

Zubereitung:

Nehmen Sie einen Zander (wahlweise Karpfen oder Barsch), wälzen Sie ihn in Erbsenmehl (Sie können die Erbsen selbst in der Kaffeemühle mahlen), und braten Sie ihn in Öl. Während des Bratens entsteht ein überraschendes Grün in allen Schattierungen – und später hat der Fisch einen absolut exotischen Geschmack. Anstelle des Erbsenmehls können Sie das Gericht auch mit Grießmehl ausprobieren.

Weißer Fisch mit Ei

Zutaten:

Meeresbarsch
5 Zwiebeln • 1/2 Glas Milch
2 Eier
Salz • Pfeffer
Öl

Zubereitung:

Nehmen Sie einen Weißfisch (am besten nur Fischfilet). In einer geölten Pfanne braten Sie die Zwiebelringe an und geben darauf den Fisch. Schlagen Sie nun die beiden Eier in Milch, mit Salz und Pfeffer würzen, gut verrühren. Dann die Eier-Milch-Mischung über den Fisch geben und eine halbe Stunde im Ofen stocken lassen.

Taranka (Stockfisch)

Zutaten:

Fisch – so viel, wie da ist
Essig zum Ausspülen
Salz

Zubereitung:

Wenn der Fisch klein ist, sagt der Kosak von der Wiese, muß man ihn nicht ausnehmen, sondern nur säubern und gut mit Salz bedecken. Legen Sie ihn zwei Tage unter eine Presse, und stellen Sie diese an einen kühlen Ort. Dann legen Sie den gepressten Fisch einen Tag in Süßwasser und hängen ihn dann zum Trocknen auf. Den trocknenden Fisch in Gaze wickeln.
Wenn der Fisch größer ist (Sie können ihn ausnehmen, müssen es aber nicht, die Innereien machen den Trockenfisch ein wenig fetter), geben Sie Salz in eine Kasserolle – und sparen Sie nicht mit dem Salz –, dann lassen Sie den Fisch 2 bis 3 Tage ruhen. Den Fisch unter fließendem Wasser abspülen und einen halben Tag stehen lassen. Dann mit einer Mischung aus Wasser und Essig (Verhältnis 3:1) abspülen (hält die Fliegen ab), nun stecken Sie ein Streichholz in den Schwanz (wenn der Fisch ausgenommen ist) und hängen ihn auf dem Dachboden zum Trocknen auf. Unbedingt am Schwanz aufhängen, damit das Salzwasser durch den Kopf abfließt. Nach zwei Wochen werden Sie einen hervorragenden Stockfisch haben. Dieses Rezept paßt für kleine und mittlere Fische, probieren Sie es nicht mit sehr großen Fischen, da gibt es ein anderes Rezept. Aber die Fische der Kosaken sind eher klein.

Ich habe alles, kann alles zubereiten. Auch die alten Kosakengerichte – Salamata, Tjurja (Brotspeise), Scherbet und Kulesch. Und ich habe gehört, daß sich die Kosaken während der Feldzüge vornehmlich mit Stockfisch, Wasser und Zwieback ernährten. Für eines der ältesten Kulesch-Rezepte braucht man weder Öl noch Kartoffeln – nur Getreide, Wasser, Salz, Stockfisch.

Das erzählte der Kosak Kusch vom Freien Feld

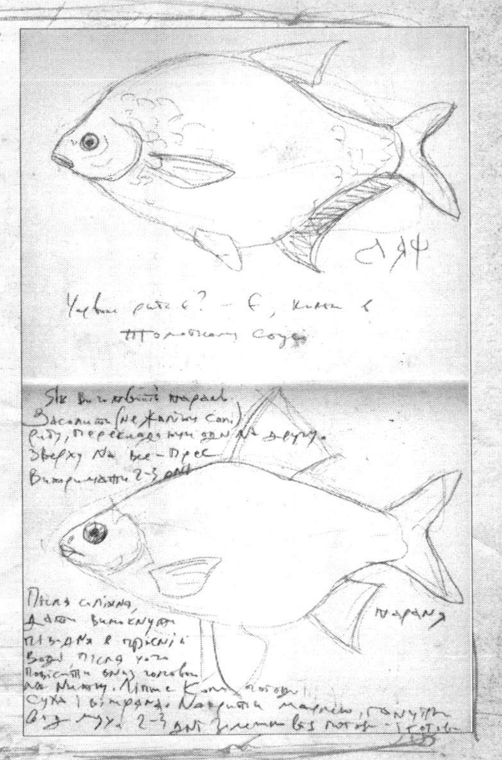

Der Fisch wird nie ein Krebs.

Wo Fluß, da Fisch.

Was im Wasser ist, ist Fisch, was in Federn und Fell geht, ist Fleisch.

Fische und Gäste beginnen nach drei Tagen zu riechen.

Der Hecht ist im Meer, damit die Karausche nicht schläft.

Wie schade, daß der Fisch im Meer schwimmt.

Der Hecht schlief ein, aber die Zähne schlafen nicht.

Der Fisch würde singen, hätte er eine Stimme.

Fische fangen, aber keine nassen Füße bekommen.

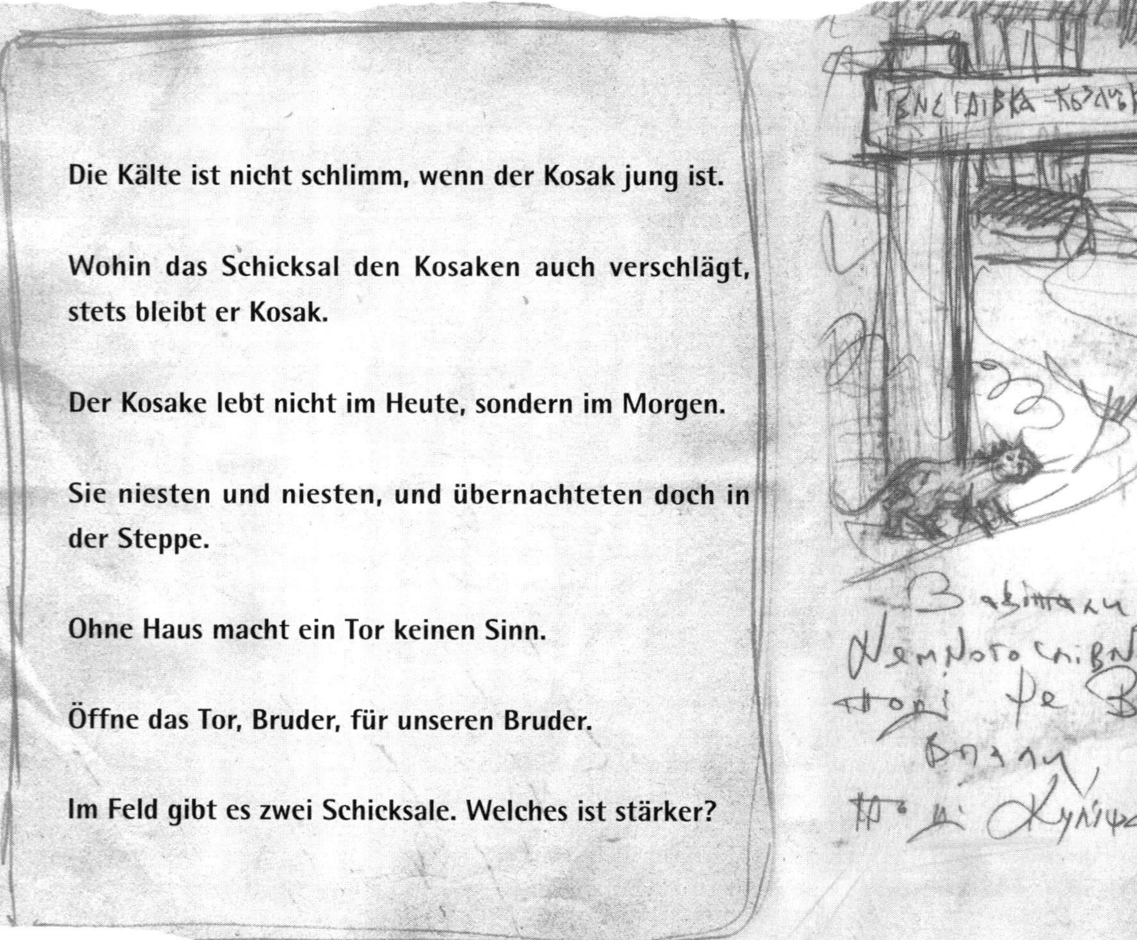

Die Kälte ist nicht schlimm, wenn der Kosak jung ist.

Wohin das Schicksal den Kosaken auch verschlägt, stets bleibt er Kosak.

Der Kosake lebt nicht im Heute, sondern im Morgen.

Sie niesten und niesten, und übernachteten doch in der Steppe.

Ohne Haus macht ein Tor keinen Sinn.

Öffne das Tor, Bruder, für unseren Bruder.

Im Feld gibt es zwei Schicksale. Welches ist stärker?

Eneid

Früh war ich aufgewacht. Die Füße waren kalt, weil die weiten, drei Meter breiten Pluderhosen, in denen fünf Kosaken oder 27 reife Wassermelonen Platz fanden, den Morgentau aufgesogen hatten. Der Kosak auf der Wiese zauberte schon irgendetwas auf dem Turm – ein Aussichtsturm auf dem Steilufer, aber in alten Zeiten wurde von diesem Turm in der Steppe das Signal zum Angriff gegeben. „Was macht er da? Zündet ein Stück alten Gummireifen an! Warum? Sind wohl irgendwelche Kosakenangelegenheiten." Noch halb im Schlaf verstand ich nichts und ging ins Haus, um mich umzuziehen.

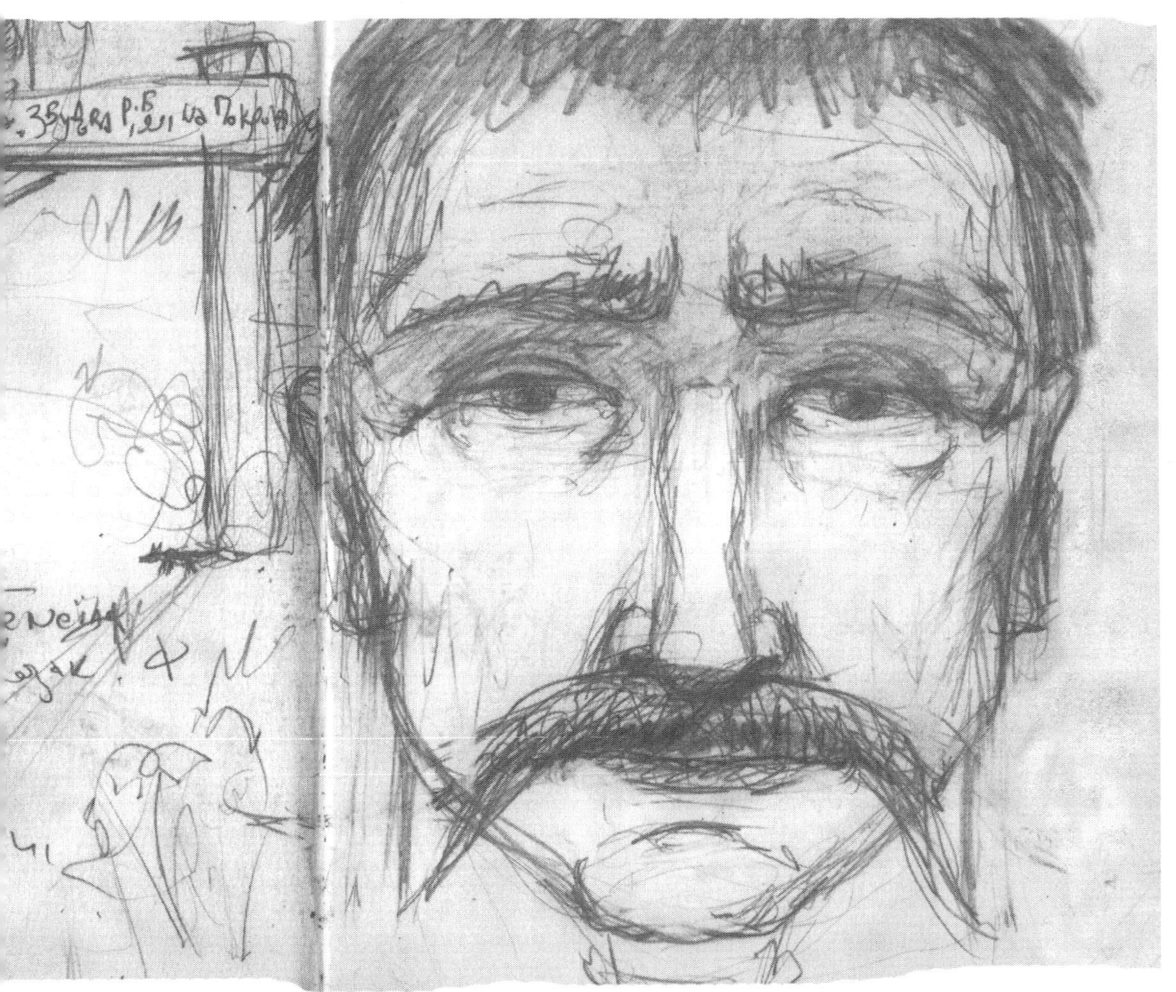

Zehn Minuten lang rauchte auf der Spitze des Kosakenturms der alte Reifen, verpestete die Luft und verdüsterte den Himmel. Und der Kosak von der Wiese tat noch mehr. Er befestigte das Stück Reifen an einem Akazienstock, hob ihn hoch über den Kopf und begann zu winken.

Solange der Bruder mit seinen Angelegenheiten beschäftigt war, wusch ich mich, rieb mir die Zähne mit einem Bündel duftenden Heus blank, da ich vergessen hatte, die Zahnbürste mitzunehmen. Dann lief ich zum Turm und kletterte an einem eigens angebrachten Stamm mit kreuzweise angeordneten Tritten hinauf. Auf halber Höhe stieß ich auf den Kosaken von der Wiese, der beim Abstieg war. Wir berieten, was zu tun war – hinauf- oder hinunterklettern ...

Muß hier auf halbem Weg noch einen Absatz bauen, damit die Leute irgendwie aneinander vorbeikommen", entschied der Hausherr. Wir ließen uns dort nieder, auf halbem Weg, um die Gestaltung des Tages zu erörtern. Zuerst ging es darum, wie man geschlafen hatte, dann erzählte der Freund, daß er im Heuhaufen nach seinem Handy gesucht hatte, um Eneid anzurufen. Und als er dann auf den Kiefer des Wels aus der gestrigen Ucha gestoßen war, erinnerte er sich daran, daß das Handy im Dnjepr ertrunken war ...

Mir wurden schon die Finger taub, wie ich da hing auf halber Höhe des Turms, aber ich mußte auch noch den Rest hören. Es stellte sich heraus, daß mein Bruder ein Signal geschickt hatte, um Eneid über unseren Besuch zu informieren. Eneid lebte im Dorf Bukrin, sieben Kilometer flußaufwärts. Und siehe da – irgendwo am Horizont über dem dunklen Wald tauchten Rauchzeichen aus Bukrin auf.

Auf dem Gesicht des Freundes leuchtete ein Lächeln auf: „Er erwartet uns. Die Kinder mögen laufen, um mit Jawdocha zu frühstücken – für uns ist es Zeit."

Die Katze hatte bereits ihr Frühstück bekommen, lag einmal mehr – den Bauch nach oben gewölbt – neben der Schüssel.

„Und wie", ich kitzelte die Katze mit dem nackten Fuß. „wie will dieses Fellknäuel Mäuse fangen?"

Der Kosak von der Wiese ging zu Serafima, hob sie hoch, packte sie um die Taille. „Verfluchtes Tier. Wir müssen sie im Korb tragen ..."

„Wir setzten Serafima in den Korb, in dem bereits einige Dutzend Zährten und eine kleine Flasche lagen. Der Kosak von der Wiese deckte ein sauberes Handtuch darüber. Nachdem wir die Haushaltsangelegenheiten auf dem Steilufer abgeschlossen hatten, machten wir uns zu Fuß auf den Weg nach Bukrin – es würde durch Schluchten und Wälder gehen, da war kein Durchkommen mit dem Niwa. Die Kinder ließen wir da, sie würden mit den Nachbarskindern spielen, glücklich, wie stets in dieser Umgebung.

Eneid begrüßte uns an seinem geschnitzten Tor. Auf zwei mächtigen Stämmen lag ein Balken, in den die Worte geritzt waren: „Eneidiwka – Kosaken-

siedlung. Erbaut im Jahre des Herrn 1991". Ein freundliches Lächeln erhellte sein Gesicht, der schon ergraute Kosaken-Schnurrbart fiel auf seine Brust und das einfache Leinenhemd.
„Nun, da seid ihr endlich. Bin schon müde des Wartens. Habt ihr die Katze mitgebracht?"
Eneid bat uns gewichtig an den Tisch vor der Hütte, an dem er den Großteil des Tages zu sitzen pflegte. In der nahen Sommerküche brannte bereits lustig das Feuer.
„Und Hirse für Kulesch habe ich eingeweicht ..."
Er konnte nicht zu Ende sprechen, denn das Tor hinter uns knarrte und schwankte (weil die aus dem Korb gekletterte Serafima sich an den Stämmen rieb), der obere Balken geriet in Bewegung und – wie in Zeitlupe – brach die gesamte Konstruktion zusammen, hätte uns fast erschlagen. Wir standen da, kratzten uns an den Köpfen. Was für ein Schlamassel.
Der Lärm erstarb, der Staub legte sich, nur das Zirpen der Grashüpfer war zu hören.
„Verrottetes Tor ...", grummelte Eneid und setzte sich an seinen Lieblingsplatz unter die Schilfbedachung am Haus, von wo er den Weg in beide Richtungen überblicken konnte. Wir ließen uns ebenfalls nieder, beobachteten Serafima, die zu warten schien, daß der Kulesch fertig wurde. Die Katze wanderte in der neuen Umgebung mal hierhin, mal dorthin, orientierte sich auf dem Hof, suchte einen Platz zum Schlafen.
„Eh", nur das sagte Eneid und winkte mit der Hand ab. Als die Katze versuchte auf eine Bank zu springen und ungeschickt herunterpurzelte, fügte er hinzu: „Nun."
Er war wortkarg ... Wie man bei uns sagt – der Kosak lebt nicht damit, was ist, sondern damit, was sein wird.
Aber ich vergaß nicht, ihn nach Rezepten zu fragen. Sehr wählerisch ist Eneid mit Grützen, und er weiß alles über die Zubereitung. Er unterwies mich in alle Geheimnisse. Wir aßen Kulesch mit besonderen Löffeln – Ruder heißen sie bei den Kosaken –, löffelten sie direkt aus dem Kessel. Oi, was für eine gute Kulesch.

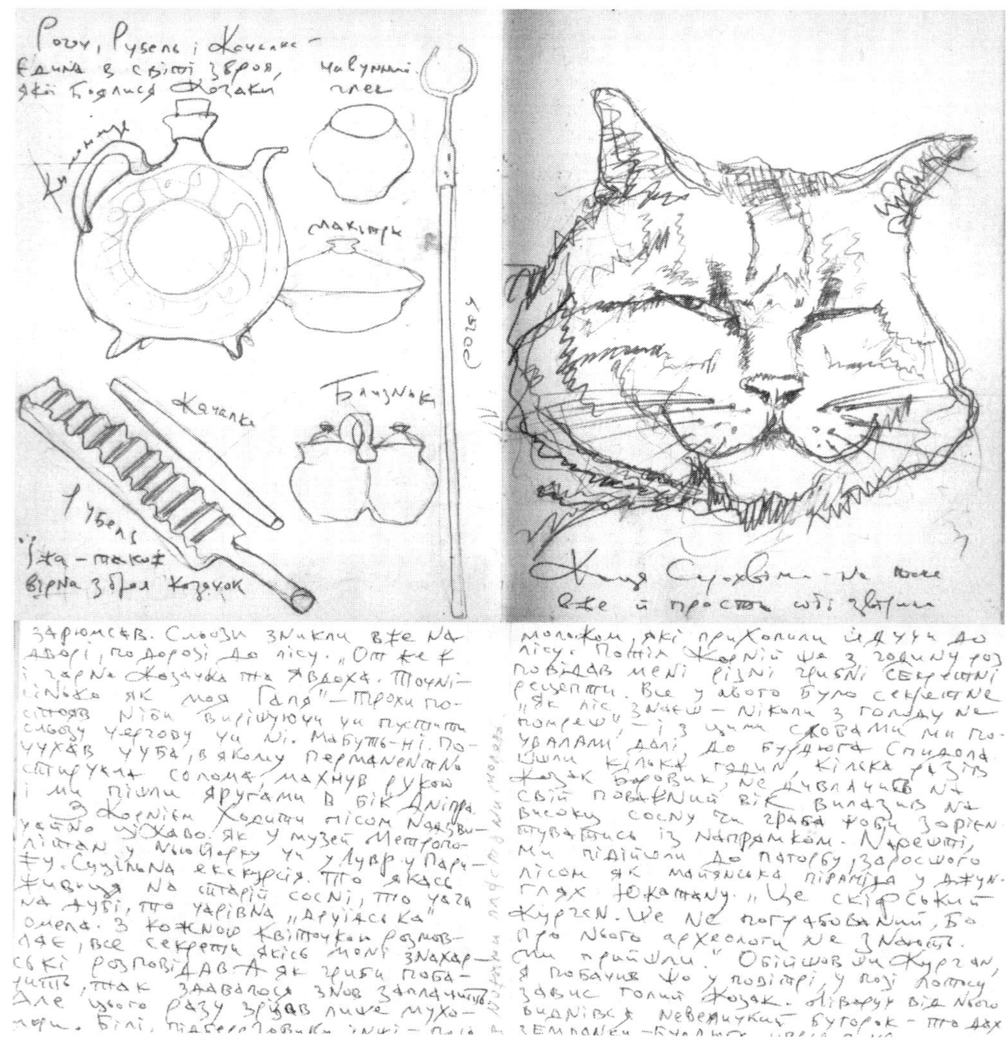

Als die Sonne schon unterging, wandte sich das Gespräch den Frauen zu. An das eingestürzte Tor dachte niemand mehr, die Stimmung wollten wir uns nicht verderben.

„Jungs! Und was für einen Hetman-Borschtsch Jawdocha kocht. Meine Seele würde ich für den verkaufen! Einen solchen hat Konfuzius nicht gegessen. Aber ich, ich habe ihn gegessen ...", teilte uns der Kosak von der Wiese mit.

„Ja, so was von gut", bestätigte Eneid.

„Morgen also zu Jawdocha?" Ich kam in Forscherstimmung und träumte von dem Borschtsch-Rezept. „Vielleicht werben wir gleichzeitig für dich. Wie lange willst du zögern?"
Das sagte ich zu meinem Freund, der sich bislang nicht hatte überwinden können, um die junge Nachbarsfrau zu werben, die vor einem Jahr nach einer unglücklichen Ehe aus der Stadt ins Dorf der Eltern zurückgekehrt war.
„Aber kann es richtig sein? Solange die Kürbisse nicht gewachsen sind? Weil mir dann nichts sicher scheint", fragte der zukünftige Bräutigam zurück. Ein echtes Problem. Da er nicht sicher ist, daß sie Ja sagt, will er sie nicht vor der Kürbisernte fragen, denn - so ist es Brauch bei den Kosaken – nur ein Kürbis bedeutet eine Absage.
Aber wir einigten uns.
Serafima fütterten wir zur Nacht nicht, sie sollte Hunger haben und anfangen, Mäuse zu jagen. Nach einigen Stunden wies Eneid schwermütig auf die Katze. Sie lag ausgestreckt unter dem Tisch und schnaufte wie ein alter Kessel. Direkt neben ihrem Kopf saß eine Maus und knabberte Nüsse.
„Die Mäuse könnten auf ihr tanzen ...", wollte der enttäuschte Hausherr hinzufügen. Nicht einmal den Finger hob er, es war offensichtlich, daß der Gedanke verflog, und er senkte den Kopf.
Mir schoß ein Gedanke durch den Kopf.
„Wir machen dir einen Sernowik, Eneid. Das ist ein großer Krug, der im Boden vergraben wird. Bereits in der Tripolischen Kultur im 6. bis 1. Jahrtausend vor unserer Zeitrechnung dienten sie als Getreidespeicher. Oder eine Getreidegrube mit gebrannten Mauern, wie sie die Kosaken für den Winter anlegten: gigantische Krüge wurden in den Boden vergraben, und der Hals mit Wachs verschlossen. Getreide hielt sich dort bis zum Nimmerleinstag."
Und der Kosak von der Wiese unterstützte mich:
„Wir fertigen einen Getreidespeicher, und das Tor reparieren wir auch. Noch vor Ende des Sommers. Nur werbt für mich morgen, Jungs! So stark, wie nötig. Eine bescheidene und arbeitsame Kosakin ist Gold wert."

Rezepte für Kulesch, Kascha und Grützen des Kosaken Eneid

Kulesch wurde zur Zeit der Saporoscher Setsch nur aus einigen Händen von in Öl angebratener Hirse zubereitet. Der Hirsesack war immer an den Sattel geschnallt und wurde stets mitgeführt. Deshalb sagen heute manche, daß es ein Verrat an den Prinzipien der Kosaken sei, wenn man Kulesch mit Kartoffeln und Speck zubereitet. Auch heute dürfe Kulesch nur aus Hirse, Wasser, Salz und Steppenknoblauch – den man am Wege findet – bestehen.

Wir wollen nicht streiten, wer recht hat und wer nicht. Wir schreiben alles auf, was uns wie der Steppenknoblauch im Vorbeigehen begegnet. Es bleibt uns aber im Gedächtnis, daß die Kosaken auf ihren Feldzügen immer einen „temporären" Herd (Kabiza) errichteten und auf diesem vielfältige Gerichte zubereiteten. Selbst aus Wild kochten sie vornehmlich Juschka (Suppe) und rösteten es nicht am Spieß über dem Feuer.

„Nein, nicht das sollst du für die Kämpfer kochen, bereite Buchweizenkascha. Sollen die Kämpfer nach dem Schlaf Buchweizenkascha mit schierem Speck essen. Und den Pferden gibst du Hafer ..." Die Kosaken-Obersten wußten, wenn Naliwaiko mit Buchweizenkascha und Hafer anfing, dann kommt es unbedingt zum Marsch oder zum Kampf.

Mykola Wingranowski,
Severin Naliwaiko

Kulesch

Zutaten:

200 Gramm Hirse

1 Zwiebel

200 Gramm alten Speck (mindestens ein halbes Jahr alt) – wer keinen Speck ißt, kann etwas Öl mit Salz nehmen

1 Liter Wasser

Salz

Zubereitung:

Braten Sie in einem Kessel den fein geschnittenen alten Speck (es muß unbedingt alter sein) mit einer Zwiebel an, geben Sie die Hirse dazu, schütten Sie einen Liter Wasser und Salz hinzu. Nach einer halben Stunde auf niedriger Flamme köchelnd ist das nahrhafte und köstliche Gericht fertig. Essen Sie Kulesch heiß und mit einem Holzlöffel.

Teterja oder Rjabko

Zutaten:

200 Gramm Hirse
je ½ Glas fein gemahlener Buchweizen und Mehl
100 Gramm geriebenen Meerrettich
½ Glas Kwas
4 zerdrückte Knoblauchzehen
100 Gramm Öl

Zubereitung:

Die gekochte Hirse gut zerstoßen, und dabei in Wasser verrührtes Mehl und den weich gekochten Buchweizen hinzugeben. Nun geben Sie Öl dazu, alles gut durchkneten und für eine halbe Stunde in den Ofen bei mittlerer Temperatur schieben. Würzen Sie mit Kwas, geriebenem Meerrettich und Knoblauch.

Von Kulesch geraten die Füße nicht ins Schwanken.
Grütze – die Schwester des Kulesch.
Kulesch ist nicht Kascha – fünf Rubel sind kein Geld.
Wenn Kulesch, dann mit Pfeffer.
Wenn Kulesch, dann aber mit der Gabel.
Er aß Kulesch, wie er Braga trank.

Steppenkascha

Zutaten:

1 Glas Hirse
1 Liter Wasser
3 Kartoffeln
2 Zwiebeln
100 Gramm Öl
1 Bund Dill

Zubereitung:

In 1 Liter kochendes Wasser geben Sie die Hirse und die klein gewürfelten Kartoffeln. Lassen Sie alles 20 Minuten kochen. In der Zwischenzeit braten Sie die fein geschnittenen Zwiebeln in Öl an. Wenn Sie keine gesonderte Pfanne zur Hand haben, können Sie die Zwiebeln auch in dem Kessel glasig dünsten, bevor Sie diesen für das Kochen nutzen. Rühren Sie die Zwiebeln in die Kascha ein, und streuen Sie reichlich fein geschnittenen Dill darüber. Nun geben Sie noch Öl hinzu.

Kocht der Kosak mitten in der ukrainischen Steppe Kulesch. Aber irgendwie bewegt er sich ungeschickt, stößt gegen den Kessel – und die ganze Kulesch ergießt sich in die Steppe. Er wirft einen bösen Blick darauf, und spricht zu sich: „Diese Enge – nirgends kann man sich umdrehen."

Kwascha

Kwascha ist eines der ältesten slawischen Gerichte.

Zutaten:

je 1 Glas Roggen- und Buchweizenmehl
getrocknete Kirschen oder andere Früchte nach Geschmack
Wasser

Zubereitung:

Verrühren Sie das Roggenmehl mit abgekochtem und etwas abgekühltem Wasser, geben Sie dann das Buchweizenmehl dazu, gut unterrühren, lassen sie alles 4 bis 5 Stunden ruhen. Dann geben Sie die getrockneten Kirschen dazu, wieder auf dem Herd zum Kochen bringen, abkühlen lassen. Servieren Sie das Gericht zum Frühstück oder Mittagessen oder als dritten (süßen) Gang bei einem normalen Menü. Im Sommer wird Kwascha mit frischen Gartenfrüchten zubereitet. Im Winter auch mit Preiselbeeren oder getrockneten, gekochten oder pürierten Birnen. Ein ähnliches Gericht ist übrigens bei den Mönchen im Himalaya und Tibet bekannt. Wie es scheint, sind sie mit den Kosaken verwandt.

Ein anderes Kwascha-Rezept stammt vom rechten Dnjepr-Ufer. Bringen Sie in drei Töpfen Wasser zum Kochen, dann geben Sie unter ständigem Rühren nach und nach (um Klumpen zu vermeiden) in den ersten Topf Maismehl, in den zweiten Roggenmehl und in den dritten Gerstenmehl. Dann vermischen Sie alles miteinander, an einem warmen Ort gären lassen und erneut aufkochen. Sie können diese Kwascha mit Honig oder Malz süßen. Diese Kwascha gilt als Delikatesse und ist sehr beliebt.

Tjurja

Zutaten

200 Gramm zerbröselter Roggenzwieback
100 Gramm Kwas
Öl, Salz

Ein sehr einfaches Gericht. Zerbröseln Sie Roggenzwieback sehr fein. Gießen Sie Kwas hinzu, schmecken Sie mit wohlschmeckendem Öl und Salz ab.

Potapzi (eine Art Tjurja)

In einer Keramikschüssel Roggenzwieback oder hartes Roggenbrot zerbröseln, dann mit kochendem Wasser übergießen. Decken Sie die Schüssel ab, damit alles gut einweichen kann. Nun geben Sie Sonnenblumenöl, fein gehackte Zwiebeln und 3 bis 4 Knoblauchzehen hinzu. Salzen.

Haidamaken-Kwas

Kwas war bereits zur Zeit der Kiewer Rus ein beliebtes Getränk. Auf zehn Liter kochendes Wasser geben Sie ein Kilogramm Zucker und ein Kilogramm Zitronen (geviertelt, ohne Kerne). Abkühlen lassen. Dann eine Flasche Bier hinzugeben und ½ Päckchen Hefe (25 Gramm), die Sie zuvor in warmen Wasser verrührt haben. Den Kwas in Flaschen abfüllen und einige Tage an einem kühlen Ort lagern. Dann können Sie ihn schon trinken.

Und noch ein weiteres Kwascha-Rezept, diesmal aus der Steppe im Gebiet Odessa. Nehmen Sie einen Teil Roggen- oder Buchweizenmehl und die gleiche Menge Weizenmehl. Das Ganze geben Sie nach und nach in kochendes Wasser, immer gut rühren. Dann alles zerstoßen, kurz aufkochen, die dicke Masse 3 Stunden abkühlen lassen. Dann gießen Sie so viel Wasser dazu, daß alles flüssig wird. An einem warmen Ort etwa 5 Stunden gären lassen. Die Kwascha wird kalt gegessen.

Putrja aus alten Zeiten

Zutaten:

200 Gramm Gerste
50 Gramm Malz
Brotkwas
Roggenmalzmehl

Zubereitung

Ein Gericht aus Gerste und Malz. Malz erhalten wir bei der Keimung der Gerste oder anderen Getreides. Malz wird in der Ukraine weithin zum Süßen von Lebensmitteln verwendet sowie für das Bierbrauen. Gerste und Malz werden gekocht, dann in Holztröge gegossen und mit Roggenmehl vermischt, danach in ein Holzfaß geben, gießen Sie mit Brotkwas vermischtes Wasser auf. Dann stellen Sie das Faß zur Gärung an einen warmen Ort. Danach an einem kühlen Ort lagern. Putrja wurde vor allem während der Fastenzeit gegessen.

Eine solche Kwascha
wäre wie die unsrige.

Ihrer Meinung nach machen wir Piroggen aus Kascha. (das heißt sie sind so reich wie andere)

Gewehrkugeln sind keine Knödel – du kannst sie nicht herunterschlingen.

Borschtsch ohne Kascha – ein Witwer, Kascha ohne Borschtsch – eine Witwe.

Öl verdirbt die Kascha nicht.

Er ging, um Öl zu holen. Und das Feuer im Herd ging aus.

Dort aßen sie vielfältige Speisen ...
und alle aus Zinnschalen,
Und die feurigsten Gerichte,
von neuen Ahorntellern:
Schweinekopf mit Meerrettich
Und die Nudeln im Wechsel,
Dann Truthahn mit Sauce,
Und als Vorspeise
Kulesch und Kascha, Lemeschka,
Subzi, Putrja, Kwascha
Und Honigkuchen mit Mohn

Aus der „Aeneide" von
Iwan Kotljarewski

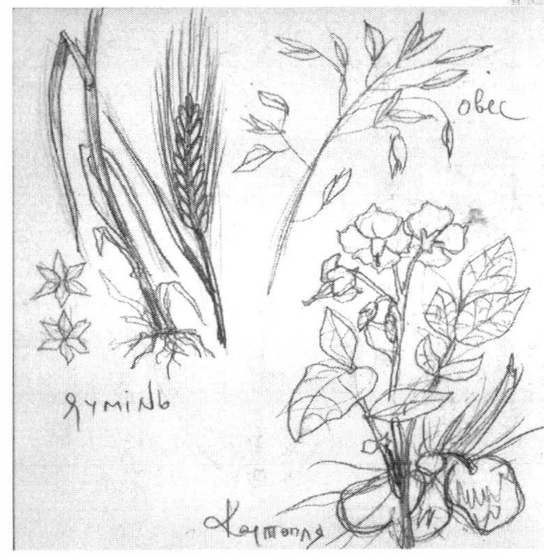

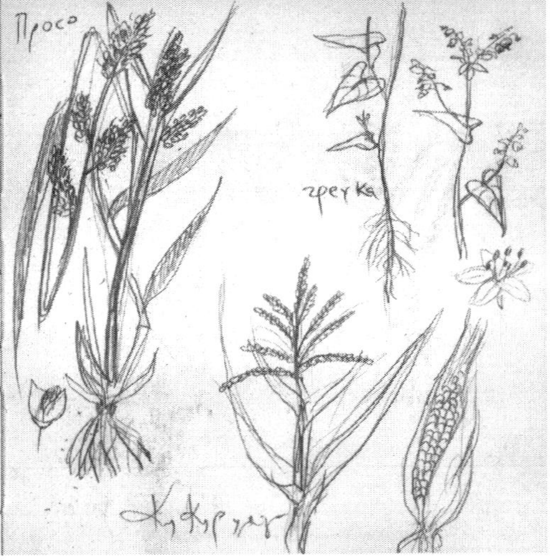

Lemeschka (Lemischka)

Zutaten:

100 Gramm Buchweizenmehl
25 Gramm Speck (Salo)
Wasser
Salz

Zubereitung:

Lemeschka wird wie folgt zubereitet: Geben Sie Buchweizenmehl in den Kessel, füllen Sie mit Wasser auf, kochen lassen, fügen Sie den in dünne Streifen geschnittenen Speck hinzu, alles gut verrühren, salzen, dann 20 bis 25 Minuten im Ofen backen. Lemeschka wird heiß gegessen.

Das folgende Lemeschka-Rezept bietet eine modernisierte Variante: In eine Kasserolle mit kochendem Salzwasser geben Sie unter ständigem Rühren das trockene Buchweizenmehl, dann mit einem Küchenspachtel kräftig schlagen, so daß keine Klumpen entstehen. Wasser und Mehl etwa im Verhältnis 3:1 mischen. Dann die angedickte Masse im Ofen backen. Vor allem in der Fastenzeit servierte man Lemeschka mit Öl oder Fastenmilch aus Hanf- oder Mohnsamen. Aus kaltem Lemeschka bereitete man Fladen, die in Öl gebraten oder im Ofen gebacken wurden. Die nannte man Pleskani.

Lemeschka auf polnische Art

Zutaten:

½ Kilogramm Weizenmehl
½ Liter Wasser
Speck oder Öl (nach Geschmack)
Salz
Smetana – nach Wunsch

Zubereitung:

Diese Lemeschka bereiten wir als eine Art (modernisierten) Auflauf: Das Mehl geben Sie in eine Kasserolle, mit kochendem Wasser auffüllen, ständig rühren, damit es nicht klumpt. Reduzieren Sie die Hitze und lassen es weiter köcheln, es muß eine glatte Masse entstehen. Mit einem Deckel abdecken und ruhen lassen. Verteilen Sie Lemeschka auf Tellern und würzen Sie mit Grieben. Sie können das Gericht auch mit Smetana servieren. Diese Lemeschka kann auch aus Buchweizenmehl zubereitet werden, das vor der Zubereitung ein wenig im Ofen angeröstet werden muß.

Galuschki

Galuschki – das ist ein uraltes Rezept, das gleichsam zum Symbol der ukrainischen Küche wurde.

Zutaten:

2,5 Tassen Weizen- und Buchweizenmehl
2 Eier
100 Milliliter Gemüsebrühe (Milch oder Molke)
Speck (nach Geschmack) oder Smetana
Salzwasser

Zubereitung:

Galuschki werden aus Weizen- und Buchweizenmehl zubereitet. Das Mehl mit ein wenig Gemüsebrühe, Milch oder Molke und den Eiern zu einem dicken Teig verarbeiten. Dann den Teig in 1 Zentimeter dicke Streifen schneiden oder zu Kringeln formen. Ein wenig ruhen lassen. In kochendes Salzwasser geben, bis sie an die Oberfläche steigen. Man ißt Galuschki mit Speck oder Smetana, kann sie aber auch in eine Ucha tun.

Poltawsker Galuschki

Zutaten:

3 Gläser Mehl

1 Ei

1/2 Glas Sauermilch (Kefir)

1/2 Teelöffel Soda und ein bißchen Salz

3 Eßlöffel Pflanzenöl

1 Glas Smetana

1 kleines Huhn

100 Gramm Butter

3 Zwiebeln

1 Knoblauchzehe

Zubereitung:

Sieben Sie das Mehl in eine Schüssel, machen Sie eine kleine Kuhle, in die Sie Soda, Salz und Ei geben. Dann alles gut zu einem Teig verkneten. Die Schüssel mit einem Handtuch abdecken und 30 Minuten ruhen lassen. Das Huhn in Stücke teilen, anbraten, dann Wasser zugießen und köcheln lassen, bis das Fleisch gar ist. Nun den Teig in walnußgroße Stücke formen. Garen Sie die kleinen Galuschki nur über Dampf – Sie können über einem Topf mit kochendem Wasser ein Sieb aufsetzen, dann mit einer Keramikschüssel das Sieb abdecken und alles 10 bis 15 Minuten dämpfen lassen. Über die Galuschki gießen Sie geschmolzene Butter und backen das ganze zusammen mit den Hühnerstücken noch 10 Minuten im Ofen. Zum Schluß geben Sie Smetana, gehackte Zwiebeln und zerdrückte Knoblauchzehe hinzu.

Gurda

Ein altes Gericht aus Hanf- oder Sesamsamen. Die Samen ein wenig anrösten, dann mit einem Makogon (Holzstößel) im Mörser zerstoßen und zerreiben. Mit kochendem Wasser aufgießen, durchkneten, um den Pflanzensaft (die pflanzliche Milch) zu erhalten. Dann abseihen, salzen und auf den Herd stellen. Wenn die Gurda zu kochen beginnt, bildet sich an der Oberfläche gelblicher Schaum, den Sie mit dem Schaumlöffel abschöpfen (Sie können den Schaum als Füllung für Piroggen und Knödel nutzen).

Schupenja

Kochen sie Erbsen und Hirse in je einem eigenem Topf (Verhältnis 1:1), zerstoßen Sie alles, mischen es untereinander und geben es dann in die Gurda (Rezept siehe oben).

Ponka

Kochen Sie Hirse, seihen Sie sie ab und geben Sie sie in die Gurda.

Medwedi (Kekse)

Gerstenmehl leicht in einer Pfanne anrösten, mit Wasser auffüllen, zum Kochen bringen. Den dicken Teig zu Kugeln formen, in geriebenen Hanfsamen wenden und braten.

Schuliki mit Honig

Ein süßes Gebäck, das man aus Teig mit Honig und Mohn macht. Eigentlich ist es ein traditionelles Ritualgericht zum Tag des Retters und wird im Ofen gebacken. Einen Teig aus Mehl und Wasser oder Brotkwas kneten. Ohne Zucker, ohne Eier. Dann den Teig in 2 mal 2 Zentimeter große Würfel schneiden. Über kochendem Wasser Mohn dämpfen, gut abspülen und in einem Sieb abtropfen lassen. Dann den Mohn mit Zucker zermahlen, mit heißem Wasser übergießen, umrühren. Diese Masse sofort über die Teigwürfel verteilen, geben Sie nach Geschmack ein wenig Honig hinzu. Mit einem Deckel abdecken. Wenn es abgekühlt ist, sind die Schuliki fertig. Und hier noch ein aufwendigeres Rezept für Schuliki:

2 Gläser Mehl • 4 Eßlöffel Milch • 1 Ei
1 Eßlöffel Honig • 1 Eßlöffel Mohn
1 Eßlöffel Butter
½ Teelöffel Soda oder Backpulver

Sauce:

3 Eßlöffel Mohn
½ Glas Honig
¼ Tasse kochendes Wasser

Das Ei mit 1 Eßlöffel Honig verschlagen. 1 Eßlöffel Mohn waschen, 15 bis 20 Minuten in kochendes Wasser geben, dann den gut abgetropften Mohn zu der Ei-Honigmasse geben, nach und nach die Butter, die Milch und das Soda oder Backpulver zufügen, alles vermischen. Nun langsam das Mehl einsieben. Teig kneten, ruhen lassen, dann 2 Zentimeter dick ausrollen, Rauten anschneiden. Im Ofen bei 160 Grad 30 bis 40 Minuten goldbraun backen. Die restlichen Mohnsamen mit kochendem Wasser übergießen, 15 bis 20 Minuten quellen lassen. Wasser abgießen, Mohn im Mörser fein zerstoßen. Mit Honig vermischen. Nun gießen Sie die Mischung aus Honig und Mohn in die Bruchstellen der Rauten, 30 bis 40 Minuten ziehen lassen. Dann alles schneiden.

Запорожець у степу

„Die Nation der Kosaken wird aufgrund des Drucks Rußlands auf sie immer weniger. Gebe es doch eine glückliche Revolution, um ihr das Joch zu nehmen. Einige halten sie beinahe für russisch, aber die Kosaken haben nichts mit den Russen gemein ... Sie sind in allem ganz anders: Sie sind erfinderischer, ehrlicher, weniger an die Sklaverei gewöhnt, wenn auch der Sklaverei nicht vollständig entronnen ... Die Kosaken haben nichts gemein mit den Moskowitern, mit Ausnahme der griechischen Religion und der verdorbenen slawischen Sprache der Moskowiter. Ihre Sitten, ihre Art zu leben, ihr häusliches Essen – alles unterscheidet sie von den Moskowitern. Die Kosaken – die guten, die schönen, die klugen, aufrichtigen, ehrlichen, mutigen und nicht an die Sklaverei gewöhnten Kosaken. Kurz gesagt, das absolute Gegenteil der Moskowiter."

Francois Masson, diente im Moskauer Heer,
dann schrieb er „Geheime Erinnerungen an Rußland"

Kascha

Einen besonderen Platz in der Ernährung der Kosaken nimmt Kascha – Grütze oder Brei - ein. Deshalb gab es beim Gastmahl am Hofe Didos, das in der Aeneis Erwähnung findet, Kulesch, Kascha und Subzi. Seit uralten Zeiten bauten die slawischen Stämme Weizen, Roggen, Gerste und Hirse an. Kascha wurde als Symbol der Einheit für das weitere, gemeinsame Leben betrachtet. Nicht von ungefähr gibt es das Sprichwort: „Mit ihnen kannst du keine Kascha kochen“, im Sinne von: mit ihnen kann man nicht verhandeln.

Ungeachtet der Nähe und engen Nachbarschaft zu anderen Völkern und deren kulinarischen Vorlieben entwickelte sich in der ukrainischen Küche eine Reihe einzigartiger Produkte und Rezepte beziehungsweise Zubereitungsverfahren. Bereits im 11. und 12. Jahrhundert wurde aus Asien Buchweizen eingeführt, aus dem man Graupen und Mehl herstellte, alle möglichen Blini, Fladen, Gretschaniki, Füllungen, Beilagen sowie flüssiger Brei und andere Gerichte erwuchsen daraus.

Es ist sehr einfach Kascha zuzubereiten, je nach Menge der Flüssigkeit (Wasser oder Milch) kocht man mürbe, dickflüssige oder dünnflüssige Kascha. Für mürbe Kascha wählen Sie Buchweizen, Weizen, Gerste, Reis oder Hirse. Zähflüssigen Brei können Sie aus allen Getreidearten kochen. Aus Hirse, Reis, Hafer und Grieß bereiten sie einen dünnflüssigen Brei. In die fertige Kascha können Sie Milch, Smetana, Öl, Eier, gebratenen Speck und Zwiebeln geben. Wollen Sie eine süße Kascha, nehmen Sie Zucker, Honig, Marmelade und Warenje.

Kascha (Buchweizengrütze)

Zutaten:

500 Gramm Buchweizen
750 Gramm Wasser • 100 Gramm Butter
Salz (nach Geschmack)

Zubereitung:

Buchweizen anrösten, in eine Kasserolle geben, mit kochendem Wasser übergießen, salzen, weich kochen. Dann die Butter hinzugeben, im Ofen 15 Minuten backen – oder einfach auf dem Herd stehen lassen. Servieren Sie Kascha mit Butter oder heißer Milch.

Lapscha (hausgemachte Nudeln)

Zutaten:

200 Gramm Mehl • 100 Gramm Milch
2 bis 3 Eier
Salz nach Geschmack

Zubereitung

Der Teig wird wie der für Galuschki zubereitet (siehe Rezept S. 58). Nur geben Sie mehr Eier dazu und schlagen Sie den Teig kräftiger und länger. Ständig Mehl dazugeben, dann den Teig auf dem Tisch schlagen, ein wenig ruhen lassen, dann wie eine Wurst rollen und in kleine Stücke schneiden. Getrocknete Nudeln kann man lange lagern. Sie werden wie Galuschki in Ucha, Milch oder Salzwasser gekocht. Nudeln werden für Alltagsgerichte wie für verschiedene Festtagsspeisen, dann mit Milch und mit Huhn, gekocht. Aus Nudeln machte man auch einen Großmutter-Auflauf: Milch, Zucker und Eier verschlagen, über die gekochten Nudeln gießen und im Ofen backen.

Hirsekascha mit Pflaumen

Zutaten:

500 Gramm Hirse
1 Liter Wasser
100 Gramm Butter
400 Gramm Pflaumen
Salz

Für die Sauce:

400 Gramm Pflaumensaft
200 Gramm Zucker

Zubereitung:

Auf die gewaschenen und entkernten Pflaumen gießen Sie Wasser, geben ein wenig Salz dazu, dann kochen bis die Pflaumen weich sind. Nun die Pflaumen herausnehmen und klein schneiden. Die Hirse in kochendes Salzwasser geben, die Butter hinzufügen, weich kochen. Nun den Brei in eine Kasserolle geben, mit den Pflaumen vermischen und in den vorgeheizten Ofen schieben. Servieren Sie die Kascha mit der Pflaumensauce (in das Pflaumenwasser Zucker einrühren) heiß.

Hätten wir Hirse,
gäbe es Kascha.

Ohne Kascha ist das Mittagessen ein Waisenkind.

Haferbrei lobt sich selbst, Buchweizengrütze preisen die Menschen. (Eigenlob stinkt)

Der Haferbrei rühmt sich, daß er angeblich in Butter geboren sei.

Dicke Kascha wird von Kindern nicht verschmäht.

Eine „gute" Kascha: ein Korn nach dem anderen mit dem Stab jagen. (Kascha ist zu dünn)

Wenn er Kascha kocht, ist es ihm um das Öl nicht schade.

Wer viel Kascha zubereitet, muß sie auch essen.

Unsere Väter haben gesagt, daß zu Schwarten Kascha gehört.

Da kochte er viel Kascha.

Und wir säten Hirse, säten Hirse.
Oi, eins, zwei, wir säten, wir säten.
Und wir stampfen Hirse, stampfen Hirse.
Oi, eins, zwei, stampfen sie, stampfen sie.
Aber womit stampft ihr sie, stampft ihr sie?
Oi, eins, zwei, stampft ihr sie, stampft ihr sie.
Und wir lassen die Pferde frei, Pferde frei
Oi, eins, zwei, lassen sie frei, lassen sie frei.
Und wir fangen die Pferde ein, Pferde ein.
Oi, eins, zwei, wir fangen sie ein, fangen sie ein.

Wesnjanka, altes slawisches Brauchlied um den Frühling anzulocken

Eine Freude – der Pflug pflügt

(Inschrift auf einem Grabstein, Petroglyphe aus dem Neolithikum, Kifischin-Schrift)

Hier noch einige Geheimnisse, wie man Grütze zubereitet, die der Kosak Eneid mir im Flüsterton mitteilte. „Wenn du Graupen kochst, dann unbedingt in kochendem Wasser, die Graupen vorher gut waschen. Um den Geschmack der Kascha zu verbessern, mußt du sie ‚gütig stimmen'. In das kochende Wasser gibst du Butter oder Öl – 50 Gramm pro 1 Kilogramm. Und für jede Art der Kascha ist die Menge der Flüssigkeit ausschlaggebend: Welche Kascha wir auch kochen – jede fordert unbedingt, was ihr zukommt."

Wollen wir mürbe Kascha, dann nehmen wir pro Kilogramm

Buchweizen – 1,5 Liter Wasser

Hirse – 1,7 Liter Wasser

Reis – 2,1 Liter Wasser

Gerste – 2,4 Liter Wasser.

Für dickflüssige Kascha nehmen wir pro Kilogramm

Buchweizen – 3,2 Liter Wasser

Hirse – 3,2 Liter Wasser

Reis – 3,7 Liter Wasser

Gerste – 3,7 Liter Wasser

Grieß – 3,7 Liter Wasser

Und für dünnflüssige Kascha nehmen wir pro Kilogramm

Hirse – 4,2 Liter Wasser

Reis – 5,2 Liter Wasser

Grieß – 4,7 Liter Wasser.

... Da erinnerte er sich, daß der Kosakenführer dem Koch noch gestern vorgeworfen hatte, daß er alles Buchweizenmehl auf einmal in die Salamacha geworfen hatte, eine Menge, die doch für mindestens drei Mahlzeiten ausgereicht hätte. Er war sicher, daß es noch Salamacha in Hülle und Fülle geben werde, so ging er mit einem Topf seines Vaters zum Koch, der neben den zwei Zehn-Liter-Kesseln, unter denen noch das Feuer glimmte, schlief. Als er aber in die Kessel schaute, stellte er überrascht fest, daß sie leer waren. Es hätte übermenschlicher Kraft bedurft, das alles zu essen, um so mehr, da in ihrem Verband weniger Menschen waren als in anderen. Aber er schaute in die Kessel der anderen Verbände – und auch da war nichts. Unwillkürlich kam ihm ein Spruch in den Sinn: „Die Saporoscher sind wie Kinder – wenn wenig da ist, essen sie alles, wenn viel ist, bleibt auch nichts übrig."

Nikolai Gogol. Taras Bulba

Schauspieler wissen sehr gut, daß es kategorisch verboten ist, eine Gogol-Szene auf nüchternen Magen zu spielen. Und öffnen Sie eine beliebige Seite des Gogolschen „Gutsbesitzers aus alter Zeit" und Sie lesen: „Hier Ihre Gabe, Afanassi Iwanowitsch", sagte sie (Pulcherija Iwanowna) und stellte die Schüssel auf den Tisch, wobei sie ihre Bluse zuknöpfte, die unziemlich aufgegangen war. „Wareniki, Galuschki, Pampuschki, Towtschenitschki."

Towtschenitschki

Zutaten:

5 Kartoffeln
1 Glas Bohnen
½ Glas Mohn, gemahlen
2 Eßlöffel Butter
1 große Zwiebel
Pflanzenöl zum Braten

Zubereitung:

Kochen Sie die Kartoffeln, Wasser abgießen, Kartoffeln zerstampfen. Auch die Bohnen kochen, Wasser abgießen, ebenfalls zerstampfen. Mischen Sie alles untereinander, geben Sie ½ Glas gemahlenen Mohn hinzu, dann mit Butter anrichten. Am Tisch können sie noch in Öl gebratene Zwiebeln darüber geben.

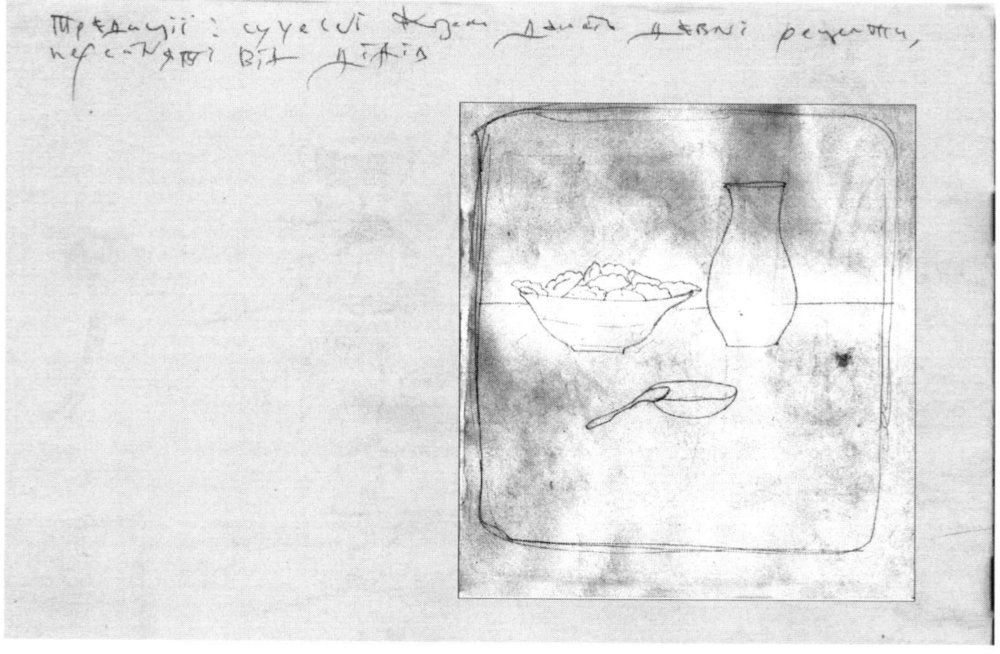

Kürbiskascha

Zutaten:

1 Kilogramm Kürbis
1 Tasse Hirse- oder Maisgrieß
1 Prise Salz
1 Eßlöffel Zucker
1 Tasse eingeweichte Rosinen
½ Tasse geriebene Nüsse
½ Tasse Honig

Zubereitung:

Kochen Sie den in Stücke geschnittenen Kürbis weich. Die Flüssigkeit in ein anderes Behältnis abgießen. Beiseite stellen. Rühren Sie Hirse- oder Maisgrieß unter den Kürbis, alles gut unterrühren, salzen. Nun Zucker dazugeben, köcheln lassen, nach und nach das Kürbiswasser zugießen. Servieren Sie die Kascha mit eingeweichten Rosinen oder mit geriebenen Nüssen und Honig.

Kürbis ist sehr gesund. Der Verzehr von Kürbis wird bei hohen Cholesterinwerten und zur Vorbeugung von Herz-Kreislauferkrankungen empfohlen.

Seit dem 15. und 16. Jahrhundert boomt der Handel der Ukraine mit den Nachbarländern. Aus Amerika kamen die Kartoffel, der Mais, die Bohnen und der Kürbis zu uns. Über den Zeitenlauf hinweg wurde unser Tisch durch den Handel bereichert, und doch haben wir unsere eigene Küche mit einzigartigen und sich von unseren Nachbarn unterscheidenden Gerichten und Getränken herausgebildet, die auf ganz eigene Weise behandelt und zubereitet werden.

Sitscheniki aus Perlgraupenkascha und Quark (oder Frischkäse/Schichtkäse)

Zutaten:

300 Gramm fertige Perlgraupenkascha
100 Gramm Quark (Frisch- oder Schichtkäse)
1 Ei oder 1 Eßlöffel Stärke
50 Gramm Öl
Salz
Zwieback oder Semmelbrösel

Zubereitung:

Die Perlgraupenkascha mit Quark (Frisch- oder Schichtkäse) vermischen, dann durch die feinste Scheibe des Fleischwolfs drehen. Ein Ei oder Stärke in die Farce geben, salzen und die Masse zu länglichen Würsten rollen. Dann in Semmelbröseln wälzen und in Öl braten.

Gretschaniki (Buchweizenpfannkuchen)

Zutaten:

1 Glas Buchweizenmehl und Weizenmehl
1/2 Liter Sauermilch
eine Messerspitze Soda (Backpulver)
1/2 Glas Zucker
Pflanzenöl zum Braten
Smetana zum Anrichten

Zubereitung:

Buchenweizen- und Weizenmehl im gleichen Verhältnis (1 Glas) nehmen. Nach und nach in die Milch geben (unbedingt Sauermilch nehmen, mit frischer Milch bleiben sie kleben), kneten, dann Soda und Zucker dazugeben. Die Masse wird portionsweise in Pflanzenöl ausgebacken (auf beiden Seiten nur je 1 bis 2 Minuten) und traditionell mit Smetana serviert.

Treffen sich zwei Kosaken (Bauern), die sich lange nicht gesehen haben, da sie weit voneinander leben. Da fragt der eine den anderen: „Und wie ist es bei euch im Krai? Ist der Buchweizen in diesem Sommer gut gewachsen?" Denkt der andere ein wenig nach. Nickt dann und sagt: „Ja, wie überall. Bei denjenigen, die gesät haben, steht er nicht schlecht, bei denen, die nichts gesät haben, gibt es absolut nichts."

Bitter ist es, aber schade, es wegzuwerfen.

Kocht man Wasser, bleibt es Wasser, kocht man Hirse, hat man Brei.

Auch wenn es Buchweizen ist, Hauptsache, es gibt keine Streiterei.

Er säte Buchweizen und erntete Mohn – so wird es sein.

Hat man sich nicht satt gegessen, sollte man sich nicht betrinken.

Wir essen und trinken für drei Narren und als vierten für uns selbst.

Hast du Kürbis gegessen und schaust nach der Weide, bist du hungrig.

Milch, mehr Milch, und dem Bauch geht es fein.

Einmal fuhr der Schreiber des Kosakenführers wegen Geschäften in die Gouvernementsstadt. Sein Kutscher war der Kosak Antioch Swist. „Höre, Swist", sagte der Schreiber. „Können wir nicht schneller fahren?" „Ich kann schneller fahren, Herr Schreiber", sagt der Kutscher Antioch Swist, „aber dann bleibt das Pferd zurück."

Fragte einer einen Kosaken, wie es ihm gesundheitlich geht. „Danke, normal", antwortet der. „Auch wenn ich bereits über 90 bin, ist die Gesundheit nicht schlechter. Am Fluß liegt ein Stein, und so wie ich ihn früher nicht bewegen konnte, kann ich ihn heute nicht bewegen. So wie ich früher gesund war, bin ich auch heute gesund."

Sagt der Kosake im Winter auf dem Ofen sitzend: „Oh, Ofen, mein Ofen. Säße ich auf dir, und säßest du auf dem Pferd, wäre es gut, denn aus mir würde ein guter Kosak."

Buchweizenbällchen

Zutaten:

500 Gramm Buchweizenmehl
½ Liter Milch
1 Liter Wasser
4 Eier
100 Gramm Zucker
50 Gramm zerbröselter Zwieback oder Semmelbrösel
50 Gramm Butter
300 Gramm Smetana
Salz

Zubereitung:

In Milch und Wasser das Buchweizenmehl zu einem Brei kochen. Diesen abkühlen lassen. Dann die mit Zucker und einer Prise Salz verschlagenen Eier dazu geben, alles gut vermischen. Aus der Masse formen Sie Bällchen, rollen diese in Semmelbröseln und braten sie auf beiden Seiten in Butter. Dazu reichen Sie Smetana.

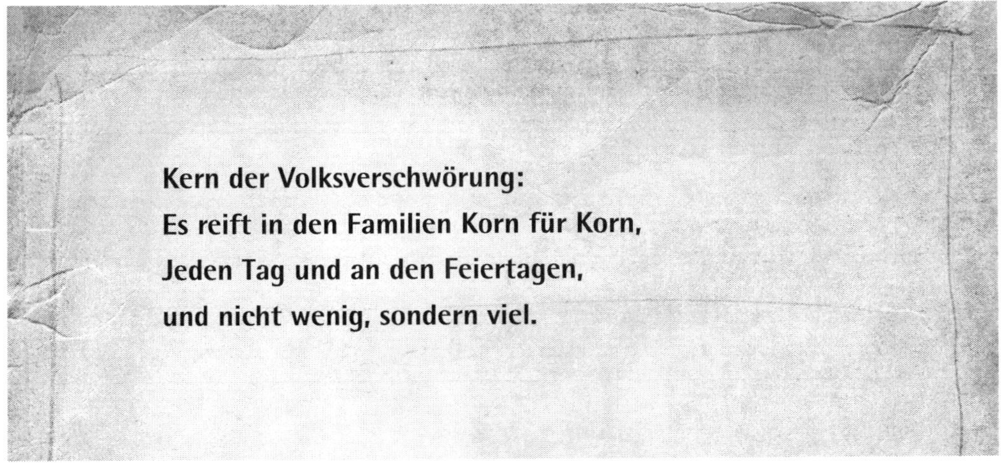

Maismehl-Babka mit Pilzen

(Ein Auflauf, der in kleinen Keramiktöpfen mit Deckel gebacken wird)

Zutaten:

1 Glas Maismehl
100 Gramm Pilze
2 Zwiebeln
1 große Möhre
1 mittelgroße Petersilienwurzel
Öl, Salz, Pfeffer nach Geschmack

Zubereitung:

Maismehl zwei Stunden in Wasser einweichen. Pilze ebenfalls einweichen (Wasser aufbewahren) und dann durch den Fleischwolf drehen. Gemüse in Öl anschwitzen, Mehl, Pilzmasse, Gemüse vermischen, salzen, Gewürze nach Geschmack hinzugeben. In eine mit Öl gefettete und mit Semmelbröseln bestreute Auflaufform geben. Mit einem Glas Pilzwasser begießen und etwa 1 Stunde im Ofen backen. Dieses Gericht können Sie mit Pilzsauce (Rezept siehe S. 81) servieren.

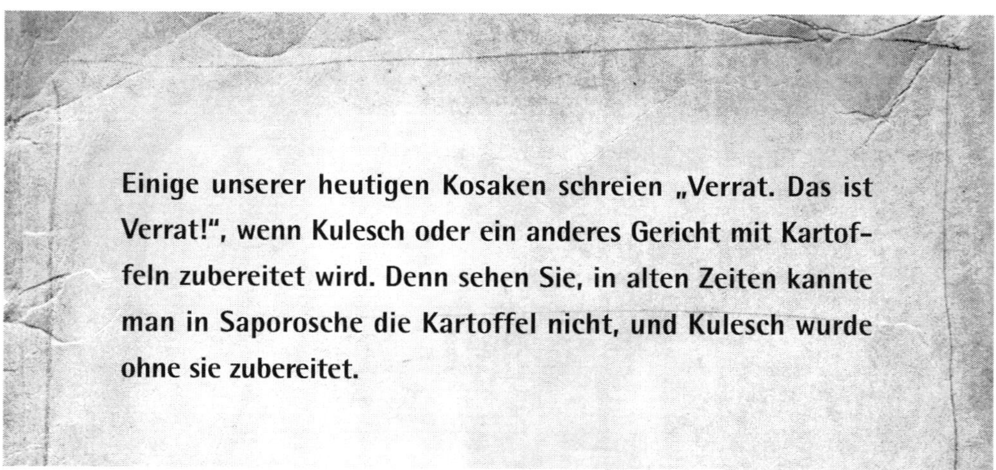

Einige unserer heutigen Kosaken schreien „Verrat. Das ist Verrat!", wenn Kulesch oder ein anderes Gericht mit Kartoffeln zubereitet wird. Denn sehen Sie, in alten Zeiten kannte man in Saporosche die Kartoffel nicht, und Kulesch wurde ohne sie zubereitet.

Kürbisauflauf mit Quark (Frisch- oder Schichtkäse)

Zutaten:

1 Kilogramm Kürbis
½ Kilogramm Quark (Frisch- oder Schichtkäse)
1 Glas gekochter Grießbrei
5 Eßlöffel Zucker
½ Glas Rosinen
Butter
Warenje
Smetana

Zubereitung:

Auf 1 Kilogramm gekochten Kürbis geben Sie ½ Kilogramm Quark (Frisch- oder Schichtkäse) und 1 Glas gekochten Grießbrei. Alles mit 5 Eßlöffeln Zucker vermischen, fügen Sie dann die Rosinen (vorzugsweise dunkle) hinzu. Dann geben Sie alles gut vermischt in eine gut gefettete Auflaufform und backen es 20 Minuten im Ofen bei 200 Grad. Servieren Sie das Gericht mit Smetana und Warenje.

Ryschaniki

Zutaten:

200 Gramm Reis
300 Gramm Milch
300 Gramm Wasser
2 Eier
50 Gramm Butter
Salz – nach Geschmack
50 Gramm Semmelbrösel oder zerbröselten Zwieback
50 Gramm Sonnenblumenöl

Zubereitung:

Reis in Milch und Wasser (Verhältnis 1:1) zu einem Brei kochen, abkühlen lassen. Butter auslassen, mit Salz und Eiern verschlagen. Mit dem Brei vermengen. Dann formen Sie Ryschaniki – Plätzchen –, wälzen sie in Semmelbröseln und braten Sie in gutem Sonnenblumenöl. Hierzu reichen Sie eine Pilzsauce (Rezept siehe S. 79).

Pilzsauce

Zutaten:

100 Gramm getrocknete Pilze

Wasser

2 bis 3 Eßlöffel Mehl

1 Eßlöffel Öl

1 Zwiebel

Salz, Pfeffer

½ Glas fette Smetana

Zubereitung:

Die getrockneten Pilze waschen, mit kaltem Wasser bedecken und 5 bis 8 Stunden stehen lassen. Dann die Pilze herausnehmen, das Wasser durch ein Mulltuch abgießen und beiseite stellen. Die Pilze mit heißem Wasser übergießen und bei schwacher Hitze köcheln lassen. Wasser abgießen, die Pilze noch einmal mit heißem Wasser übergießen. Das Wasser wieder abgießen, die Pilze fein schneiden. 2 bis 3 Eßlöffel Mehl mit Öl vermischen, heißes Wasser zugießen, gut untermischen. In einer Pfanne die Zwiebel glasig dünsten, herausnehmen. Nun das Pilzwasser in die Pfanne geben, die Mehlmasse einrühren, aufkochen lassen, Schaum abschöpfen. Nun die Pilze und Zwiebeln in die Pfanne geben, mit Salz und Pfeffer würzen, 5 bis 10 Minuten köcheln lassen. Die Sauce gewinnt, wenn Sie fette Smetana zugeben. In diesem Falle müssen Sie die Pilze in weniger Wasser kochen.

Kartoffeln im Kessel

(fast ohne Wasser gekocht)

„So haben bereits die Tschumaken (Kaufleute im 16. bis 19. Jahrhundert, sie handelten vor allem mit Salz) Kartoffeln gekocht, als sie auf die Krim kamen, um Salz zu holen."

Zutaten:

Ungeschälte Kartoffeln

Viel Salz

1 Liter Wasser

Zubereitung:

Sie können einen 10-Liter-Topf Kartoffeln mit einem Liter Wasser kochen. Den Boden des Topfes mit Salz ausstreuen, darauf die – geschrubbten, aber ungeschälten – Kartoffeln schichten, bis der Topf voll ist, dann alles großzügig mit Salz bedecken. Nun geben Sie rund 1 Liter Wasser hinzu. Den Kessel stellen Sie bei mittlerer Hitze aufs Feuer – mit oder ohne Deckel. Achten Sie darauf, daß die Kartoffelschalen keinen Ritz haben. Nach ½ Stunde sind die Kartoffeln gar.

Dmitri Jawornizki hat in sein Buch „Geschichte der Saporoscher Kosaken" die Erinnerungen des alten Kosaken Nikuta Korscha aufgenommen: Wenn ein Hirte beschließt, allein in ein anderes Waldstück zu reisen, und bei seiner Ankunft den Hausherren beim Mittag- oder Abendessen überrascht, sagt er: „Brot und Salz! Vortrefflich, Pan ..." Der Hausherr antwortet: „Wir essen das unsrige, und du bleibst an der

Salamacha

Salamacha war eines der am meisten verbreiteten Gerichte während der Kosaken-Feldzüge.

Zutaten:

Wasser
Buchweizenmehl
Salz
Butter oder Schmalz
Knoblauch

Zubereitung:

Salamacha ist eine Kascha – wie etwa Lemeschka, wird aber ein wenig anders zubereitet. Die Hauptkomponente von Salamacha ist Buchweizenmehl – sehr selten wird Weizen- oder Roggenmehl genutzt. Das Mehl wird mit Wasser zu einem dünnen Teig gerührt, geben Sie den Teig in kochendes Salzwasser, dabei immer gut rühren. Wenn die Salamacha gar ist, geben Sie Butter – wenn Sie Fleischesser sind, auch Schmalz – dazu. Rühren ... Zum Schluß heben Sie noch zerdrückten Knoblauch unter.

Türschwelle." „Nein, Brüder", antwortet der Gast. „Macht auch mir Platz." Nimmt sich seinen Löffel und läßt sich am Kasan nieder. Und die Brüder rufen: „Ein schlagfertiger Kosak. Iß, Bruder, iß ..." Sie weisen ihm den besten Platz zu und betrachten ihn als ihren Nächsten. Wenn die Geschichte so nicht passiert, wird ein solcher Kosak als Dummkopf bezeichnet.

Kosakische Subzi

Zutaten:

gekeimte Gerste (Gerste einen Tag in Wasser keimen lassen)
Malz

Dieses Gericht wird aus gekeimter Gerste zubereitet, die getrocknet, geröstet oder gekocht wird wie Kascha. Subzi hat wie Putrja und Kwascha (auch für dieses Gericht wird Malz genutzt) einen süßlichen Geschmack und gilt als Delikatesse.

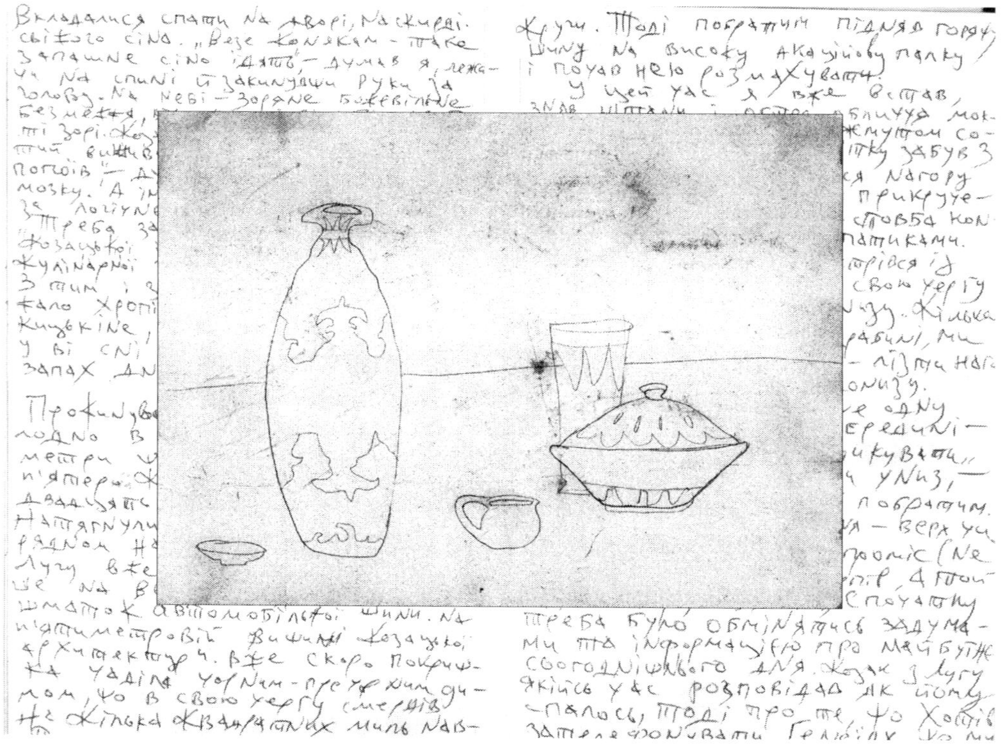

Klassische flüssige Kascha

Zutaten:

1 Glas Milch
1,5 Gläser Quark (Frischkäse oder Schichtkäse)
2 Gläser Gerstengrieß
3 Liter Wasser
2 Eßlöffel Butter
1 Teelöffel Salz

Zubereitung:

Den Gerstengrieß in das kalte, gesalzene Wasser geben und bei mittlerer Hitze kochen, ständig den Schaum abschöpfen. Wenn sich abzeichnet, daß sich aus dem Grieß fester weißer Schaum absondert, muß das überflüssige Wasser abgegossen werden. Den abgeschütteten Grieß weiter kochen und ein wenig Milch dazugeben, ständig rühren, bis Sie einen dicken Brei haben. Wenn die Kascha weich wird, geben Sie den Quark (Frischkäse oder Schichtkäse) hinzu, salzen, rühren. Deckel auf den Topf setzen und einige Zeit stehenlassen, danach das ganze mit Butter abrunden.

Saporoscher Kohl mit Hirse

Zutaten:

500 Gramm Sauerkraut
6 Kartoffeln
2 Eßlöffel Hirse
je 1 Möhre, Petersilienwurzel, Pastinake, Sellerie
1 Zwiebel
2 Eßlöffel Butter
300 Gramm Schweinefleisch
1 Stück weißen Speck
4 Eßlöffel Smetana
Piment, Salz, Petersilie nach Geschmack

Zubereitung:

Schweinefleisch weich kochen und aus dem Wasser herausnehmen. Das Sauerkraut in die Fleischbrühe geben, garen lassen. Möhre, Petersilienwurzel, Pastinake und Sellerie in Streifen schneiden und in Butter braten. Die Masse durch den Fleischwolf drehen. Speck mit der gewürfelten Zwiebel, der Petersilie und der Hirse im Mörser zerstampfen und zerreiben. Hirse zuvor einige Male mit kochendem Wasser überspülen, um ihr den strengen Geruch und die Bitterkeit zu nehmen. Nun die Brühe abseihen, die Kartoffeln hineingeben und 10 Minuten kochen lassen. Dann die Kartoffeln herausnehmen, schälen und zerstampfen. Geben Sie nun das Kraut, das Gemüse, die Hirsemasse und die Kartoffeln in einen Topf, alles gut vermischen, fertig kochen, mit Piment, Salz und Petersilie würzen. Unbedingt mit Smetana servieren.

Deruni (Kartoffelpuffer)

Zutaten:

10 mittelgroße Kartoffeln
1 Ei
2 Eßlöffel Mehl
1 Zwiebel
1 Teelöffel Soda
Öl zum Braten
Salz, Pfeffer nach Geschmack

Zubereitung:

Wir nehmen die geschälten Kartoffeln, waschen sie, waschen sie noch einmal und reiben sie auf einer kleinen Reibe. Wir nehmen die Zwiebel, schälen sie und reiben sie auf der gleichen Reibe. Dann mischen wir Kartoffeln und Zwiebel untereinander, geben das Ei, Mehl, Soda, Salz und Pfeffer hinzu und verrühren alles zu einer glatten Masse. Nun wird das Öl in der Pfanne erhitzt – setzen Sie kleine Kartoffelkuchen in das Öl in der Pfanne, leicht andrücken, dann 2 bis 3 Minuten goldbraun braten. Wenden, Hitze reduzieren und 1 bis 2 Minuten braten. Dann auf kleinste Stufe stellen, Pfanne mit Deckel schließen und 3 Minuten ziehen lassen. Deruni schmecken herausragend gut mit Smetana oder Speck.

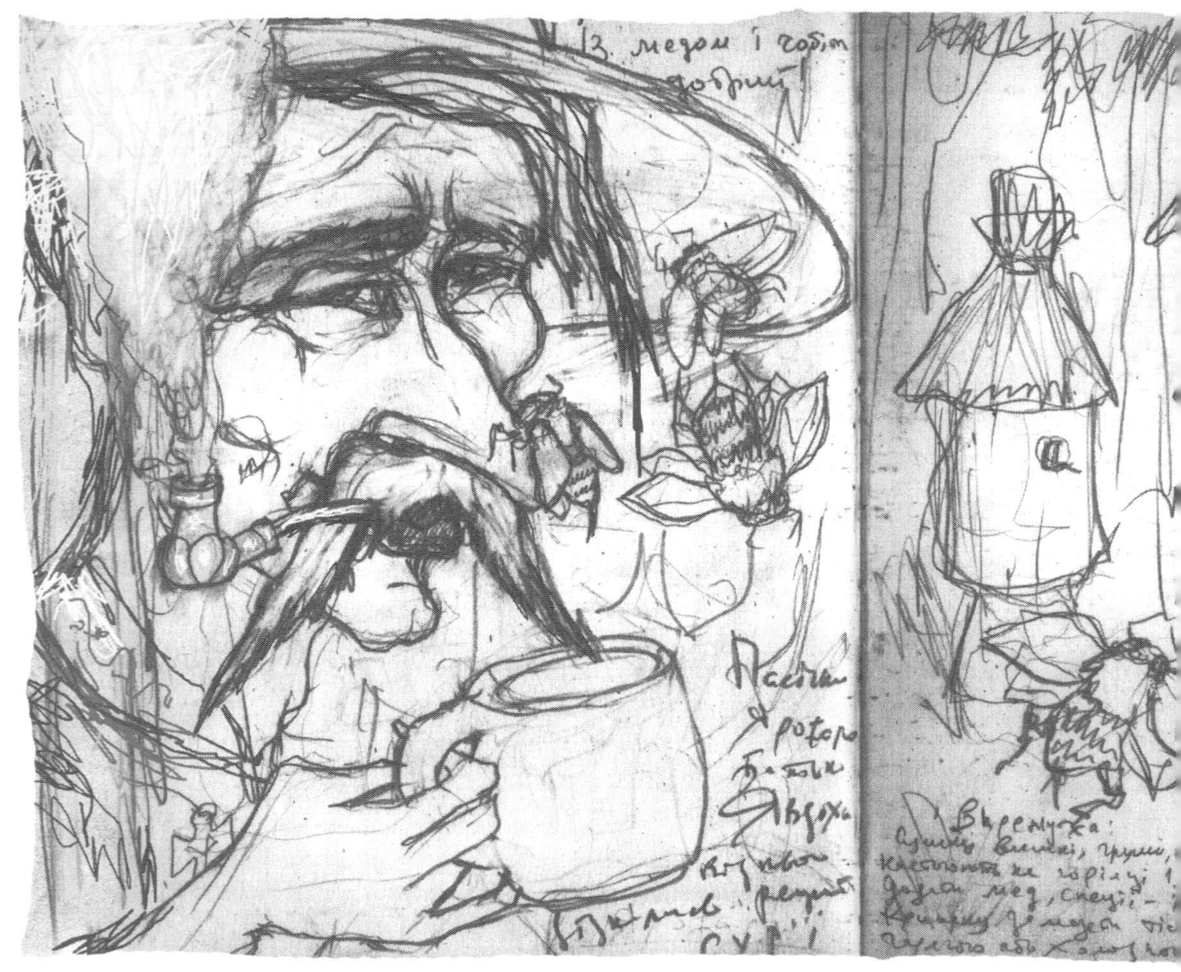

Großväterchen Jaroschalo Bienenzüchter oder: Der Surjaschlucker

Und so machten wir uns auf den Weg – hatten uns gut angezogen: die Ausgehpluderhosen, Mantel mit Schärpe und Hut mit Besatz. Ich hatte meinen neuen Hut auf, der mich so teuer zu stehen gekommen war und aufgrund dessen ich zum Kochbuch-Schreiber wurde ... Wir gingen, um zu freien. Und wie von uns erwartet wurde, gingen wir zuerst zu Jawdochas Vater – zum Bienenzüchter Jaroschalo. Der war bekannt nicht nur für seine Tochter, sondern auch für seine Bienen, und über

Der Kosak nicht ohne Glück, das Mädchen nicht ohne Freude.

Ganz gut kleidet sich der Kosak. Wie es klirrt, hören alle.

Der Kosak schweigt, und weiß alles.

Der Kosak liebt, sich zu kleiden.

Ohne Hetman stirbt die Armee.

Die Garbe mit Bart, der Kosak mit einer jungen Frau.

Der Kosak mit Dudami ging verloren.

Gedulde dich, Kosak, wirst Honig essen.

Der gute Kosak sieht, wo der Ataman geht.

Honig kannte er viele Geheimnisse. Man sagte, daß er sich ausschließlich von Honig ernähre.

Jaroschalo war ein älterer Witwer, er lebte den ganzen Sommer in einer Hütte unweit seiner geliebten Bienen. In seiner Wirtschaft regierte Jawdocha.

Wir lenkten unsere Schritte in die Imkerei. An den Ledergürteln waren die Säbel befestigt. In den Händen trugen wir – wie es der Freiersbrauch vorschrieb – Holzstäbchen und Brot. Um den Hals trug mein Freund neben Kreuzen auch Trinkgefäße. Sie unterschieden sich von anderen nur darin, daß man sie nicht auf dem Tisch abstellen konnte, da sie alle an einem Ring befestigt waren. Das heißt, was hineingegossen wurde, mußte auch ausgetrunken werden. Das

Eisen an unseren Stiefeln schlug lustig auf die Straße, dann liefen wir über Waldboden. In der Schlucht blüht in dieser Zeit die Akazie, der schwere Duft stieg uns in den Kopf. Überall summte es. Da waren die Bienen bereits fleißig. Jawchodas Vater saß inmitten dieses Bienenparadieses, trug einen Strohhut mit breiter Krempe, weiße Leinenhosen und Leinenhemd. Zwischen den Zähnen steckte eine kurze Pfeife, obwohl er schon lange nicht mehr rauchte. Aber von der Pfeife trennte er sich nie, hatte er sie doch von seinem Urgroßvater geschenkt bekommen, der seinerzeit in Saporoschje Pferde gezüchtet hatte. In seinen Händen hielt Jaroschalo aus irgendwelchen Gründen einen Maslak – eine aus Kuhhaut gefertigte Schöpfkelle mit dünnem Griff. Als Pfanne benutzen sie nur die Kosaken. Kamen wir tatsächlich gerade richtig, um den Akazienhonig fließen zu sehen?

Der Bienenzüchter sah mit dieser Kelle aus wie ein Führer der Papua-Neuguineaer. Aber es wäre unziemlich, in dieser Situation zu kichern. Wir begrüßten ihn demütig.

„Ruhm den Kosaken", antwortete gewichtig der Alte. Ohnehin – aus unserer Festtagskleidung und unserer Stimmung war offensichtlich, aus welchem Grunde wir gekommen waren.

„Was führt Sie in meine bescheidene Hütte? Der Honig?", fragte verschmitzt lächelnd der Alte.

Nun, wir führten dann das ganze Freiermärchen auf, so wie es sich gehört.

„Lichter Hausherr! Hier sind wir mit unserem jungen Strelizen (der Kosak von der Wiese richtete sich würdig auf) auf Marderjagd, wollen ein schönes Weibchen, und hierher führten uns die Spuren. Deshalb gib deinen Marder – das schöne Weibchen – unserem jungen Strelizen."

Jaroschalo freute sich wie ein Kind.

„Was für eine Freude in meinen alten Jahren. Das ist ein Glück. Surja bereite ich, und Honig koche ich. So lange Zeit habe ich Surja nicht angesetzt – unser uraltes heiliges Getränk, aber jetzt setze ich es auf. Damit die Jungen glücklich werden und mir Enkel gebären."

„Wer viel Honig ißt, wird lange leben", so hieß es über den Honig in der Kiewer Rus.

Und unsere Alten tranken Honig vor dem Festmahl, als ein rituelles Getränk der Götter. Und bei der Totenfeier begleiteten die Seelen berauschender Honig nach Irij (das Paradies im altslawischen Glauben).

Honigrezepte des alten Bienenzüchters Jaroschalo

Jaroschalo folgte dem Glauben der Vorfahren, er konnte das „Buch von Veles" (ein altes heidnisches slawisches Traktat aus dem 10. Jahrhundert) und den „Kobsar" von Schewtschenko auswendig rezitieren. Bereits als junger Mann träumte er davon, die alten Zubereitungsverfahren und Rezepte für Surja – das Getränk der alten Götter – zum Leben zu erwecken, nachdem ihm erstmals Schwarz-Weiß-Fotos der Holztafeln des „Buches von Veles" in die Hände gefallen waren.
„Die Surja kann man nicht beschreiben. Man muß sie probieren. Im ‚Buch von Veles' ist alles über sie in poetischer Weise niedergeschrieben", führte Großvater Jaroschalo geheimnisvoll aus. Leider schenkte er mir nicht das Rezept, und einschränkend merkte er an, daß er selbst nicht bis ins letzte weiß, wie man Surja völlig kristallklar und transparent macht.
„Habe versucht, noch einmal versucht, geforscht und experimentiert und habe ein solches Rezept geschaffen, das, wie es die Götter vorschreiben, nur auf Hochzeiten und Totenfeiern getrunken wird. Aber leider", so fuhr der Alte fort, „wird Ihnen heute niemand sagen, wie man Surja bereitet. Diese beiden Rezepte sind meine. Und dann kenne ich noch das Rezept von Juri Miroljubow, demjenigen, der das ‚Buch von Veles' für uns fand. Machen Sie sich Notizen, mein Herr, und überlegen Sie selbst."

Die Götter der Rus nahmen keine Menschen- oder Tieropfer an. Die einzigen Opfer, die sie akzeptierten, waren Obst, Gemüse, Blumen, Getreide, Milch ... und Honig, niemals aber lebende Tiere. Die Wikinger-Alanen brachten den Göttern schreckliche Opfer, Menschenopfer. Das können wir nicht, denn wir sind Enkel des Daschdbog und haben nicht das Recht, fremden Spuren zu folgen.

Mutter Ruhm scheint am Himmel wie die Sonne und verkündet uns den Sieg und den Tod. Aber wir fürchten uns nicht, denn wir haben das ewige Leben, und wir müssen dienen auf ewig, denn die Erde ist nichts – gegen ihn.

(„Buch von Veles")

Deshalb ist das grüne Gras ein Zeichen Gottes,
Und man muß es sammeln, in Gläsern, und es in die Sonne stellen
Es trinken zu Ehren Gottes, daß es am Himmel blau schimmert.

(„Buch von Veles")

„Oh Bojana, Enkelin Veles ...", lesen wir im „Igorlied".
Und im „Lied vom wahrsagenden Oleg" heißt es:
„Da tritt ihm entgegen ein Seher, ein Geister-Vertrauter;
Gehorsam Perün seinem Gotte allein,
Verborgnes und Künft'ges durchschaut er."

Alexander Puschkin

Surja

„Um dieses Getränk zuzubereiten, braucht es etwa ein Kilogramm Kleie – das sind die Schalenrückstände, die bei der Getreideverarbeitung nach dem Absieben des Mehls zurückbleiben. Kleie in Wasser kochen. Den Aufguß gießen wir dann durch ein Sieb. Dieses Verfahren bezeichnen wir als ‚Surjaniz säen'. Dann kochen wir etwa einen Eimer grüne Gräser, die Flüssigkeit wird ebenfalls durch ein Sieb gegossen, auf dessen Boden wir Schafwolle oder Vlies gelegt haben. Beide Flüssigkeiten werden miteinander vermischt, dann wird im Verhältnis 4:1 der Brühe Honig zugegeben. Die Flüssigkeit muß warm, darf aber nicht heiß sein. Dann geben wir getrocknete Beeren, Kirschen, Schlehen, Pflaumen, Birnen, Äpfel und Mehl hinzu. Alles muß zunächst drei Tage ruhen. Dann kommen Rosinen hinzu, und dann muß man die Hefe steigen lassen, dafür die Flüssigkeit abgießen und getrennt noch einmal erwärmen, wieder alles vermischen und in eine Holzwanne geben. 3 bis 4 Tage gären lassen. Nach der ersten Gärung kommt zu diesen Surjaniz ein Becher Milch und ein wenig ausgelassene Butter hinzu. Nach zwei Wochen ist alles schon gut gegoren. Nun geben wir noch einmal Honig oder Zucker hinzu, zugleich überbrühen wir eine kleine Menge Hopfen, der ebenfalls zugefügt wird. Nach der zweiten Gärung wird das Faß fest verschlossen und bleibt einen Monat unberührt stehen. Danach den Boden herausschlagen – und probieren. Wenn die Surjaniz noch sehr süß ist, muß alles ein drittes Mal gären. Dann geben wir sie in ein sauberes Faß, dessen Boden mit Eichenästen – vorzugsweise mit grüner Rinde – ausgelegt ist."

Juri Miroljubow, Heilige Rus

Unsere Vorfahren glaubten, daß an diesem Getränk neben den Menschen auch Götter und wohlwollende Geister arbeiteten: Kwituna (die Göttin der Blumen), auch Pschenitsch, Sernitsch und Prosjanitsch (die Beschützer der Gärung der Getreide).

Unsere Vorfahren tranken Surja fünfmal am Tag, denn Surja heilte und schützte vor Unheil.

Sura oder Surja

Wie man das heilige Getränk der Slawen unter häuslichen Bedingungen herstellt. Surja wird auf der Basis von Honig und Milch und unter Hinzufügung von Kräutern zubereitet.

Zutaten:

Quellwasser
1 Liter Milch (lebende Milch, also unbehandelte)
10 Gramm Alante
10 Gramm Beifuß
10 Gramm Thymian
½ Glas Honig

Zubereitung:

Zur Vorbereitung die Kräuter in ein wenig Quellwasser kochen, Honig dazugeben, und alles einige Tage ziehen lassen. Am Tag der Zubereitung Rohmilch 2 Stunden in die Sonne stellen. Einige Löffel des Suds in die Milch geben, gut verschließen (damit der Deckel nicht abspringt). Dann an einem warmen und dunklen Ort etwa 3 Tage gären lassen, während dieser Zeit das Gefäß dreimal täglich rütteln.

„Er probierte das Rezept auch mit anderen Kräutern aus: ¼ Teelöffel Salbei, 2 Teelöffel Kamille, ein wenig Hopfen. Alles andere wird zubereitet, wie oben angegeben. Und der beste Honig für dieses Rezept ist Akazienhonig." Dieses Geheimnis teilte uns der alte Imker mit.

Honig-Walnuß-Likör

etwas bitter

Zutaten:

1/2 3-Liter-Eimer junge Walnüsse mit grüner Schale
1,5 Liter bester Wodka
700 Gramm Akazienhonig

Zubereitung

Die Walnüsse mit grüner Schale halbieren, 3-Liter Glas mit Nüssen füllen, Wodka zugießen, und eine Woche lang täglich schütteln. Nicht filtrieren. Dann Honig dazugeben, Deckel schließen, und weiter täglich schütteln. Dann etwa einen Monat ziehen lassen, abseihen und die Flüssigkeit in Flaschen füllen.

Wie der Honig,
so der Löffel.

Mit Honig schmecken
auch Stiefel gut.

Wo Honig, da Fliegen.

Entweder trinkt er Met,
oder er reibt sich an den
Fußketten.

Es war Met, so tranken
die Gäste alles.

Ihre Sprache ist so, daß
sie nur Met trinken.

Sie sticht, und heilt, und
schenkt Honig.

Auf, Frau, nehmen wir
Pfeffer und Honig.

Über die Biene reden
wir nicht, aber der
Honig ist süß.

Die Biene ist klein, der
Honig süß.

Met ist süß, aber zieht
den Mund zusammen.

„Met – das ist mein Lieblingsgetränk aus Honig und kommt gleich nach Surja", sorgfältig klärt uns Jaroschalo über die alten und heutigen Honige auf. „Und wißt ihr warum? Jungs, ich gebe euch ein praktisches Rezept zur Herstellung von Met ohne Sterilisierung durch Kochen. Es ist ein sogenannter Günstlings-Met, der vor dem 11. Jahrhundert in der Kiewer Rus hergestellt wurde – heute ist ein solcher Met schwerlich zu bekommen. Denn diesen nicht sterilisierten Natur-Honigwein setzte man in Eichenfässern an, die zwischen fünf und zwanzig Jahren im Boden vergraben wurden. Später kam gekochter Met auf, der im Laufe eines Monats fertig war. Es war sogenannter gekochter Honig oder Sita, den die Metkocher zur Zeit von Fürstin Olga (10. Jahrhundert) in Kesseln kochten. Aber ich, Biochemiker von Hause aus, bin kein Freund der Met-Herstellung durch Kochen. Ich sage immer: Wollt ihr lange und glücklich leben, erwärmt Honig nie auf mehr als 60 Grad Celsius. Sondern kocht das Wasser ab, laßt es runterkühlen und gebt dann den Honig dazu. Ihr werdet fragen, warum! Nun, weil der Honig bei höheren Temperaturen toxische und mutagene Substanzen freisetzt. Und dann lebt im Honig nichts mehr, nicht einmal mehr Bakterien, denn die Konzentration von Lyozymen erlaubt dies nicht. Und Miroljubow sagte in einem seiner Met-Rezepte einfach: Geben Sie Honig in nicht mehr heißes, aber auch noch nicht kaltes Wasser. Versteht ihr? Das ist Wissenschaft, Brüder, und Poesie zugleich."

Ein alter Toast aus Tschernigow, den Großvater Jaroschalo auszubringen liebte: „Trinken wir das erste – weil es ohne das erste kein zweites gibt.
Und das zweite – weil es nicht bequem ist, auf einem Bein zu stehen.
Trinken wir das dritte – auf die Dreieinheit der Welt und die heilige dreifaltige Familie: Vater, Mutter und Kind.
Trinken wir das vierte, weil zu uns aus dem Osten und dem Westen, aus dem Norden und dem Süden weiche Winde eilen.
Trinken wir das fünfte, daß unternehmenslustige Kinder geboren werden.
Trinken wir das sechste, daß keine ungebetenen Gäste kommen.
Trinken wir das siebte, damit unsere Nächsten und Freunde zu einer einzigen großen Familie werden.
Trinken wir das achte, damit Glück und Getreide immer bei uns sind.
Trinken wir das neunte, auf euch und auf uns.
Trinken wir das zehnte, daß wir nicht faul sind. Trinken wir auf die Gesundheit von zehn Generationen."

Geschrieben in Jagotin von E. Towstuch im Jahre des Herrn 2005

Gib in die Kutja nicht zu viel Honig.

Honig und Buchweizen sind Bruder und Schwester.

Leck Honig nicht vom Finger.

Iß Honig, aber hüte dich vor dem Stachel.

Sie gaben Honig, aber nur durch die Scheibe.

Honig ist süß, aber den Finger mit Honig hat noch niemand gegessen.

Ein Löffel Teer verdirbt ein Faß Honig.

Selbst trinken sie Met, aber uns zeigen sie den dicken Daumen.

Wer sich mit Honig beschmiert, an dem kleben die Fliegen.

Sie bestrichen die Lippen mit Honig, aber ablecken darf man nicht.

Wo Blumen, da Honig.

Hausgemachter Met von Großvater Jaroschalo

Zutaten:

400 Gramm Honig
600 Gramm Wasser
8 Gramm Hopfen
ergibt 1 Liter

Zubereitung:

Honig in Wasser auflösen und bei schwacher Hitze 3 Stunden köcheln lassen, Hopfen hinzufügen, an einen warmen Ort zum Gären stellen. Wenn der Met atmet (gegärt ist), in Flaschen füllen, gut verschließen und vor dem Genuß an einen kühlen Ort stellen.

Meschigorsker Honigwein

Zutaten

6 Liter Wasser
1 Kilogramm Honig
1 Eiweiß
1 Prise Ingwer
1 Teelöffel Bierhefe
ein wenig Muskatnuß
Zimt, Nelken

Zubereitung

Für ein Kilogramm Honig nehmen Sie 6 Liter Wasser und 1 Eiweiß. Alles gut vermischen, dann bei schwacher Hitze 1 Stunde köcheln lassen. Nach einer halben Stunde ein wenig Muskatnuß, Ingwer, Zimt und Nelken hinzugeben. Wenn sich die Flüssigkeit um ein Viertel reduziert hat und die Gewürze an der Oberfläche schwimmen, hat die Flüssigkeit lange genug gekocht. Dann die Gewürze herausnehmen und alles abkühlen lassen. Der Met muß klar und transparent sein, daher müssen Sie ihn noch abseihen. Dann einen Teelöffel Bierhefe hinzugeben. Zur Gärung an einen warmen Ort stellen. Wenn der Gärprozeß abgeschlossen ist, für 7 Monate an einem kalten Ort (Kühlschrank, kalter Keller) ruhen lassen. Den Behälter mit dem Met gut verschließen. (W. Tkatschenko, Getränke unserer Vorfahren)

Met mit Moosbeeren

Zutaten:

1 Liter roten Rohhonig
½ Kilogramm Moosbeeren
4 Liter Wasser
2 Eßlöffel Bierhefe

Zubereitung:

Honig und Moosbeeren in kochendes Wasser geben und ½ Stunde kochen. Abkühlen lassen und durch ein Sieb seihen. Dann zur Gärung 2 Eßlöffel Bierhefe dazugeben. Einige Tage warten bis die Gärung abgeschlossen ist – fertig.

Sita

Ein wenig über die slawischen Honigweine der alten Ukraine-Rus: Zuerst bereitete man die Sita zu (Honig in Wasser auflösen), manchmal kochte man ihn bis zu einer Stunde, dann konnte die Sita gären. Manchmal aber gab man Sita auch einfach ungekocht in Eichenfässer, die man für lange Zeit in den Boden einließ – zwischen fünf und zwanzig Jahre. Wenn man Met kocht, wird nun abgebrühte Hopfenfrucht hinzugegeben, dann muß alles einige Tage und bis zu einer Woche an einem warmen Ort ruhen. Danach filtrieren. Sita wird kalt getrunken. Man macht sie aus unfermentiertem Honig. Übrigens bereitete man dieses Getränk auch aus der Honigwabe zu. Dann gab man die ganze Wabe in ein Holzfaß und gab kochendes Wasser sowie heiße Steine hinzu. Der Honig löst sich auf und das Wachs steigt hoch. Das Wachs entfernen, die Sita filtrieren und abkühlen lassen. Wahrscheinlich war Sita früher für die Bevölkerung ein ganz alltägliches Gericht, das die Mahlzeit beendete und von dem vielleicht das Wort „nasititsja" („genug bekommen") abstammt.

Gurken mit Honig

Salzgurken (im Frühsommer nimmt man besser schwach gesalzene) werden mit Akazienhonig begossen, einige Zeit ziehen lassen.

Frischer Speck mit Honig

Nehmen Sie drei Tage alten, ungesalzenen Speck, streichen Sie ihn mit Buchweizenhonig ein. Ein Genuß.

Lied des Pferdes

Du fährst weg
Gorilka trinken
Läßt mich zurück
Feuchte Erde zu stampfen
Eh, Hausherr, gib mir
Heu bis zum Knie
Heu bis zum Knie
Und Wasser bis zum Auge
Und dann geh feiern, Herr
Von mir aus bis Mitter-
nacht.

Ihr Essen liebten die Kosaken mit Wodka oder Likör runterzuspülen. Wodka wurde bei ihnen immer selbst zubereitet. Man fuhr in die Stadt, um Fässer zu kaufen. Zu Hause bereitete man dann Samogon und Likör zu, nur die Fässer kamen aus der Stadt. Die Kosaken hatten auch eine Brauerei, brauten ihr eigenes Bier. Sie kannten Sita, den sie mit Honig aufsetzten. Noch besser war Warenje, die aus Rosinen, Feigen und Trauben gemacht wurde. Alle Trockenfrüchte legten sie in Wodka ein und dämpften sie dann über dem Feuer. Und anderes mehr kannten sie, wie zum Beispiel auch Tee: ein Gemisch aus kalmückischen Kräutern und Schafsmilch. Zum Tee reichten sie Brot, stets mit Butter bestrichen.

Dmitri Jawornizki, Geschichte der Kosaken

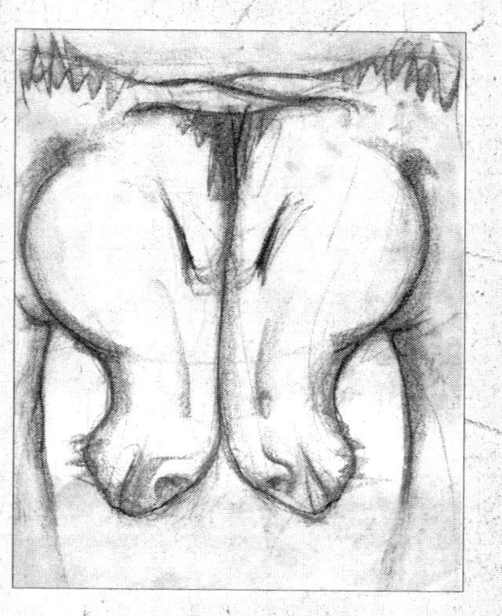

Vom Trinken kommt nichts Gutes.

Das erste Glas für die Gesundheit, das zweite zur Freude und das dritte, um zu streiten.

Im Glas ertrinken mehr Menschen als im Meer.

Vor Betrunkenen läuft auch der Teufel weg.

Eh, Kretscham (das Dorfgasthaus), du bist der Herr, in dir stirbt unsere Arbeit.

Wo der Pope die Kirche hinsetzt, kommt der Pan aus dem Kretscham.

Wenn du Geld für Met hast, trink Bier, wenn du Geld für Bier hast, trink Wasser.

Möchtest du dich mit der Gesundheit anfreunden, hör auf, Wodka zu trinken.

Wein macht heiter, aber von Wein bekommt man einen schweren Kopf.

Beeren-Spotykatsch

(schwerer Dessertwein aus Beeren)

Zutaten:

1 Kilogramm Moos- oder Himbeeren,
Schwarze Johannisbeeren oder Kirschen
1 Kilogramm Zucker
½ Liter Alkohol (zum Beispiel 80- bis 90prozentigen Korn)
3 Gläser Wasser
1 Teelöffel Vanillezucker

Zubereitung

Die Beeren waschen und beschädigte aussortieren. Den Sirup kocht man wie folgt: auf 1 Kilogramm Zucker kommen 1 Kilogramm Beeren und drei Gläser Wasser. Schöpfen Sie den Schaum ab, gießen Sie den Saft ab, wieder aufkochen. Dann geben sie ½ Liter Alkohol dazu, in dem 2 Tage lang Vanillezucker gezogen hat. Auf den Herd setzen und unter Rühren zum Kochen bringen, aber nicht aufkochen lassen. Wenn alles abgekühlt ist, in Flaschen abfüllen und verkorken.

Warenucha (Obstlikör)

Im Hochsommer, wenn die freigebige Natur wuchert, kocht man den berühmten Warenucha.

Zutaten:

Kirschen, Birnen, Pflaumen oder Äpfel
Wodka
Honig
Ingwer, Zimt, Nelken

Zubereitung:

Kirschen, Birnen, Pflaumen oder Äpfel zu 3/4 in ein Glas geben, dann 1 bis 2 Tage immer wieder mit Wodka begießen, filtrieren, Honig hinzugeben, nach Geschmack mit Ingwer, Zimt und Nelken würzen. Das Gefäß schließen – manche verkleben den Deckel mit Teig – und für 10 Stunden in den warmen Ofen stellen. Man kann Warenucha heiß oder kalt trinken. Heiß schmeckt er besser, sagen die Fachleute. Reichen Sie Früchte dazu.

Wischnewka (Kirschlikör)

Zutaten:

3 Kilogramm Kirschen
4 bis 5 Liter Wodka
3 Kilogramm Zucker

Zubereitung:

Für den Kirschlikör nehmen Sie eine Hälfte Kirschen mit Kernen und eine Hälfte entsteinte Kirschen. Denn gerade die Kirschkerne geben diesem Getränk den besonderen Geschmack und das Aroma. Füllen Sie einen 10-Liter-Ballon zu einem Drittel mit Kirschen, dann legen Sie einige Kirschbaumblätter darauf, gießen Sie dann bis zum Rand mit Wodka auf – das ganze lassen Sie einen Monat lang an einem kalten Ort ziehen. Gießen Sie dann alles in einen neuen Ballon und geben Sie Zucker dazu (für 10 Liter nicht weniger als 3 Kilogramm). Manchmal gibt man zur Geschmacksverstärkung noch ein wenig Zuckersirup hinzu, dann in Flaschen abfüllen und vor dem Genuß mindestens ein halbes Jahr lagern.

Kontabas (Johannisbeerschnaps)

Nehmen Sie die Knospen von Schwarzen Johannisbeeren, füllen Sie einen großen Glasballon zur Hälfte damit auf und gießen Sie dann bis zur Hälfte Wodka hinzu. Die Öffnung mit Gaze bedecken, so daß alles atmen kann, dann 6 Wochen lang an einen sonnigen Platz stellen. Danach filtrieren. Nun müssen Sie ein wenig Zeit geben, daß sich noch einmal alle Rückstände setzen können, dann erneut filtrieren. An einem trockenen Ort lagern. Je älter das Getränk, desto besser wird es.

Hetman-Tertucha

Sie brauchen Erdbeeren und Zucker im Verhältnis 1:1. Die reifen Erdbeeren gut mit Zucker bestreuen – besser noch mit Puderzucker. Stehen lassen. Dann alles in ein Glas geben, mit Gaze abdecken, an einen kühlen Ort stellen, bis sich der Saft nach einigen Tagen gesetzt hat. Dann alles durch ein Sieb gießen, den Saft auffangen, die Früchte gut abtropfen lassen. Den Saft durch ein Gazetuch filtern und in Flaschen füllen (nur 3/4 voll). Dann mit Alkohol (Sprit) aufgießen, gut verkorken. Nicht schütteln, nicht auf den Kopf stellen, am besten im Sand vergraben und für einige Zeit dort lagern.

Palenka

Himbeeren, Kirschen und Johannisbeeren gut waschen und beschädigte Früchte aussortieren, dann in eine emaillierte Kasserolle geben, Wodka zugießen, bis die Früchte schwimmen. Die Kasserolle mit festem Papier verschließen, an einigen Stellen das Papier durchstechen, dann im Backofen 7 Stunden garen. Filtrieren, Zucker hinzugeben und einmal aufkochen lassen. Nun an einem kühlen Ort ziehen lassen.

Mokrucha

In 1 Liter Wodka die Schalen von 2 Apfelsinen und 5 bis 6 Gewürznelken ziehen lassen. Nach zwei Wochen 1 Glas Kirschsaft hinzugeben, dann filtrieren und in Flaschen abfüllen. Er muß vor dem Trinken mindestens ein halbes Jahr gelagert werden. Mokrucha schmeckt wie ein teurer Likör.

Er feiert und vergißt alles.

Wer das Gasthaus meidet, dem winkt das Glück.

Lebe – nicht betrunken, hüte dich vor Unglück.

Wein bringt Schuld hervor.

Der Wodka wie die Gevatterin bringt jeden um den Verstand.

Der Verstand geht, wenn er auf Wodka trifft.

Wo ein Glas, da Streit.

Kalganowka wird auf Basis von Fruchtwodka zubereitet, den man aus vergorenen Früchten mit 45prozentigem Alkohol zubereitet. Danach zieht er auf Wurzeln und Kräutern. Die Grundzusammensetzung besteht aus Galagantwurzel, Süßholz und Alante. Insgesamt sind es mehr als hundert Zutaten. Unbedingt gehören Moose und Flechten dazu, die sich auf bestimmten Arten von Steinen ansiedeln. Vor allem in ihnen sind die Bakterien Bazillus subtilus, die in einem warmblütigen Organismus Alfainterferon produzieren, das zu einer wahren Explosion des Immunsystems, des Hormonhaushalts und anderer Systeme des menschlichen Organismus führt. Es heißt, daß man danach gläserweise Zyanid und Schwefelsäure trinken kann. Es ist kein Zufall, daß Hetman Kalnyschewski 112 Jahre alt wurde, da er regelmäßig Kalganowka trank. Vor allem deshalb wird dieses Getränk auch als Elixier ewiger Jugend, Gesundheit und Langlebigkeit bezeichnet.

Wladimir Korsch

Wie war es früher schön: Es standen Tische in den Gärten – man aß, trank, plauderte, von den Schnurrbärten tropfte es und der Mund war trocken.

Trinken wir hier, denn dort, im Himmel, gibt man nichts.

Der ist kein Kosak, der Angst vor dem Hund hat.

Der Ziege Gesundheit, dem Ziegenbock Verstand.

Über den Berg springt auch das Pferd nicht, und die Schweine fressen nicht zuviel.

Wenn sie Warenucha getrunken haben, summen sie wie die Fliegen.

Als sie aßen und tranken redeten sie, als sie zahlen mußten, verstummten sie.

Trink, Bruder, trink – und im Alter nimm die Betteltasche!

Kalganowka

(einfaches Rezept)

Zutaten:

100 Gramm Galganatwurzel oder Fingerkraut

1 Liter Wodka

Zubereitung:

Galganat-Wurzel (Galganat – lateinisch erekta potentila) oder Fingerkraut fein hacken, dann 1 Liter Wodka aufgießen und neun Tage an einem warmen Ort ziehen lassen.

Für die Kosaken war Kalganowka nicht nur ein Getränk, sondern auch ein Arzneimittel. Die Tamine und antiseptischen Substanzen desinfizieren den Magen-Darmtrakt, was bei den Feldzügen wichtig war, da Wasser und Lebensmittel nicht immer frisch waren. Mit Kalganowka behandelte man Wunden, Geschwüre, Zahnfleischentzündungen, auch rissige Haut an Händen und Füßen. Kalganowka hat einen besonderen – herben – Geschmack, der vor allem Männern gefällt. Es heißt, er erhöht die Libido, die Kosaken wußten also, was sie taten.

Perzowka (Pfefferbranntwein)

½ Liter Samogon auf 90 Grad erhitzen, dann geben sie 3 (frische oder getrocknete) Chilischoten (von der Größe des kleinen Fingers) hinzu. 2 Wochen ziehen lassen, dann filtern und abfüllen.

Subrowka (Büffelgrasbranntwein)

Subrowka wird im Prinzip wie Perzowka hergestellt. Allerdings wird der Samogon nicht erhitzt und neben Chilischoten kommen auch noch 7 Halme Büffelgras (duftendes Mariengras, ein kumarinhaltiges Gras) hinzu, das einst von den Steppenwisenten wiedergekäut wurde.

Chronowucha

In einen guten Wodka geben wir schmale Streifen von in Scheiben geschnittenen Meerrettichwurzeln. Man kann Chronowucha bereits nach 2 bis 3 Stunden trinken, bewahrt man ihn jedoch länger auf, wird er ungenießbar.

Kusaka

In guten Wodka Kardamon, Ingwer und Pfefferkörner geben und 1 bis 2 Monate ziehen lassen. Manchmal stellt man Kusaka in einen warmen Ofen, um ihn schneller genießen zu können.

Perzowka Slobodskaja

Für diesen Perzowka wird schärfster roter Paprika und starker Wodka verwendet. Auch ein wenig Kardamon und Ingwer können Sie hinzufügen. Er kann solange ziehen, wie Sie es wünschen.

Hausgemachter Sekt

Zutaten:

2 Kilogramm Zucker

1 Glas Hefe

Zitronensäure

Zubereitung:

2 Kilogramm Zucker in einem Gefäß mit heißem, aber nicht kochendem Wasser auflösen. Abkühlen lassen und ein Glas Hefe dazugeben. In Flaschen füllen. Wenn es zu gären beginnt, in jede Flasche einen Löffel Zucker und einige Tropfen Zitronensäure geben. Verkorken und an einem kalten Ort lagern. Wenn es in den Flaschen nach 2 bis 3 Wochen zu perlen beginnt, kann man den hausgemachten Schaumwein bereits anbieten.

Walnußlikör

Ein Flasche zur Hälfte mit Walnußkernen füllen und dann mit Wodka auffüllen. Nach drei Monaten mit Zucker oder Honig (verdünnt mit warmem Wasser) süßen, danach filtern. Schon ist er genießbar.

„Hier ist er", sagte sie (Pulcheria Iwanowa – Anm. d. Red.) und entfernte den Korken aus der Karaffe. „Wodka versetzt mit Salbei und Schafgarbe. Wenn jemandem die Schulter oder die Lende schmerzt, hilft er sehr. Hier, Wodka mit Tausendgüldenkraut: wenn es in den Ohren klingelt oder sich auf dem Gesicht Pusteln bilden, hilft er sehr."

Nikolai Gogol, Gutsbesitzer aus alter Zeit

Saporoscher Bier

Zutaten:

10 Liter Wasser
100 Gramm Hopfen
2 Eßlöffel Mehl
50 Gramm Hefe

Zubereitung:

Auf 10 Liter kochendes Wasser geben Sie 100 Gramm Hopfen, der mit 2 Eßlöffeln Mehl zerstoßen wurde. Mehrere Stunden stehen lassen. Dann in ein Fäßchen filtern, 2 Gläser Melasse und 50 Gramm Hefe zugeben. Wenn es fermentiert, in Flaschen füllen und an einem kühlen Ort lagern.

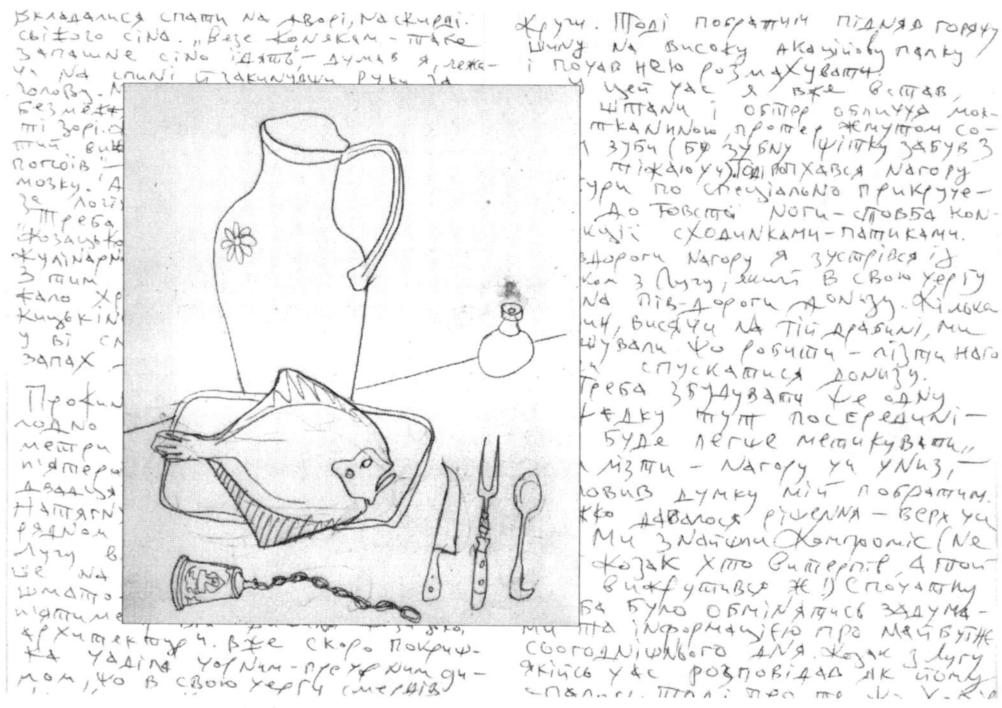

Das ist ein Kwas wie bei uns.

Als es Kwas gab, waren wir nicht da, dann wurde der Kwas schlecht, und es ging uns auch nicht gut.

Manchmal mit Kwas, manchmal mit Wasser

Kwas ist dafür da, daß man ihn trinkt.

Gestern Kwas, heute Kwas, mögen uns die Teufel quälen?

Es gibt Kwas, aber nicht für Sie.

Besser Wasser als schlechter Kwas.

Kwassuppe ist Fastensuppe.

Auch wir bekommen von Kwas Farbe.

Wenn du essen willst, trinke Wasser!

Früchte-Kwas

Zutaten:

Wildbirnen, Wildäpfel oder Schlehen
Roggenstroh
Wasser
Roggenmehl

Zubereitung:

In den Wald- und Steppenregionen der Ukraine bereitete man Kwas aus Früchten und Beeren zu. In der Regel nahm man dazu wildwachsende Birnen und Äpfel oder Schlehen. Die Früchte müssen einige Zeit liegen. Dann mehrmals gut waschen, dicht an dicht in ein mit Roggenstroh ausgelegtes Holzfaß schichten. Dann alles mit kaltem Wasser auffüllen. Das Faß muß mehrere Wochen an einem warmen Ort stehen. Manchmal gab man für den Geschmack einige Löffel Pispi (wie Mus aufgekochtes Roggenmehl) bei. Wenn der Kwas gegoren hat, muß das Faß an einen kalten Ort gestellt werden.

Rote-Bete-Kwas

Zutaten:

Rote Bete

Roggenzwieback

Wasser

Zubereitung:

Von den gesäuberten Roten Beten schneiden Sie das obere und untere Ende (Schwänze) ab, dann das Gemüse dicht an dicht in ein Faß schichten und mit nicht abgekochtem Wasser auffüllen, auch einige Roggenzwiebäcke werden zugegeben, gut andrücken und zum Säuern/Gären stehenlassen. Wenn der Kwas aufhört zu gären, wird das Faß an einen kalten Ort gestellt. Rote-Bete-Kwas wird selten getrunken, vor allem dient er als Grundlage für einen guten Borschtsch. Früher war es ein saisonales Getränk: man bereitete Rote-Bete-Kwas im Herbst nach der Ernte in solcher Menge zu, daß man genug bis zum nächsten Herbst und zur nächsten Ernte hatte.

Otwar mit Tierfett

Die Völker der Großen Steppe brühten schwarzen Tee mit Tierfett oder süßer Butter auf. Manchmal gaben sie ein wenig Salz hinzu. Das Getränk löscht den Durst und erlaubt dem Körper, längere Zeit ohne feste Nahrung auszukommen.

Wasser der Schmiede

Die Schmiede sammelten das Wasser, in dem die glühenden Säbel und Hufeisen nach dem Schmieden sowie die Säbel nach dem Schärfen abgekühlt wurden. Sie nutzen es um Uswar, ein Getränk aus trockenen Früchten und Beeren zuzubereiten, weil man dachte, daß dieses Wasser dem Körper Kraft gibt und das Blut anreichert.

Tee oder Uswar

Die Kosaken bereiteten keinen Tee zu, sondern Uswar für jeden Geschmack und jeden Geist.

Tee aus Pfefferminze, Oregano und Johanniskraut

Nehmen Sie die gleiche Menge Pfefferminze, Oregano und Johanniskraut, vermischen Sie alles. Dann aufbrühen und sofort trinken, bevor das Minzaroma verfliegt.

Tee stärkt den Geist, macht das Herz weich, vertreibt die Müdigkeit, erfrischt das Denken und verhindert, daß der Geist faul wird, erleichtert und erfrischt den Körper und schärft die Wahrnehmung.

Aus einer tibetischen Abhandlung

Uswar aus Schneeballfrüchten

Nehmen Sie 1 Eßlöffel Schneeballfrüchte (frisch oder getrocknet), gießen Sie 1 Glas Wasser (200 Milliliter) darauf und köcheln Sie die Früchte auf kleiner Flamme. Lassen Sie den Sud 4 Stunden ziehen. Sie erhalten 100 Milliliter Uswar.

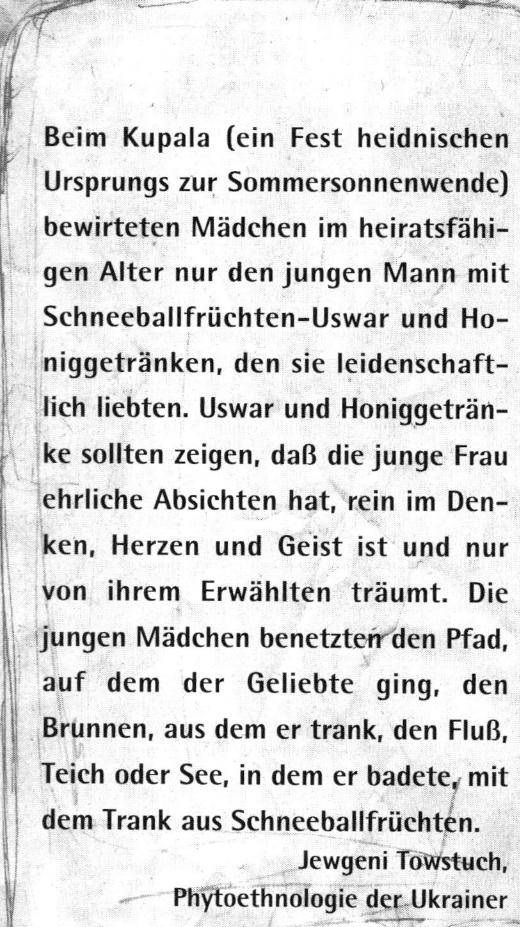

Beim Kupala (ein Fest heidnischen Ursprungs zur Sommersonnenwende) bewirteten Mädchen im heiratsfähigen Alter nur den jungen Mann mit Schneeballfrüchten-Uswar und Honiggetränken, den sie leidenschaftlich liebten. Uswar und Honiggetränke sollten zeigen, daß die junge Frau ehrliche Absichten hat, rein im Denken, Herzen und Geist ist und nur von ihrem Erwählten träumt. Die jungen Mädchen benetzten den Pfad, auf dem der Geliebte ging, den Brunnen, aus dem er trank, den Fluß, Teich oder See, in dem er badete, mit dem Trank aus Schneeballfrüchten.

Jewgeni Towstuch,
Phytoethnologie der Ukrainer

Nach Tee trink Wasser.

Von Tee wird man nicht betrunken, sondern rotwangig.

Bewirte den mit Tee, der mit dem Rücken zur Tür sitzt.

Kompott auf dem Basar, und Sotschiwo (Brei mit Honig) auf dem Tisch.

Frühlingsuswar der Kosaken

Zutaten:

3 Handvoll gehackte Kleeblätter
3 Handvoll gehackter Sauerampfer (hellgrün)
3 Handvoll fein gehackte junge Weidentriebe
2 Liter Wasser

Zubereitung

Gräser und Zweige mit 2 Liter Wasser übergießen, zum Kochen bringen, 2 Stunden ziehen lassen. Die Zutaten wurden früher mit dem Säbel gehackt und händeweise abgemessen. Wenn man das Getränk nicht kocht, sondern im Kessel in der Ofenasche ziehen läßt, werden die therapeutischen Qualitäten besser bewahrt. Ein solcher Uswar vertreibt die Müdigkeit und beugt vielen Krankheiten vor. Mit dem hier beschriebenen Uswar beugte man Vitaminmangel vor.

Apfelgelee

Zutaten:

3 saure Äpfel
4 Gläser Wasser
1/2 Glas Zucker
1/2 Glas Kartoffelstärke

Zubereitung:

Die ungeschälten Äpfel entkernen, in Schnitze schneiden, in Wasser weich kochen, durch ein Sieb streichen, den Saft auffangen. Dann 3 Tassen des warmen dicken Apfelsafts mit Zucker aufkochen, im übrigen Saft die Kartoffelstärke glatt streichen, dann die Stärke in den köchelnden Saft geben, gut verrühren. Gießen Sie alles in eine Form oder direkt in Gläser. Sie können das Apfelgelee mit Puderzucker bestäuben. Auf diese Weise wird auch Kirschgelee aus frisch ausgepreßtem Kirschsaft zubereitet.

Das siebte Wasser für Gelee.

Gibt es kein Gelee, essen wir auch Kwascha.

Wo es Gelee gibt, dort setzte ich mich, wo es Kuchen gibt, dort legte ich mich

Wohin gehst du, Gelee löffeln, hast dich mit Kwascha beschmiert.

Wartet, Kinder, bis die Haut auf dem Gelee fest ist.

Ging ins Dorf, um Gelee zu beschaffen.

Er lief sieben Werst, um Gelee zu löffeln.

Auch mit Gelee zerstörst du die Zähne.

Ausruhen – Wasser trinken.

„Wie der Reiterataman Iwan Dmitrijewitsch Sirko, mein liebster Krieger und Charakterniki", teilte uns der alte Jaroschalo mit, „sitze ich am Ende meines Lebens in Gruschewka zwischen meinen geliebten Bienen. Nur daß Sirko in Gruschewka im schwarzen Wald in Tscherkassy saß, und ich am Kanew-Steilufer bin."

Die Kälte ist nicht schlimm, wenn der Kosak jung ist.

Wohin das Schicksal den Kosaken auch verschlägt, stets bleibt er Kosak.

Der Kosake lebt nicht im Heute, sondern im Morgen.

Sie niesten und niesten und übernachteten doch in der Steppe.

Ohne Haus macht ein Tor keinen Sinn.

Öffne das Tor, Bruder, für unseren Bruder.

Im Feld gibt es zwei Schicksale. Welches ist stärker?

Jawdocha

Wie es der Brauch wollte, wies uns der alte Jaroschalo dreimal ab, wenngleich er selbst vor Freude glühte. Dann aber verlobten wir Jawdocha ohne Probleme, denn die Gerüchte über die Entwicklung waren Jaroschalo bereits per Mund-zu-Mund-Propaganda zugetragen worden. Und die junge, erblühte, versprochene Frau, die so lange auf einen Kosaken gewartet hatte, wußte vor Glück nicht wohin, so fing sie an, ihren in der halben Welt berühmten Borschtsch zu kochen.

Am frühen Abend, in der Durchsichtigkeit der Frühlingsdämmerung, wurde das Haus Jaroschalos mit bestickten Ruschniki (Stoffbahnen) geschmückt, es wurde Brot gebracht und man setzte sich an den Tisch. Die Akazien verbreiteten ihren betäubenden Duft. Und Jawdocha glühte und zwitscherte. Und der alte Jaroschalo war glücklich und wischte sich verstohlen eine Träne aus den Augen. Und wir brauchten Löffel für den Borschtsch und die Roschna, das ist eine einzinkige Gabel, um das Fleisch aus dem Hetman-Borschtsch zu fischen. Und unser junger Kosak war nach dem Borschtsch so glücklich, daß er all seine Zweifel vergaß, wie er eine so wunderschöne Frau halten würde, und zum

Tanz rief. Und der Staub wirbelte im Hof auf, bis die Nachtigall zu singen begann.

Gott sei Dank – es gab keinen Kürbis und keine Rauferei.

Und am Abend zwischen Borschtsch, Kuchen und Gesang, hörte ich, daß sich jemand auf dem Dachboden bewegte. Ich dachte, daß es natürlich der Hausgeist sein müsse, der sich freut. Aber nein! Über dem Rand des Dachbodens, auf dem das Heu trocknet, erschien das traurige und lange Gesicht eines weiteren Kosakenkollegen: Kornej Borowik. Und sein Haar und sein Schnurrbart waren so von Heu durchsetzt, daß er irgendwie doch an einen Hausgeist erinnerte.

„Ausgeschlafen?", rief ihm der alte Imker zu. Zu uns gewandt, fuhr er fort: „Einige Tage war er im Wald, er war gerade aus der Stadt gekommen. Wollte sich entspannen nach anstrengender Arbeit, wollte nach frühen Morcheln – eine echte Delikatesse – suchen. Er brachte viele. Morcheln – das sind gleichsam unsere ukrainischen Trüffel."

„Komm herunter, Bruder Kornej. Habe Jawdocha zur Frau gegeben. Eine ruhmreiche Familie wird es."

Borowik mußte man nicht zweimal bitten. Er setzte sich mit nackten Füßen an den Tisch, bekleidet mit weiten Pluderhosen, von oben bis unten mit trockenen Blumen bedeckt, sah aus wie ein Ikebana. Jawdocha brachte eine Schüssel mit Wasser, sollte er sich zunächst ein wenig waschen. Und dann kam sie mit einer zweiten Schüssel mit ihrem allen Kosaken bekannten Hetman-Borschtsch. Wir hoben dann die Gläser. In den Augen Borowiks glitzerte ein Feuer. Aufrichtig gratulierte er den Frischvermählten, hob seine Hand und begann zu weinen. Niemand hinderte ihn daran. Der Kosak war stets überaus emotional, schnell und oft laufen ihm die Tränen, insbesondere wenn es um kleine Kinder und ihre Zukunft geht. Wir standen und warteten mit dem Glas in der Hand, daß die Tränen Borowiks versiegten.

„Zwischen der ersten und der zweiten Kugel darf man nicht durchfliegen", die Tränen waren noch nicht getrocknet, da pfiffen (bildlich gesprochen) die Kugeln schon umher.

Rezepte aus der Küche der Kosakin Jawdocha

Es ist ein Klischee, daß die ukrainische Küche fett, schwer und verzwickt ist. Tatsächlich ist sie all das gerade nicht, denn die ukrainische Küche, ein Erbe des Kosakentums, zeichnete sich immer durch ihre praktische Anwendbarkeit aus. Essen wurde auf dem Ofen zubereitet, und nicht selten verschmolzen Frühstück, Mittag- und Abendessen miteinander. Auf dem Ofen zogen die Speisen und gewannen zugleich in der Mitte des warmen, freundlichen und klugen Feuers an Geschmack.

Borschtsch, Kascha, Knödel und Kartoffeln sind die Grundelemente des ukrainischen Tischs. Diese Gerichte sind ausgewogen und reich an Vitaminen aufgrund der besonderen Kochweise im Ofen, durch die Vitamine und Mineralstoffe erhalten bleiben.

Die Geschichte des ukrainischen Ofens nimmt in wer weiß welchen Tiefen der Jahrhunderte ihren Anfang. Die sogenannten Feuer geschlossenen Typs in der tripolischen Kultur (7. bis 5 Jahrtausend vor unserer Zeitrechnung) sind Vorfahren des Herdes, und sie waren ähnlich gebaut, wie die Öfen anderer alter indoeuropäischer Völker. Im Herd wurde gekocht und gebacken. Da alles langsam gegart wird, werden alle nützlichen – nährstoffreichen – Stoffe der Produkte bewahrt und keine krebserzeugenden Stoffe erzeugt, wie etwa durch das Braten oder Räuchern. Die dicken Ofenwände halten die Wärme lange, die Gerichte „schmachten" gleichsam im Inneren, die Wärme kommt von allen Seiten, und infolgedessen gart das Gericht langsam und gleichmäßig.

Ißt der Mensch Wareniki, und vor allem bei Vollmond, bekommt er gleich wieder Kraft. Wareniki waren und sind noch heute ein Ritualgericht, wie in Zeiten der tripolischen Kultur. Es ist allgemein bekannt, daß Wareniki den Mond symbolisieren.

Lied des Ofens
Oft schwingt der Großvater die Rede:
„Das beste Stück in der Welt ist der Ofen.
Weich, hart, leidenschaftlich wie die Hölle.
Ein Nachteil ist, daß er keine Räder hat."
Gelangweilt, die alte Geschichte zu hören, fragten wir:
„Warum soll er Räder haben?"
„Warum? Ich würde mich sofort auf den Herd setzen und in die Setsch rollen."

Petro Rebro, Dichter

Lieber Petro Pawlowitsch, beide Saporoscher Ausgaben habe ich erhalten. Danke. Ich dachte sogleich, wenn Saporosche in all diesem Chaos und der Hyperinflation Witze macht und lachen kann, dann ist wohl nicht alles verloren. Dann lebt die Ukraine noch. Oder bringen gerade die Probleme die Menschen dort zum Lachen? Kurz gesagt: Ich bin froh für euch alle, für den Chortizer Optimismus und den Geist der Unbezwingbarkeit.

Oles Gontschar, Aus einem Brief
an Petro Rebro, 1990er Jahre

Rettet mich, aber mit Wareniki!

Damit der Mund nicht spazieren geht, wird er mit Wareniki gestopft.

Die Wareniki sind stets die gleichen, nur die Schüsseln ändern ihr Design.

Da ist Holz und Wasser, gäbe es Käse und Mehl, würden wir Wareniki kochen.

Eine Sache – Wareniki.

Nicht so ungeduldig, Wareniki, ihr seid zu Masleniza dran.

Der Weg ins Bett geht über Wareniki.

Wenn ich in meiner Jugend zu Besuch war, habe ich vierzig Wareniki gegessen, heute scheinen mir siebzig wenig.

Wareniki mit Kartoffeln

Zutaten für den Teig:
3 Tassen Mehl
3 Eßlöffel Smetana (Sie können auch Kefir nehmen, aber mit Smetana wird der Teig geschmeidiger)
1/2 Teelöffel Salz
1/2 Teelöffel Soda oder Backpulver
1/2 Glas warmes Wasser
Alternativ können Sie den Teig aus 2 Tassen Mehl, 1 Ei, 1/2 Teelöffel Salz und einem Glas Wasser zubereiten.

Für die Füllung
6 Kartoffeln
2 Zwiebeln
100 Gramm Butter
Öl
Pfeffer, Salz
Speck, Smetana

Zubereitung:

Die Kartoffeln kochen, zusammen mit der Hälfte der Butter zerstampfen. Fein gehackte Zwiebeln in Öl anbraten, die Hälfte zu den gestampften Kartoffeln geben – alles nach Geschmack salzen und pfeffern. Dann Mehl mit ein wenig Salz in eine Schüssel sieben, Backpulver/Soda in die Smetana einrühren, gut verrühren. Dann vermischen Sie die Smetana mit dem Mehl und kneten alles unter Zugabe von warmem Wasser gut durch zu einem halbfesten Teig. Den Teig in Zellophan einschlagen und 15 Minuten ruhen lassen, damit er fester wird. Dann rollen sie den Teig zu einer dicken Wurst aus und schneiden diese in etwa 2 Zentimeter dicke Scheiben. Jede Scheibe ein wenig durchkneten und dann nicht zu dünn ausrollen. In die Mitte kommt ein Löffel Kartoffelfüllung, dann formen Sie den Teig zu einer halbmondförmigen Tasche. Alle fertigen Teigtaschen mit einem Handtuch bedecken, damit sie nicht austrocknen. Die fertigen Teigtaschen geben Sie portionsweise in kochendes Salzwasser. Ab und an umrühren, damit sie sich nicht am Boden festsetzen. Wenn die Wareniki an die Oberfläche aufgestiegen sind, noch 2 bis 3 Minuten köcheln lassen. Abschöpfen, mit der restlichen Butter übergießen und mit den übrigen gebratenen Zwiebeln bestreuen. Servieren Sie die Wareniki mit Smetana oder Speck.

Wareniki mit Kirschen, Mohn, Kohl oder Quark

Zutaten:

Für den Teig siehe Rezept S. 131.

Wareniki mit Kirschen:

Beschädigte Kirschen aussortieren, Steine entfernen, dann in eine Schüssel geben, mit Zucker bestreuen, ½ Stunde ziehen lassen, dann durch ein Sieb abgießen, um den süßen Saft aufzufangen, den man mit den Wareniki reicht. Man kann für Wareniki mit Kirschen in die Hälfte des Teiges kochendes Wasser einrühren, mit der anderen Hälfte wie oben verfahren. Dann erhält man einen besonders biegsamen, mattweißen Teig.

Wareniki mit Mohn-Füllung:

Sie brauchen ein ½ Glas Mohn und ein ½ Glas Zucker. Den Mohn geben Sie in kochendes Wasser und schöpfen alles ab, was an die Oberfläche steigt. Dann gießen Sie alles in einen anderen Topf und lassen es 10 bis 15 Minuten ziehen, das Wasser muß heiß sein, darf aber nicht kochen. Danach den Mohn durch ein Sieb abgießen, wenn alles Wasser abgetropft ist, in einem Gefäß zerstampfen. Dann mit Zucker vermischen, und die Masse rund 4 bis 5 Minuten kneten. Diese Mischung wie oben beschrieben auf die Teigscheiben geben, zusammenklappen und kochen.

Wareniki mit Kohl-Füllung:

1 Kilogramm Kohl (gesäuert oder frisch) mit Zwiebeln vermischen, dann 2 Eßlöffel Öl, 1 Eßlöffel Zucker, 4 schwarzen Pfefferkörner zugeben, garen lassen. 2 gehackte Zwiebeln gesondert in Öl anbraten. Die Füllung auf die Teigscheiben geben, zusammenklappen und kochen.

Wareniki mit Quark:

Für Quark-Wareniki nehmen Sie frischen Quark, den drehen Sie durch einen Fleischwolf oder streichen ihn durch ein Sieb. Dann geben Sie rohe Eier, Zucker und Salz hinzu, alles gut miteinander mischen. Die Mischung wie oben auf die Teigscheiben geben, Teig verkleben und kochen.

Erraten – und Wareniki im Hut.

Es gab Wareniki – ja, sie sind auf die Weide geflohen.

Welch ein Verehrer von Wareniki!

Wäre der Kosak so, daß er Mehl hätte, aber kein Öl, würde er längst Quark gekauft und Wareniki gekocht haben.

Wareniki – Lobpreisung Gottes, von allen gelobt, aber nicht von allen gekocht.

Wer rechnet, wie viel Käse und Butter, ißt keine Wareniki.

Wareniki beweisen, daß Brot nicht reicht.

Eine Kleinigkeit – Wareniki mit Butter.

Smetana verdirbt Wareniki nicht.

Jetzt bemerkte Wakula, daß die Galuschki ebenso wie der Zuber verschwunden waren: stattdessen standen auf dem Boden zwei hölzerne Schüsseln: die eine war gefüllt mit Wareniki, die andere mit Smetana. Unwillkürlich richteten sich seine Gedanken und Augen völlig auf die Speisen. „Sehen wir mal", sagte er zu sich selbst, „wie Paziuk Wareniki ißt. Bücken wird er sich sicher nicht wollen, und sie schlürfen wie Galuschki geht auch nicht, man muß doch die Wareniki zuerst in Smetana baden."
Der Schmied war mit seiner Betrachtung noch nicht zu Ende, als Paziuk, wie um sie zu beantworten, seinen Mund aufsperrte, er warf einen Blick auf die Wareniki und sperrte den Mund noch weiter auf. In diesem Moment sprang ein Warenik in die mit Smetana gefüllte Schüssel, drehte sich dort auf die andere Seite, hüpfte nach oben und fiel Paziuk direkt in den geöffneten Mund. Paziuk kaute, schluckte, öffnete wieder seinen Mund. Und wieder spazierte ein Warenik in derselben Weise hinein. Paziuk mußte nur kauen und schlucken.
„Ei, ei, was für ein Wunder", dachte der Schmied, den Mund vor Staunen weit offen, und in diesem Moment bemerkte er, daß eine Teigtasche auch in seinen Mund spazierte und Smetana seine Lippen netzte.

Nikolai Gogol, Die Nacht vor Weihnachten

Gedämpfte Wareniki

Zutaten für den Teig:

500 Gramm Mehl

½ Päckchen Hefe (50 Gramm)

½ Tasse Pflanzenöl

eine Prise Salz und eine Prise Zucker

Zubereitung:

Diese Wareniki werden aus einem Hefeteig hergestellt und sind in der Form recht groß. Für den Teig mischen Sie das Mehl, ½ Päckchen Hefe, etwas Zucker und Salz sowie ½ Tasse Pflanzenöl. Gut durchkneten, dann stehen lassen. Nun formen Sie handgroße Teigtaschen. Als Füllung können Sie gebratene Zwiebeln, Kartoffeln oder Kohl nehmen. Die Teigtaschen geben Sie in ein Sieb – achten Sie darauf, daß sich die Wareniki nicht berühren. Die Wareniki werden über kochendem Wasser gedämpft.

„Faule Wareniki“

Zutaten:

400 Gramm Quark (Schichtkäse)
1 Ei
3 bis 4 Eßlöffel Mehl
Zucker nach Geschmack
Salz zum Kochen
Mehl zum Ausrollen
Die Wareniki werden mit Butter, Smetana, Honig oder Warenje übergossen.

Zubereitung:

Den Quark (Schichtkäse) einmal durch den Fleischwolf drehen, damit er fester wird und sich besser verarbeiten läßt. Man kann ihn auch im Mörser zerstampfen, dann mit Zucker mischen. Nun das Mehl zugeben, gut kneten. Das Ei nach und nach in den Teig einarbeiten. Will man luftige Wareniki nimmt man nur 3 Löffel Mehl – aber Vorsicht, sie sind schwieriger zu kochen, für festere Wareniki nimmt man 4 Löffel Mehl. Das Brett auf dem der Teig zu einer Wurst gerollt wird, gut mit Mehl bestäuben. Die Teigwürste – ihr Durchmesser sollte nur etwa 2 Zentimeter sein – schneiden sie in „Münzen“. In die Mitte jeder „Münze“ machen Sie eine kleine Vertiefung, in dieser soll nach dem Kochen die Butter (Smetana, Honig oder Warenje) stehen. Die „Faulen Wareniki“ werden in einer großen Kasserolle in sehr viel Wasser gekocht, das allerdings nur leicht köcheln darf. Wenn sie die Wareniki in das Wasser werfen, fahren Sie mit einem Löffel leicht über den Boden des Topfs, damit die leckere Speise nicht ansetzt. Nachdem die Wareniki an die Oberfläche gestiegen sind, 2 Minuten weiter köcheln lassen.

Galuschki (Teigklöße)

Zutaten:

2 Tassen Mehl • 1 Tasse Wasser
1/2 Teelöffel Salz, Butter, Zwiebeln

Zubereitung:

Der Teig für Galuschki wird zubereitet wie der für Wareniki, doch kommen unterschiedliche Zutaten und Saucen dazu. Für den Teig brauchen Sie 2 Tassen Mehl, 1 Tasse Wasser und einen 1/2 Teelöffel Salz. Alles gut vermischen und durchkneten. Ein wenig ruhen lassen. Den Teig noch einmal durchkneten und dann zu einer Rolle formen, von dieser kleine Stücke abschneiden. Einige sagen, für Galuschki dürfe man den Teig nicht schneiden, sondern müsse man kleine Stücke abreißen. In jedem Fall – gerissen oder geschnitten – die kleinen Teigstücke ins kochende Salzwasser werfen und garen. Wasser abgießen, die Galuschki noch einmal mit kochendem Wasser übergießen, damit sie nicht aneinanderkleben, in eine Schüssel geben. Dann mit in Butter gebratenen Zwiebeln übergießen oder mit einer beliebigen anderen Sauce.

Galuschki mit Quark (Frisch- oder Schichtkäse)

Zutaten:

Auf 1/2 Kilogramm Quark kommen 4 Eßlöffel Mehl
1/3 Glas Milch • Salz nach Geschmack

Zubereitung:

Den Quark mit der Milch verrühren, dann Mehl und Salz dazugeben, gut durchkneten. Den Teig zu einer Wurst rollen. Kleine Stücke abreißen und in kochendes Salzwasser werfen, garen. In eine Schüssel geben, auf den Tisch stellen und mit Smetana übergießen.

Galuschki sind ein Gottesgeschenk

Regeln für die Gesundheit: sie tranken, feierten, aßen Galuschki, sahen die junge Frau, zeigen Sie mir jetzt, wo die Tür ist ...

Galuschki und Lemeschka – und ein Tag ohne Brot

Galuschki aus Asche passen nicht in die Suppe.

Sie kochte viele Galuschki, aber niemand ist da.

Vier Töpfe – und alle voll Galuschki.

Ein Galuschki hat alle gefüllt.

Er ißt Galuschki so viel, daß seine Nase tanzt.

Egal welche Wareniki, besser als Galuschki sind sie allemal.

Sobald die Nacht kam schleppt sich der Tote heran. Er sitzt rittlings auf dem Schornstein, der Verfluchte, und Galuschki zwischen seinen Zähnen. Am Tag war es ruhiger und nichts zu hören, aber in der Nacht, schau das Dach, er, der Hundesohn, hat bereits den Schornstein gesattelt.

„Und Galuschki zwischen den Zähnen?"

„Und Galuschki zwischen den Zähnen ..."

Nikolai Gogol,
Mainacht oder die ertrunkene Jungfrau

Kartoffel-Galuschki mit Kohl

Zutaten:

500 Gramm Weißkohl
100 Gramm Öl
1 Zwiebel
400 Gramm Kartoffeln
300 Gramm Mehl
1 Eßlöffel Stärke
Salz

Zubereitung:

Den frischen Weißkohl schneiden, salzen, und in einer Pfanne zusammen mit der kleingeschnittenen Zwiebel 7 Minuten anbraten. Die Kartoffeln schälen, in Stücke schneiden, weich kochen, dann zerstampfen. In den Kartoffelbrei 1 Eßlöffel Stärke, Mehl und ein wenig Öl geben. Alles gut durchkneten, dann Teigklöße daraus formen. Sie können sie in Form kleiner Wareniki machen, der Teig muß aber in jedem Fall gerissen werden. Die fertig gegarten Galuschki holen Sie aus dem kochenden Wasser und geben Sie in die Pfanne mit dem Kohl. Zusammen noch einmal für 10 Minuten schmoren lassen.

Syrniki - Quarkküchlein mit Kirschen

Zutaten für den Teig:

1 Kilogramm Quark (Frisch- oder Schichtkäse)
5 Eier
1 Glas Zucker oder Brauner Zucker
1 Glas Mehl
1 Teelöffel Vanillezucker
1 Teelöffel Soda oder Backpulver
Öl zum Backen

Für die Füllung und die Creme

½ Liter entsteinte Kirschen im eigenen Saft
900 Gramm Smetana mit einem Fettgehalt von 20 bis 25 Prozent
½ Glas Puderzucker oder feinkörniger Zucker

Zubereitung:

Eier und Zucker verrühren. Den Quark in eine Schüssel geben, Soda hinzugeben, dann die Zucker-Ei-Mischung mit dem Mixer unterrühren. Das Mehl gut sieben, nach und nach hinzugeben, ebenfalls gut unterkneten. Aus dem Teig werden kleine Kugeln geformt, in deren Mitte kommt jeweils eine Kirsche, dann den Teig drum herum wie eine Kugel formen. In einer kleinen Pfanne erhitzen Sie Öl (es sollte die Küchlein nicht mehr als zu zwei Dritteln bedecken). Backen Sie die Küchlein bei mittlerer Hitze goldbraun aus.
Einen Teil der Creme (Smetana vermischt mit Zucker) gießen Sie in eine Schüssel oder einen Topf, so daß der Boden bedeckt ist, dann ausgebackene Küchlein daraufsetzen, jede Schicht wird mit Creme begossen. Schließen Sie das Gefäß und lassen es 25 bis 30 Minuten stehen. Achten Sie darauf, daß Sie für diese Quarkküchlein nicht zu fetten und ziemlich trockenen Quark (69 Prozent) wählen. Nehmen Sie nicht zuviel Mehl, dann werden die Küchlein zäh und geschmacklos. Wenn Sie statt weißem Zucker braunen nehmen, gibt dies den Syrniki einen schönen Karamellgeschmack.

Piroggen mit Kohl

Zutaten für den Teig:
7 Tassen Mehl
2 Tassen Wasser (Sie können auch Milch nehmen)
5 Eßlöffel Pflanzenöl
2 Eßlöffel Zucker
1/2 Teelöffel Salz
50 Gramm frische Hefe oder 16 Gramm Trockenhefe

Für die Füllung:
300 Gramm rohen Weißkohl
300 Gramm Sauerkraut
1 Zwiebel
Öl, Salz

Zubereitung:

Nehmen Sie zu gleichen Teilen Weißkohl und Sauerkraut. Den fein geschnittenen Weißkohl vermischen Sie mit Salz, lassen Sie ihn 10 Minuten stehen, dann nach und nach in Öl anbraten. Fügen Sie die gesondert goldbraun angebratenen Zwiebelstücke dazu, dann das Sauerkraut. Alles gut unterrühren und 10 Minuten dünsten. Abkühlen lassen.

Der Teig wird wie folgt zubereitet: Hefe in warmem Wasser oder warmer Milch (nicht wärmer als 30 Grad, da die Hefe sonst nicht geht) auflösen. Nun fügen Sie Zucker, Salz und Mehl hinzu, alles gut unterrühren, dann durchkneten. Am Schluß geben Sie ein wenig erwärmtes Pflanzenöl hinzu. Legen Sie den Teig nun in eine Schüssel, bedecken Sie diese mit einem sauberen Handtuch und stellen Sie die Schüssel für 2 bis 3 Stunden an einen warmen Ort. Auf einer bemehlten Unterlage kneten Sie den Teig noch einmal durch, dann formen Sie kleine Piroggen (Pasteten), geben die Kohl-Sauerkraut-Füllung hinein und braten die Piroggen in heißem Öl.

Pampuschki mit Knoblauch

Zutaten für den Teig:

500 Gramm Mehl
15 Gramm frische Hefe
25 Gramm Zucker
10 Gramm Öl
Salz, Wasser
1 Ei

Für die Sauce:

25 Gramm Öl
3 Knoblauchzehen
1/2 Tasse Wasser
Salz

Zubereitung:

Frische Hefe in etwas warmem Wasser auflösen, eine 1/2 Tasse Mehl, Zucker, Salz hinzugeben. Einen weichen Teig daraus kneten. Diesen mit einem Handtuch bedecken und für 1 Stunde an einen warmen Ort stellen. Wenn der Teig gut gegangen ist, fügen Sie das restliche Mehl und das Öl nach und nach hinzu, durchkneten. Den Teig erneut mit dem Handtuch bedecken und ein zweites Mal gehen lassen. Erneut gut durchkneten und dann in gleich große Kugeln teilen. Die Kugeln auf ein gut gefettetes Backblech setzen, zudecken und warten, daß der Teig noch einmal gegangen ist. Dann im Ofen bei mittlerer Hitze 20 Minuten backen. 5 Minuten vor Ende die Pampuschki mit verrührtem Ei bestreichen.
Für die Knoblauchsauce zerdrücken Sie die Knoblauchzehen, salzen, dann nach und nach das Öl und das abgekochte (abgekühlte) Wasser hinzugeben. Die Sauce sollte so dick wie Smetana sein. Nun gießen Sie die Sauce über die noch heißen Pampuschki. Sofort servieren.

Hefeblini

Zutaten:

3 Tassen warme Milch
25 Gramm frische oder 8 Gramm Trockenhefe
3 Eßlöffel Zucker
2 Eier
30 Gramm zerlassene Butter
2 Gläser Mehl
1/2 Teelöffel Salz
Öl zum Ausbacken

Zubereitung:

Die Hefe in 2 Tassen warmer Milch auflösen. Eier mit Zucker schaumig schlagen, die zerlassene Butter hinzugeben. Die Masse in die Hefe-Milch einrühren. Nun Mehl und Salz nach und nach einsieben, dann die dritte Tasse Milch dazugießen. Alles gut verrühren, und mit einem Handtuch bedeckt etwa 1 Stunde an einem warmen Ort gehen lassen, bis sich das Volumen verdreifacht hat. Wenn der Teig gut gegangen ist, erneut schlagen. Etwas Milch zugeben und gut verrühren. Noch einmal zugedeckt an einem warmen Ort gehen lassen. Nun können Sie die Blini backen. In eine Pfanne ein wenig Öl geben, erhitzen, jeweils einen kleinen Schöpflöffel Teig für einen Blini hineingeben. Goldbraun backen. Blini auf einen Teller stapeln, mit einem Handtuch bedeckt, bleiben sie schön warm.

Milchblini

Zutaten

1 Liter Milch (warm)
4 Eier
500 Gramm Mehl
2 Eßlöffel Öl
Prise Soda oder Backpulver
1,5 Eßlöffel Zucker
½ Teelöffel Salz

Zubereitung:

Eier und Zucker in einer großen Schüssel schaumig schlagen. Einen Teil der warmen Milch und etwas Salz hinzugeben, gut rühren. Nach und nach das Mehl unter ständigem Rühren einsieben, damit sich keine Klumpen bilden. Nun ein bißchen Backpulver, Salz und Öl zugeben. Und wieder rühren. Geben Sie nun noch die restliche Milch und das Öl hinzu – dies verhindert, daß die Blini anbacken – rühren. Der Teig sollte ziemlich flüssig sein. Nun ein Blini nach dem anderen in der Pfanne bei hoher Hitze backen.

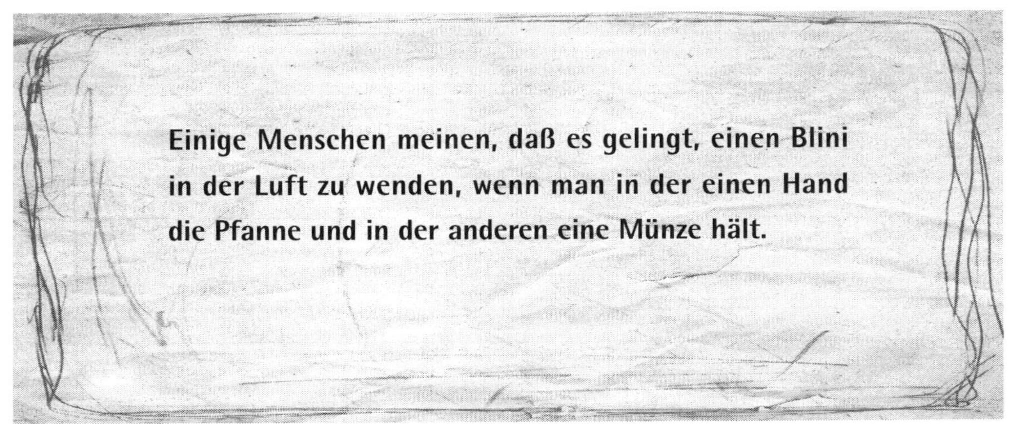

Fastenblini mit Honig

Zutaten:

1,5 Tassen Mehl
5 Eßlöffel Öl
2 Teelöffel Zucker
2 Teelöffel Honig
1/2 Liter Wasser
1 Messerspitze Salz und Soda oder Backpulver
Honig

Zubereitung:

Zucker und Honig in etwas heißem Wasser auflösen, Mehl dazugeben und daraus einen flüssigen Teig unter Zugabe von zwei Dritteln des gekochten Wassers rühren. Nun Backpulver und Öl hinzugeben, alles gut verrühren. Die Masse mit dem restlichen heißen Wasser übergießen und sehr schnell schlagen. Dann portionsweise in der heißen Pfanne backen. Schmeckt gut mit Honig.

Blini kann man mit allem möglichen füllen: mit Käse und Dill, mit Hering, mit Hackfleisch oder mit Früchten. Jawdocha liebt Blini mit Ananas.

Der Borschtsch ist der König.

Alles mit allem, aber Borschtsch mit Brot

Ein echter Borschtsch muß so sein, daß man vor Dampf die Kinder nicht sieht.

Borschtsch – daß sich das Gesicht verzieht und die Augen tränen.

Den Borschtsch darfst du essen – für die Kascha gib einen Kuß.

Widerwillig – aber er aß drei Teller Borschtsch.

In manchem Borschtsch kann man lange suchen.

Maikäfer gehören in den Borschtsch wie Frösche in die Ucha.

Würde mein Weib einen solchen Borschtsch kochen, würde ich sie am selben Tag verjagen.

Borschtsch ist ein Grundelement der ukrainischen Küche. Er wurde bereits zu einer Zeit gekocht, als wir noch keine Bohnen, Kartoffeln und Tomaten kannten. Im 1860 geschriebenen Buch von Nikolai Markewitsch finden wir ein einfaches und nahrhaftes Rezept: Kohl, Rüben und Fleisch in einen Topf geben, Speck hinzufügen und mit Rüben-Kwas auffüllen. Wenn der Borschtsch aufkocht, salzen, dann wieder Speck und Zwiebeln zugeben. Wenn alles gar ist, mit Smetana abrunden. Zur Fastenzeit nehmen wir statt Fleisch, Speck und Smetana Fisch und in Hanföl geröstete Zwiebeln.

Hetman-Borschtsch

Das ist einer der gehaltvollsten Borschtschs. Er wird für viele Menschen gekocht und wird nur in großer Menge richtig gut. Soll es den Borschtsch zum Abendbrot geben, fangen Sie um 6 Uhr morgens mit den Vorbereitungen an, erklärt die verträumte Kosakin Jawdocha.

Zutaten:

3 Kilogramm Kalbfleisch
3 Kilo Hammelfleisch
1 Hähnchen
6 Zwiebeln
1 Kilogramm Möhren
1 Kilogramm Rote Bete
3 Kilogramm Weißkohl
3 Kilogramm Kartoffeln
1 Kilogramm Bohnen
½ Kilogramm Aubergine
300 Gramm Speck
4 Knoblauchzehen
Kräuter (Dill, Schnittlauch, Petersilie)
Gewürze, Salz nach Geschmack

Zubereitung:

Kochen Sie eine Kalbfleischbrühe im Kasan (ein breiter gußeiserner oder metallener Kessel), wenn das Fleisch gar ist, nehmen Sie es heraus und stellen es zur Seite. Nun geben Sie das Hammelfleisch hinein, kochen Sie es so lange, bis es fast weich ist. Das Hammelfleisch reichen wir als zweiten Gang zusammen mit Buchweizenkascha. Dann geben wir ein ganzes Hähnchen in die Fleischbrühe und köcheln es auf kleiner Flamme, bis es gar ist. Wir nehmen

das Geflügel heraus, teilen es, geben die einzelne Stücke auf tiefe Teller und gießen mit Fleischbouillon auf, erstarren lassen – das gibt eine hervorragende Sülze. Gießen Sie den Kessel nun mit Wasser auf, dann geben Sie die geschälten, in Scheiben geschnittenen Kartoffeln hinzu, es folgen die Rote Bete – und wenn alles schon ziemlich gar ist – der fein geschnittene Weißkohl. Nun Knoblauch schälen, schneiden, Speck durch den Fleischwolf drehen. In einem tiefen Teller zerreiben Sie mit einem Holzlöffel den durchgedrehten Speck mit dem Knoblauch und geben das ganze in den Suppentopf. 15 Minuten vor dem Fertigwerden geben Sie das in Öl gebratene und passierte Gemüse (Zwiebel, Möhre, Tomaten), die separat gekochten Bohnen und die in Öl gebratene und durch ein Sieb gestrichene Aubergine dazu. Kräuter ganz nach Geschmack – Dill, Petersilie, Schnittlauch ... Salzen, pfeffern. Nach dem Genuß eines solchen Borschtsch wäre wohl jeder ein guter Stratege.
Man kann den Borschtsch mit dem zuvor beiseite gestellten Kalbfleisch servieren. Das Hammelfleisch auf jeden Fall mit Buchweizenkascha als zweiten Gang reichen – und das Hähnchen lassen wir als Sülze.

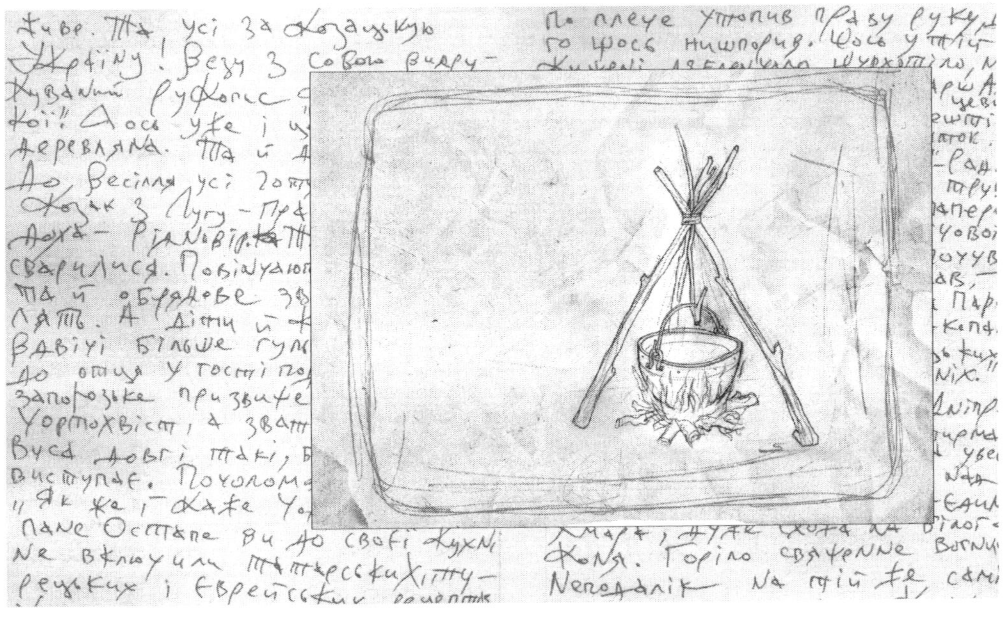

Jawdochas Borschtsch mit Bohnen

Zutaten:

1000 Gramm fettes Rindfleisch am Knochen • 50 Gramm gesalzener Speck
200 Gramm Kartoffeln • 100 Gramm Bohnen
200 bis 300 Gramm Rote Bete • 300 bis 400 Gramm Weißkohl
1 große Zwiebel • 1 mittelgroße Möhre
3 sehr reife Tomaten • 2 süße Paprika
Salz • 1 Teelöffel Zucker
1 Teelöffel Essig oder pürierte Tomaten
Kräuter: Sellerie, Petersilie, Knoblauch
Für den Liebhaber: Lorbeer, Koriander, Majoran
Smetana, frischer Knoblauch

Zubereitung:

Fleisch mit Knochen in eine Kasserolle legen, mit kaltem Wasser bedecken. Zum Kochen bringen, Schaum immer wieder abschöpfen. Dann bei schwacher Hitze so lange köcheln lassen, bis das Fleisch gar ist (prüfen Sie mit der Gabel, wie leicht sich das Fleisch vom Knochen lösen läßt). Herausnehmen, und das Fleisch in kleine Stücke schneiden. Die Fleischbrühe abseihen und erneut zum Kochen bringen. In einem anderen Topf kochen Sie die am Vortag eingeweichten Bohnen. Geben Sie erst ganz zum Schluß Salz zu den Bohnen. In die Fleischbrühe kommen nun Salz, das geschnittene Fleisch und die in Scheiben geschnittenen Kartoffeln. Dann schneiden wir den Speck in Scheiben und braten ihn in einer ungefetteten Pfanne aus. Was das Volk Grieben oder Schwarten nennt, ist ein Wunder an sich. Wenn der Speck golden ist, geben Sie die klein gehackte Zwiebel dazu, weiter braten. Nach der Zwiebel kommen die Möhrenscheiben in die Pfanne, haben diese eine leuchtend orangene Färbung angenommen, geben Sie den Pfanneninhalt wie auch die gekochten Bohnen in die Suppe. Nun säubern wir die Rote Beten, raspeln sie grob und geben sie in die Pfanne, salzen, und einen Teelöffel Zucker dazugeben. Die Pfanne mit einem Deckel schließen, köcheln lassen, bis die Beten weich sind. Zum Schluß einen Teelöffel Essig in die Pfanne geben, dann behalten die Roten Beten ihre schöne Farbe. Statt Essig können Sie auch kurz vor Ende pürierte Tomaten hinzugeben, dann behalten die Roten Beten ebenfalls ihre Farbe. Die Beten kommen in den Borschtsch, wenn die Kartoffeln schon fast gar sind. Etwa 15 Minuten vor Ende der Garzeit geben Sie den fein geschnittenen Weißkohl in die Suppe, wie auch die in Würfel geschnittene Paprika. 5 Minuten vor Ende der Garzeit fügen Sie die – gehackten oder zerdrückten – Tomaten, den zerdrückten Knoblauch, die gehackten Kräuter und Gewürze (nach Geschmack) hinzu.

Ein Borschtsch braucht seine Zeit – wenn sich die Essenszeit nähert, setzen Sie den Borschtsch erneut auf das Feuer. Mit wenig Hitze bringen sie ihn langsam zum Köcheln, dann 30 Minuten köcheln lassen, danach 10 Minuten ruhen lassen. Das ist, als ob der Borschtsch bereits den ganzen Tag gezogen hat. Denn natürlich: der Borschtsch wird mit jedem Aufköcheln ein bißchen besser. Servieren Sie Borschtsch mit Smetana, Knoblauch und – wenn Sie mögen – heißen Pampuschki.

Meine Großmutter, aus dem Kuban stammend, riet mir: „Wenn du Borschtsch kochst, leg gutes, fettes Fleisch in den Topf. Wenn du Wasser kochst, wirst du Wasser haben. Deshalb ist für den Borschtsch – wenn nicht gerade Fastenzeit ist – eine gehaltvolle Fleischbrühe die Grundlage. Und die wird aus Knochen, Bruststücken, Huhn und sogar Schweinebein gekocht."

Grüner Borschtsch

Zutaten:

500 Gramm Schweinefleisch • 250 Gramm Rote Bete
600 Gramm Kartoffeln • 1 Möhre
1 Petersilienwurzel • 1 Zwiebel
300 Gramm Sauerampfer und Spinat
1 Teelöffel Weizenmehl • 2 Eier (hartgekocht und gehackt)
4 Eßlöffel Smetana • 1 Teelöffel Zucker
1 Teelöffel Essig • 3 Eßlöffel Butter
2 Eßlöffel feingehackte Frühlingszwiebel
2 Teelöffel feingehackter Dill
1 Lorbeerblatt • 1 Pfefferschote
Salz, Pfeffer

Zubereitung

Schweinefleisch weich kochen, in kleine Stücke schneiden, Brühe abseihen. Rote Bete in dünne Streifen schneiden, salzen und mit ein wenig Essig besprenkeln, dann alles gut vermischen und unter Beigabe von Zucker und ein wenig Bouillon dünsten. Die Möhre, die Petersilienwurzel und die Zwiebel schälen, in Scheiben schneiden, in Butter anbraten, dann mit Mehl bestäuben und unterrühren. In die Brühe kommen nun die in Scheiben geschnittenen Kartoffeln, 10 bis 15 Minuten kochen lassen, die gedünsteten Rote Beten, die mit Mehl bestäubten Möhren, Zwiebeln und Petersilienwurzeln 5 Minuten vor Ende der Garzeit dazugeben, zudem den gestoßenen Pfeffer, das Lorbeerblatt, Salz. Kochen lassen, bis alles gar ist. Gehackter Spinat und Sauerampfer kommen hinzu, wenn alles fertig ist. In die tiefen Teller geben Sie den Borschtsch. Reichen Sie das Schweinefleisch, gehackte hartgekochte Eier, Smetana, Dill und gehackte Frühlingszwiebeln dazu.

Borschtsch wurde mit der Ahle gegessen.

Was unterschied den Kosaken-Borschtsch von Borschtsch? Die Tatsache, daß ihn Kosaken kochten.

Hatte der Kosak auf einmal den Wunsch nach grünem Knoblauch.

Ich liebe jeden Borschtsch, aber mit Fleisch.

Wo Borschtsch und Kohl sind, ist das Haus nicht leer.

Was ich nicht liebe, gebe ich nicht in den Borschtsch.

Borschtsch mit Pilzen läßt die Zunge nicht laufen.

Das Saffianleder knarzt am Fuß, und der Teufel kocht im Borschtsch.

Wo viele Ratschläge, wird der Borschtsch wässrig.

Wenn man den einen Borschtsch gegessen hatte, gab man einen anderen. Und wie viele Arten Borschtsch es gibt, ist erstaunlich: Borschtsch aus Rindfleisch, Borschtsch aus sehr gut gemästeter Gans, Borschtsch aus Schwein.

Grigori Kwitka-Osnowjanenko,
Pan Chaljawski

Weißer Borschtsch

Zutaten:

1 Huhn
3 Liter Wasser
2 mittelgroße Möhren
2 mittelgroße Zwiebeln
5 Eier
2 Tassen Smetana (alternativ Joghurt)
Dill, Salz, Pfeffer

Zubereitung:

Kochen Sie eine Brühe aus dem ganzen Huhn, geben Sie die in dünne Scheiben geschnittenen Möhren und die Zwiebelringe dazu. Abkühlen lassen. Nun hacken Sie die 5 hartgekochten Eier, vermischen Sie mit Smetana, und geben alles in die warme Suppe. Mit Salz und Pfeffer abschmecken, mit Dill vollenden.

Französische Suppe

Weil die Kosaken Frankreich besucht haben, Jawdocha aber noch nie dort war, obwohl sie es so sehr wollte.

Zutaten:

3 Eßlöffel Butter,
5 große Zwiebeln
3 Eßlöffel Mehl
1 Liter frisch gekochte Kalbfleischbrühe oder eine andere Fleischbrühe
Lorbeerblatt, Pfeffer
Weißbrot
Geriebener Käse

Zubereitung:

Die Zwiebel in dünne Ringe schneiden und goldbraun in 3 Eßlöffel Butter dünsten. Dann mit 3 Eßlöffel Mehl bestäuben, 1 Liter Fleischbrühe (optimalerweise Kalbfleischbrühe) aufgießen, Lorbeerblatt und Pfeffer zugeben, 30 Minuten auf kleiner Flamme köcheln lassen. Die Suppe in Schalen gießen, darauf geröstetes mit Käse bestreutes Weißbrot geben, dann in den Ofen schieben, bis der Käse verlaufen ist. Sehr lecker, und sehr schön sieht es auch aus.

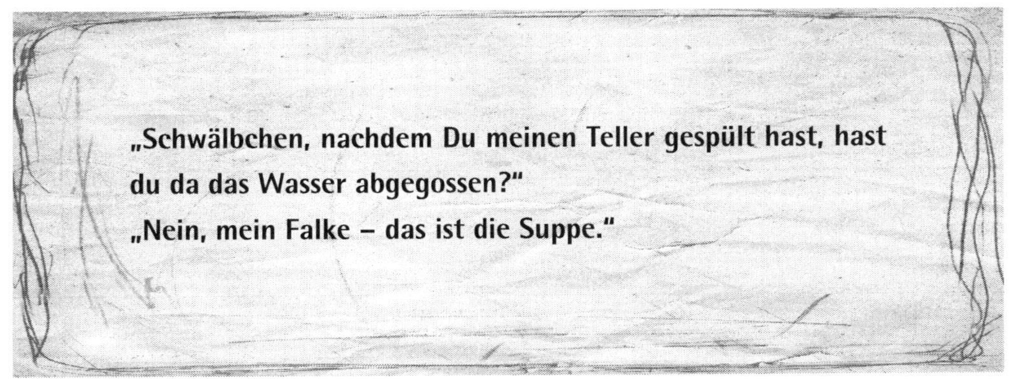

Taratula

Zutaten:

250 Gramm Rote Bete
100 Gramm Meerrettich
100 Gramm Gewürzgurke in Salzlake
Öl

Zubereitung:

Rote Bete in Salzwasser kochen. Meerrettich reiben, schneiden Sie die Gewürzgurken hinein und gießen Sie Öl auf. Geben Sie nun die klein geschnittene Rote Bete hinzu, umrühren, übergießen Sie alles mit einer Mischung aus Gurkenwasser und Rote-Bete-Sud. Lassen Sie es mindestens einen Tag an einem kalten Ort ziehen. Kalt servieren.

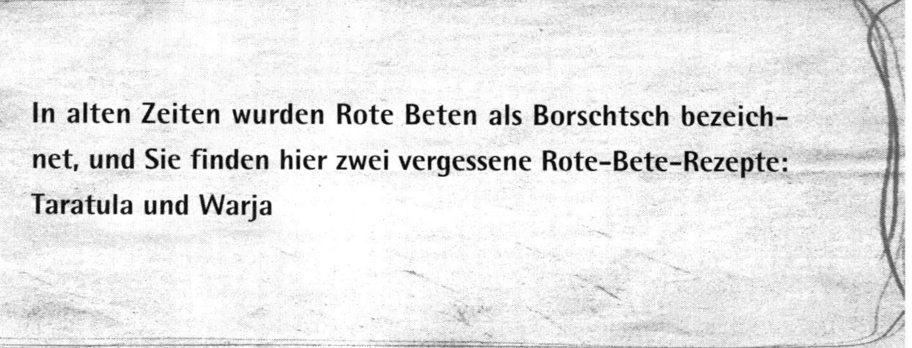

Warja

Zutaten:

500 Gramm Rote Bete
500 Gramm Bohnen
1 Tasse getrocknete Pflaumen
Öl
1 Bund Frühlingszwiebeln

Zubereitung:

Getrennt werden die Rote Bete und die Bohnen gekocht. Auch die getrockneten Pflaumen köcheln lassen, entsteinen und fein hacken. Dann die gehackte Rote Bete, die Bohnen und die Pflaumen unterrühren, mit Öl übergießen und mit Frühlingszwiebeln bestreuen. Sie können Warja als Salat reichen oder als zweites Gericht.

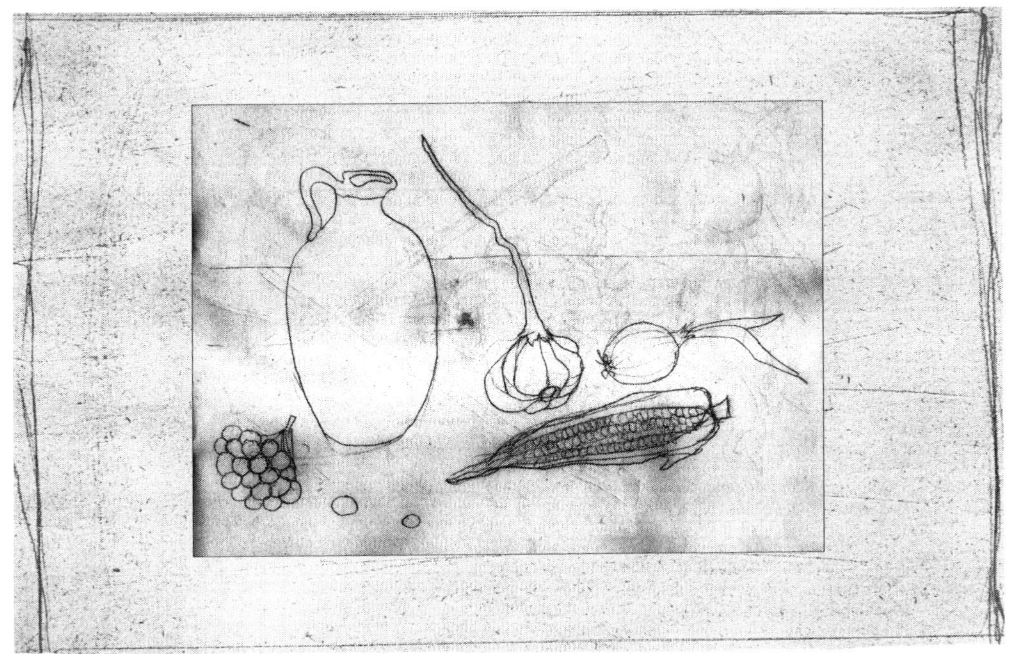

Karpfen mit Honig

Ein Königsrezept Jawdochas, das sie zubereitet hat, nachdem der Kosak von der Wiese einmal einen herrlichen Karpfen im Dnjepr gefangen hatte.

Zutaten:

Pro 1 Kilogramm Karpfen
1 Möhre
1 Petersilienwurzel
1 Zwiebel
½ Zitrone
Petersilie
2 Teelöffel Gelatine
2 Eßlöffel Honig
½ Tasse Rosinen

Zubereitung:

Den ausgenommenen Karpfen ohne Kopf und ohne Schwanz in große Stücke teilen. Kopf und Schwanz mit Möhren, Zwiebeln und Petersilienwurzeln kochen. Ganz am Ende Kopf und Schwanz herausnehmen, und die Karpfenstücke in die Suppe geben, 10 Minuten weiter köcheln lassen. Den Fisch herausnehmen, auf ein Brett legen, den Sud weiter köcheln lassen, dann die aufgeweichte Gelatine einrühren. Separat die Rosinen köcheln lassen, 2 Eßlöffel Honig dazu geben, aufkochen und abkühlen lassen. Den Fischsud und die Honig-Rosinen-Mischung vermischen, alles kurz aufkochen lassen, dann über den Fisch gießen. Kalt stellen, mit Petersilie und Zitrone garnieren.

Salat

Als Vorspeise und für die Gesundheit

Zutaten:

2 Tomaten

2 Gurken

½ rote Zwiebel

Rjaschenko (fermentiertes Sauerrahmerzeugnis) oder Smetana

Zubereitung:

Nehmen Sie 2 Tomaten, geben Sie diese 1,5 Minuten in kochendes Wasser, herausnehmen, unter kaltem Wasser abschrecken, Haut abziehen, dann in kleine Würfel schneiden. Die beiden Gurken sorgfältig schälen, ebenfalls würfeln, Zwiebel schälen und würfeln. Alles vermischen, salzen und mit Smetana oder Rjaschenko übergießen.

Ging der Kosak durch die Felder
Und traf ein junges Fräulein, das Piroggen trug.
Oi, habt ihr gehört, gehört, oi, habt ihr gehört –
Er traf ein junges Fräulein, das Piroggen trug.
Junges Fräulein, meine Liebe, kennst du meine Träume,
Weißt du, daß ich dich liebe und Käsekuchen auch?
Oi, habt ihr gehört, gehört, oi, habt ihr gehört –
Daß er sie liebt und Käsekuchen auch.
Das Kosakenfräulein hörte vom Kosakentraum
Und lud ihn sofort zu frischem Kuchen ein.
Oi, habt ihr gehört, gehört, oi, habt ihr gehört –
Und lud ihn sofort zu frischem Kuchen ein.
Schließlich erwartete sie eine glückliche Zeit –
Das Fräulein umarmt ihn, und er ißt Kuchen
Oi, habt ihr gehört, gehört, oi, habt ihr gehört –
Das Fräulein umarmt ihn, und er ißt Kuchen!

Ein Volkslied

Wir sind nicht stolz, gibt es kein Brot, nehmen wir Piroggen.

„Wo bist du, Pirogge?" – „Hier sind deine Feinde!"

Eine Pirogge essen, während man einmal um sie herumgeht.

Die Pirogge schadet dem Magen nicht.

Nicht die Ecken schmücken das Haus, sondern die Piroggen.

Die Pirogge ist gut, aber beschmiert.

Wo Worte fettig triefen, ist die Pirogge mager.

Nehmen Sie dem Gevatter nicht den Kuchen, denn er wird sauer.

Er ist aus der Tür, und ich eile zu den Piroggen.

Der Oberst liebte einen gesunden Borschtsch mit Fisch. Gadjuk begann mit den Vorbereitungen dieser Nachmittagssuppe genau vor dem Schlafzimmer des Oberstes. Er nahm einen lebendigen Karpfen, und dann – ohne ein Messer zu Hilfe zu nehmen – nahm er ihn zur unbeschreiblichen Freude des Oberstes allein mit den Fingern aus und schuppte ihn. Der Oberst, die Operation beobachtend, wiederholte nicht nur einmal: „Gut, Gadjuk! Wie ein Wolf bewältigt er es, gute Nägel!" Den ausgenommenen Karpfen legte Gadjuk in eine Kupfer-Zinn-Kasserolle, goß eine ganze Flasche starken Essig dazu, warf eine Handvoll großer Pfefferkörner in den Topf, Salz, zudem einige Zwiebeln, dann deckte er die Kasserolle dicht mit einem Deckel ab. Dann holte Gadjuk den Herdring, ein Produkt des schlauen Deutschen Gerzik, entzündete den Sprit und stellte die Kasserolle darauf. Und als diese Mixtur auf dem Tisch vor den Augen des Oberstes zischte, brodelte und kochte, stand Gadjuk still an der Tür. „Wird ein herrlicher Borschtsch", sagte der Oberst, und steckte von Zeit zu Zeit seine Nase in den Dampf, der als dünner Strahl aus dem Topf aufstieg. Besser kann man ihn nicht kochen. „Und was ist Borschtsch. Fertig – puh. Was für ein Ding". „Im Mund lodert das Feuer", sagt der Oberst, der einen Löffel voll aus der Kasserolle probierte. „Ein Kosakenessen. Die Kehle, wie mit dem Besen gereinigt. Gesunder Borschtsch! ... Ich denke, das Pferd wird diesen Borschtsch nicht essen. Ich denke, es würde platzen. Einfach platzen. Der Mensch gesundet daran, weil er ein Mann ist. Ein echter Führer, kein beliebiger Mensch."

Jewgeni Grebenko,
Aus dem Roman „Tschaikowski"

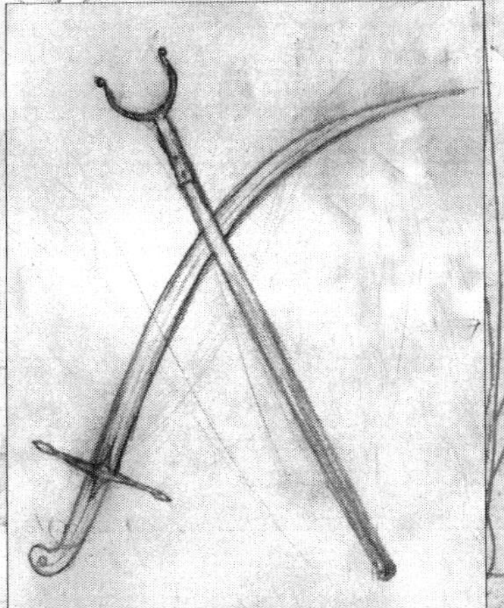

Dnjepropetrowsker Hefepirogge

nach einem Familienrezept

Zutaten:

Für den Teig:

50 Gramm Hefe

½ Liter warme Milch

2 Eier

200 Gramm Butter (oder Margarine)

1 Glas Zucker

Als Füllung können Sie Kartoffeln, Kohl, Früchte und anderes mehr nehmen.

Zubereitung:

Geben Sie 1 Eßlöffel Zucker auf die Hefe, die Eier verschlagen Sie mit dem übrigen Zucker, zur Hefe geben, fügen Sie etwas von der zerlassenen Butter hinzu, zudem warme Milch, alles gut vermischen – stellen Sie das ganze 2 bis 3 Stunden an einen warmen Ort. Dann formen Sie mit Ihren mehlbestäubten Händen kleine Piroggen (Teigtaschen), die Sie mit Kartoffeln, Kohl, mit Aprikosen, Kirschen oder Warenje füllen. Backen Sie die Piroggen in einer gefetteten Pfanne auf dem Herd oder auf dem Backblech im Ofen.

Dnjepropetrowsker Pirogge ohne Hefe

Zutaten:

200 Gramm Smetana
200 Gramm Butter
2 Eier
1 Eßlöffel Zucker
½ Teelöffel Backpulver (in Smetana eingerührt)
Als Füllung können Sie Quark mit Rosinen, Kartoffeln mit goldbraun gebratenen Zwiebeln oder Weißkohl nehmen.

Zubereitung:

Diesen Piroggenteig bereiten Sie, wenn Sie keine Hefe im Haus oder keine Zeit haben, daß der Teig gut gehen kann. Eier mit Zucker verschlagen, die zerlassene Butter dazugeben, dann die Smetana mit dem Backpulver hinzufügen, alles schnell miteinander vermischen und kräftig durchschlagen, gut kneten. Dann 20 Minuten in den Kühlschrank stellen – legen Sie Zellophan über den Teig. Parallel dazu bereiten Sie die Füllung: Quark mit Rosinen zum Beispiel, oder Kartoffeln beziehungsweise Kohl mit goldbraun gebratenen Zwiebeln. Diese Piroggen können Sie in einer Stunde zubereiten – und ihre Gäste werden fraglos begeistert sein.

Borowik

Ein herrliches Abendmahl war es, mit Akazienhonig, dem berühmten Hetman-Borschtsch und Hefepiroggen. Ich selbst sitze am Rande des Tisches und schreibe und schreibe. Alle Rezepte habe ich notiert. Aber mich zum Tanzen vom Tisch erheben, konnte ich nicht, die Beine wollten nicht gehorchen. Der Kopf ist klar wie Quelltropfen, aber die Füße wollen nicht – so ist er, der Honigwein des Imkers Jaroschalo.

Bei Tagesanbruch – es dämmerte schon – hörte ich Borowiks Stimme:

„Und Ataman, gehen wir zusammen in die Pilze!"

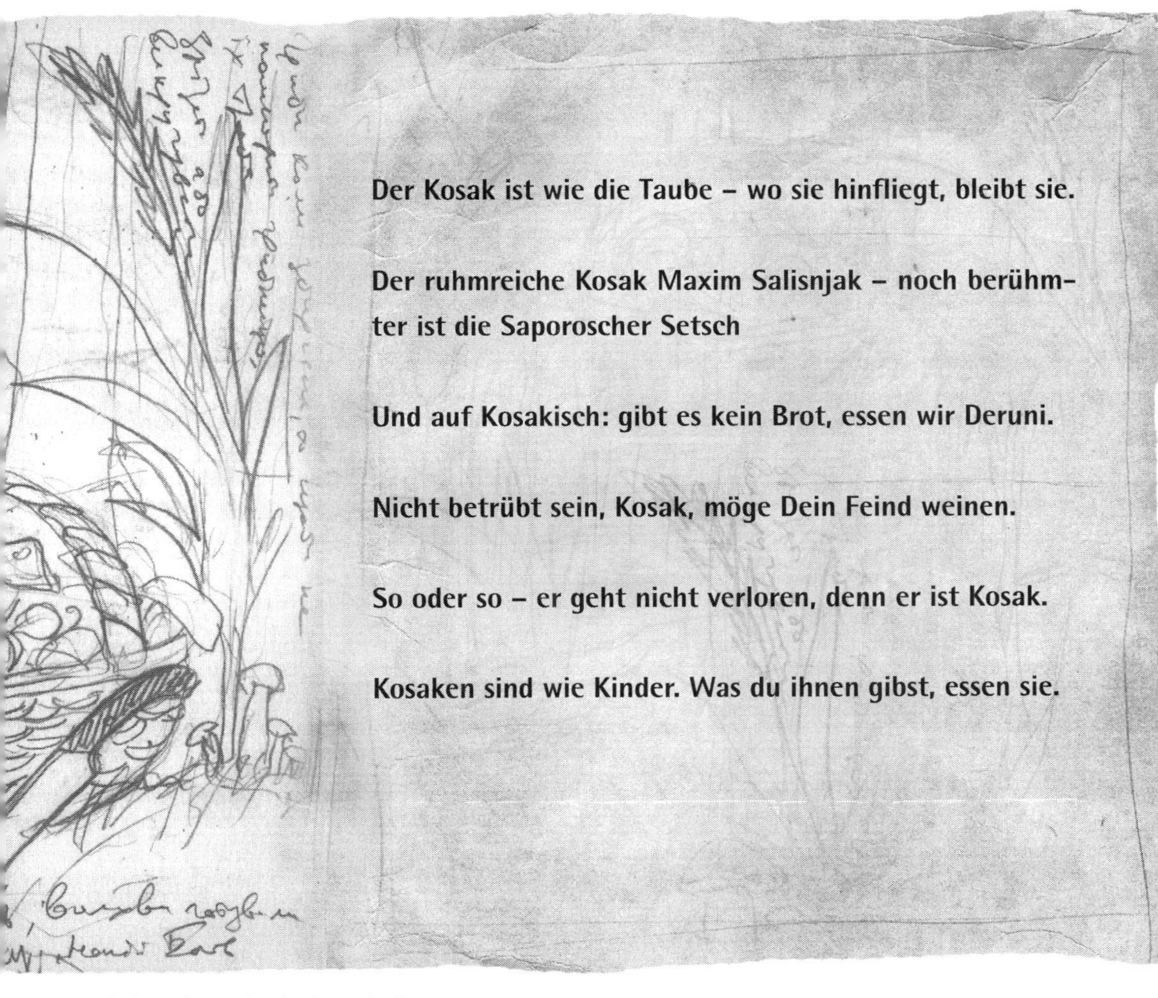

Der Kosak ist wie die Taube – wo sie hinfliegt, bleibt sie.

Der ruhmreiche Kosak Maxim Salisnjak – noch berühmter ist die Saporoscher Setsch

Und auf Kosakisch: gibt es kein Brot, essen wir Deruni.

Nicht betrübt sein, Kosak, möge Dein Feind weinen.

So oder so – er geht nicht verloren, denn er ist Kosak.

Kosaken sind wie Kinder. Was du ihnen gibst, essen sie.

„Ich gehe mit. Jederzeit."

„Zugleich bringen wir dem Skythen im Burdjug Batterien für das Radio ‚Spidola'."

„Abgemacht."

Der Tisch vom Abend war lange schon abgedeckt, das Geschirr hatte die gastgebende Jawdocha schon gespült. Auf dem Tisch lag ein weißes Tischtuch, und mitten drauf hatte Jawdocha vorausschauend ein Fäßchen Salzlake für uns gestellt.

„Was für eine wunderbare Wirtin wir haben. Genau wie meine Gala", so sprach Borowik, hob seinen Becher Salzlake, stürzte ihn in einem hinunter, und wieder

überkam ihn die Rührung, erneut flossen Tränen. Doch schon auf halbem Weg in den Wald, waren die Tränen getrocknet.
Mit dem Kosaken Borowik in den Wald zu gehen, ist überaus interessant. Als ob man eine Führung im Metropolitan Museum in New York oder im Pariser Louvre mitmacht – es ist ein mit vielen Kenntnissen und Informationen verbundene Tour. Hier deutet er auf eine jahrhundertealte Kiefer, dort zeigt er auf einen Pilz an der Eichenrinde, und dann ist da auch noch der magische Mistelzweig der Druiden. Borowik kennt alle Geheimnisse des Waldes und der Pflanzen, mit jeder Blume spricht er („Sie leben doch!"). Und an allen wunderbaren Geheimnissen läßt er mich teilhaben. Und ich zeichne alles auf, nun schon auf meinem Diktaphon.
Wie sich herausstellte, wollte Borowik bei diesem Ausflug Fliegenpilze sammeln. Trüffel (ich meine Morcheln) waren für ihn schon nicht mehr interessant. Doch traf er auf einen Fliegenpilz, so grüßte er ihn mit den Worten: „Sieh an, was für ein schöner Kerl du bist, und die Punkte auf dem Hut so akkurat. Ein Fachmann in Sachen Giftmord." Sorgfältig legte er die Schönheit in seinen Korb und dankte den Waldgeistern. Schließlich sagt er: „Der Fliegenpilz ist ein heiliger Pilz, der Zauberer unserer alten Vorfahren. Sie wußten von seiner Macht, er half zu heilen."
„Castaneda gelesen", sagte ich, mit meiner Bildung glänzend.
„Und hier der Korb – da sammle ich für den Skythen. Bei uns ist er es, der das Heilen liebt."
Als Frühstück aßen wir dann Jawdochas Piroggen mit Honig und tranken Milch dazu.
Und Kornej Borowik erzählte mir noch drei Stunden von unterschiedlichen Pilzrezepten und allerlei Geheimnissen. Alles war bei ihm höchst geheimnisvoll, ich versprach, daß ich die wichtigsten Geheimnisse nicht veröffentlichen werde.
„Wenn du den Wald kennst, wirst du niemals Hunger leiden", beendete er seine Rede, und wir gingen langsam weiter durch den Wald.

Pilzrezepte des Kosaken Borowik

In alten Zeiten hießen Pilze „Lippen" - man liebte sie, achtete sie, die Menschen staunten, wie schnell sie überall aus dem Boden schossen und spurlos wieder verschwanden. „Und hast Du den Hexenkreis bleicher Giftpilze gesehen? Hast Du? Ja, den! Mein Großvater wußte wie bleiche Giftpilze und Fliegenpilze zubereitet werden, als kleiner Junge durfte ich sie probieren. Pilzgerichte haben ein so wunderbares Aroma. Ein jedes Pilzgericht regt den Appetit schon während des Kochens an."

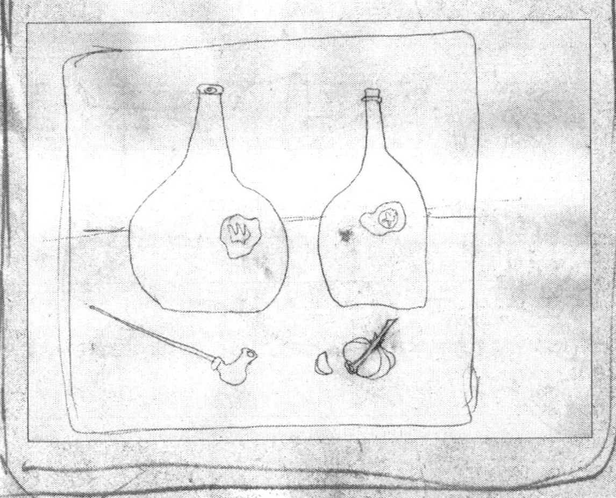

Geben Sie nicht zwei Pilze in den Borschtsch, das wäre eine Übertreibung.

Zur Mutter kam die Tochter, die erst kürzlich geheiratet hatte.
„Mama, was machst du mit dem Mittagessen, wenn der Vater es nicht mag?"
„Ich hebe es für das Abendessen auf, mein Goldengel."

„Weißt du, wie man Borschtsch zubereitet? Mit Pilzen?"
„Weiß ich."
„Und was braucht man dafür?"
„Einen hungrigen Ehemann."

„Oi, Frau, Liebe, bist wie eine alte Bratpfanne, je älter desto notwendiger."
„Ei, und du, mein Lieber, bist wie ein alter Koffer – zum Tragen zu schwer, zum Wegwerfen zu schade."

Kulesch mit Pilzen

Zutaten:

0,5 Kilogramm frische Pilze oder
eine entsprechende Menge getrocknete Pilze
1 Kilogramm Hirse
3 große Zwiebeln
1 Stück alter Speck
3 bis 4 Knoblauchzehen
Gewürze nach Geschmack
Kräuter nach Geschmack
Salz

Zubereitung:

Für Kulesch mit frischen Pilze: Schneiden Sie den Speck in feine Stücke, in einem Topf braten, bis es knusprig-köstliche Grieben sind. Nun geben Sie die feinen Zwiebelstücke und den zerdrückten Knoblauch hinzu. Wenn die Zwiebeln goldgelb sind, werfen Sie die gesäuberten Pilze in drei Portionen hinzu – eine nach der anderen in den Topf geben. Immer ein wenig salzen. Gewürze können Sie nach Geschmack hinzugeben. Sobald die dritte Portion Pilze fertig ist, schütten Sie Hirse zu (vorher einige Male gut mit heißem Wasser abspülen), ein wenig Wasser zugießen. Wenn die Hirse zu springen beginnt, Kräuter in den Topf geben und noch einmal zerdrückten Knoblauch untermischen. Häufig und schnell umrühren.

Für Kulesch mit getrockneten Pilzen: Die Pilze in Salzwasser geben, aufweichen lassen. Dann den Speck wie oben beschrieben im Topf zu krossen Grieben braten. Zwiebel und Knoblauch dazugeben. Sind die Zwiebeln goldbraun, geben sie alle Pilze mitsamt Wasser dazu. Dann mit der Hirse fortfahren wie oben beschrieben.

Steinpilze mit Zwiebelsauce

Zutaten:

5 frische Steinpilze
1 Zwiebel
1 Eßlöffel Pflanzenöl
1 Glas Smetana
Salz nach Geschmack

Zubereitung:

Die Hüte der Steinpilze putzen, waschen, trocken tupfen, dann 15 Minuten in Öl anbraten, immer wieder umrühren, salzen. Die Pilze im Ofen warm stellen. Die Zwiebel hacken, in Pflanzenöl in der Pfanne anbraten, salzen, auf kleiner Flamme dünsten, dabei die klein gehackten Pilzfüße dazugeben. Nun gießen Sie die Smetana dazu und lassen alles aufkochen. Die Sauce über die Pilzköpfe geben und 10 Minuten im Ofen bei schwacher Hitze backen.

Pfifferlinge in Ei-Sahne-Sauce

Zutaten:

500 Gramm Pfifferlinge
2 Zwiebeln mit Grün
7 Petersilienstengel
1,5 Eßlöffel Butter
4 Eier
3 Eßlöffel Smetana
5 Eßlöffel Sahne
1 Teelöffel Stärke
Salz, frisch gemahlener Weißer Pfeffer nach Geschmack

Zubereitung:

Pfifferlinge putzen, große Pilze halbieren oder vierteln, die Zwiebeln in dünne Ringe schneiden, Petersilie hacken. Einen Teil der Petersilie zum Dekorieren beiseite stellen. Die Butter in der Pfanne zergehen lassen, Zwiebelringe, Pfifferlinge und Petersilie dazu geben, 5 Minuten dünsten. In einer Schüssel Smetana, Sahne, Eier und Stärke verschlagen, salzen, pfeffern. Nun geben Sie die Pilz-Zwiebel-Mischung in eine Auflaufform, gießen die Ei-Sahne-Mischung darüber und schieben das ganze für 15 Minuten in den Ofen (Form nicht verschließen). Dann den Herd ausstellen, das Gericht noch einige Minuten im Ofen ruhen lassen. Mit Petersilie bestreuen und mit Brot, Reis oder Kartoffeln servieren.

Gebratene Täublinge in Smetana

Zutaten:

7 Täublinge (alternativ große braune Champignons)
1 Eßlöffel Öl
1 Eßlöffel Smetana
1 Zwiebel
Salz
1 Strauß Dill
Petersilie

Zubereitung:

Die Hüte der Pilze in kaltem Wasser säubern, mit heißem Wasser überbrühen, Wasser abtropfen lassen. Nun die Pilzhüte in große Stücke schneiden, in Öl anbraten, salzen. Smetana dazugeben, rühren, zusammen mit den fein gehackten Zwiebel und Kräutern köcheln lassen.

Geschmorte Morcheln

Morcheln werden auch Maipilze genannt, weil man sie
bei uns nur im Mai finden kann.

Zutaten:

500 Gramm Morcheln
1 Eßlöffel Butter
1 Eßlöffel Weizenmehl
½ Glas Smetana
Wasser
Salz

Zubereitung:

Morcheln von Erde und Gräsern säubern, 1 Stunde in Wasser einweichen, gut spülen, dann 10 bis 15 Minuten in Salzwasser köcheln lassen. Flüssigkeit abgießen. Gekochte Pilze mit einem Schaumlöffel herausnehmen, noch einmal abspülen und abtropfen lassen, in eine Pfanne geben, Butter hinzufügen, anbraten. Dann mit Mehl bestäuben, Wasser und Smetana hinzugeben, und köcheln lassen, bis die Morcheln weich sind.

Wo Eichen, da Pilze.

Wo Pilze, da Reichtum.

Viele Pilze, schlechte Weizenernte.

Pilze weg, damit sich der Kobsar setzen kann.

Wo ein Pilz, da ist ein Kranz.

Warte nur, Pilzchen, jemand wird dich schon finden.

Pilze sind Pilze, der Steinpilz ist der beste.

Wer mit Glück Pilze sammelt, hat Glück beim Fische fangen.

Wer sich Pilz nennt, muß in den Borschtsch springen.

Wenn du dich nicht bückst, findest du keine Pilze.

Wenn das Wenn und das Aber nicht wären, dann wüchsen auf dem Kopf Pilze, so daß es ein Gemüsegarten wäre.

Eine herrliche Sache – Hallimasche.

Pilze aus dem Ofen

aus getrockneten Steinpilzen

Zutaten:

200 Gramm getrocknete Steinpilze
3 Gläser Wasser
2 Zwiebeln,
Petersilie
3 bis 4 Eßlöffel Butter
1,5 Eßlöffel Mehl
Lorbeerblatt, Muskat, Kardamon, Nelken
Salz
1 Zitrone
1 Teelöffel Weinessig

Zubereitung:

Die getrockneten Steinpilze in warmem Wasser einweichen, dann gut säubern und in rund 0,6 bis 0,7 Liter Wasser kochen, bis sie halbweich sind. Petersilie und Zwiebeln hacken, in Butter und Mehl anbraten, dann mit 2 Tassen Pilzwasser auffüllen, köcheln lassen, dabei den Schaum abschöpfen. Mit Salz, Lorbeer, Kardamon, Nelken würzen, Zitrone schälen, vierteln, die Pilze in Streifen schneiden, hinzugeben, mit Muskatnuß und Weinessig abschmecken, alles in einen ofentauglichen Topf geben, und mit dem Deckel verschließen. Sie können um den Rand einen Roggenteig legen, um den Topf hermetisch abzuschließen, dann für 30 Minuten in den heißen Ofen geben, sofort servieren.

Kuchen aus Steinpilzen

Familienrezept von Kornej Borowik

Zutaten:

1 Kilogramm Dickröhrlinge,
zum Beispiel Gemeine Steinpilze, alternativ Champignons
3 Eier
100 Gramm Weißbrot oder Baguette (in Milch eingeweicht)
2 Zwiebeln
2 gekochte Eier
Mehl zum Bestäuben
Salz, Pfeffer nach Geschmack
Öl zum Braten

Zubereitung:

Die geputzten und mit heißem Wasser überbrühten Dickröhrlinge – alternativ können auch Champignons genommen werden – schneiden, die gehackten und in Öl angebratenen Zwiebeln, die 2 gekochten und gehackten Eier, das in Milch eingeweichte Weißbrot, Salz und Pfeffer zu den Pilzen geben, alles gut vermischen. Die 3 Eier verschlagen und zur Pilzmischung geben. Eine Kuchenform mit Pergamentpapier auslegen, einfetten. Pilzmasse darauf geben, mit Mehl bestäuben. Dann im Ofen 30 bis 40 Minuten backen.

Pilze in weißer Sauce

Zutaten:

800 Gramm frische weiße Pilze (Steinpilze, Pfifferlinge, Champignons)
1 große Zwiebel
5 bis 6 Eßlöffel Öl
100 Gramm geriebener Käse
½ Tasse Mehl
1 Glas Milch
4 bis 5 Tomaten
Petersilie
Salz nach Geschmack

Zubereitung:

Pilze putzen, waschen und in Stücke schneiden. Pilze mit gehackten Zwiebeln und Salz in 2 bis 3 Eßlöffeln Öl anbraten. Dann gehackte Tomaten, Petersilie und Salz hinzugeben, gut mischen. Die Masse in eine gefettete Auflaufform geben. Mit dem restlichen Öl, dem Mehl und der Milch kochen Sie eine weiße Sauce, die Sie über die Pilzmasse geben. Bei mäßiger Hitze im Ofen goldbraun backen, dann mit geriebenem Käse bestreuen, weiter backen, bis der Käse zerlaufen ist.

Pilzgrießbratlinge

Zutaten:

500 Gramm gehackte Pilze
2 Eier
2 gekochte Eier
100 Gramm Grieß
1 Zwiebel
50 Gramm Fett (Schmalz) zum Braten
150 Gramm Smetana
10 Gramm Mehl
Pfeffer, Salz, Dill – nach Geschmack

Zubereitung:

In die gehackten Pilze 2 rohe Eier geben, dann Grieß hinzufügen sowie die in Fett ausgelassene Zwiebel, salzen, pfeffern, dann die 2 gekochten und gehackten Eier unterrühren. Die Masse mit den Händen oder einem Holzlöffel gut durchkneten, dann 10 bis 15 Minuten ziehen lassen. Bratlinge daraus formen, diese in Mehl wenden und auf heißer Flamme auf beiden Seiten in Schmalz braten. Dazu reichen Sie frische Smetana.

Wie einer ißt, arbeitet er.

Danke dem, der sich satt gegessen hat, und dem, der gekocht hat, daß er auf den Händen geht.

Ein gutes Gespräch macht die Gäste nicht satt.

Ich frühstücke, ich esse zu Mittag, fürs Spaziergehen ist keine Zeit.

Mittagessen ist eine schöne Sache: sitze am Tisch und esse.

Nicht zu Abend essen ist gut, zu Abend essen ist besser.

Wer seinen Teller nicht leert, verkauft auch die Heiligen.

Der Bauch platzt, der Geist singt.

Wer schmackhaft speist, schläft tiefer.

Die, die viel essen, werden nicht alle dick, und die, die viel lesen, werden nicht alle weise.

Es ist gut zu singen, nach dem Mittagessen.

Niemand weiß, wer, wie ißt.

Stellen Sie mich zum Mittagessen ein.

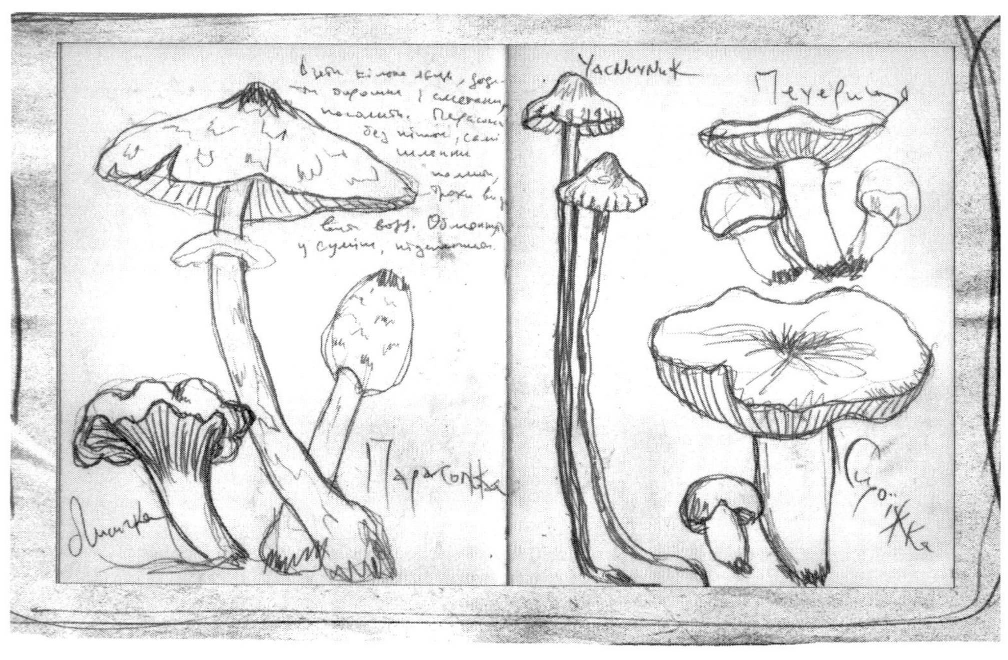

Fleisch mit Pilzen im Topf

Zutaten:

500 Gramm Kalbfleisch
400 Gramm Pilze
Salz
Schwarzer Pfeffer (Körner) nach Geschmack
Lorbeerblätter nach Geschmack
1 Kilogramm Kartoffeln
Knoblauch
½ Tasse Hühnerbrühe

Zubereitung:

Braten Sie das klein geschnittene Fleisch, bis es halbgar ist, geben Sie Knoblauch, schwarze Pfefferkörner, Lorbeerblätter und Salz hinzu. Braten Sie die Pilze an und löschen Sie sie dann ab. Dann schälen Sie die Kartoffeln und schneiden sie in nicht zu große Stücke. Alles zusammen in eine Form schichten. Mit der Hühnerbrühe übergießen, zugedeckt 1 Stunde im Ofen backen lassen. Das Gericht ist sehr, sehr lecker.

Riesenschirmlinge im Teig

Zutaten:

10 Riesenschirmlinge
200 Gramm Öl
3 Eier
½ Glas Mehl
2 Eßlöffel dünnflüssige Smetana,
um die nötige Teigkonsistenz zu bekommen
1 Zwiebel

Zubereitung:

Riesenschirmlinge vorsichtig putzen, säubern, nicht kochen. Den Kopf des Pilzes vom Fuß lösen, mit Küchenkrepp trocken tupfen. Aus Öl, Eiern und Mehl machen Sie einen ziemlich dickflüssigen Teig (bei Bedarf, Smetana hinzufügen). Die Pilzköpfe hineintauchen und wie Blini in Öl braten – sparen Sie nicht am Öl. Die Pilzfüße in Scheiben schneiden, mit der gehackten Zwiebel getrennt in Öl anbraten. Separat reichen.

Kartoffelpüreesuppe mit Champignons

Zutaten:

8 Kartoffeln
200 Gramm Champignons
1 Zwiebel
1 Möhre
1 Bund Dill
Öl zum Braten
Salz

Zubereitung:

Kartoffeln schälen, in kleine Stücke schneiden, in Salzwasser kochen, bis sie weich sind. Abgießen. Das Kartoffelwasser in einer Schüssel auffangen. Die Kartoffeln gut stampfen. Nun geben Sie nach und nach das Kartoffelwasser zu den gestampften Kartoffeln, bis die gewünschte – cremige – Suppenkonsistenz erreicht ist, dabei immer gut rühren. Dill hacken und in die Kartoffelsuppe geben, salzen, gut durchrühren. Champignons und Möhre in dünne Scheiben, Zwiebel in Ringe schneiden. Möhren in Öl anbraten, zuerst die Zwiebel, dann die Champignons dazugeben. Die Kartoffelsuppe in Suppenschalen geben, in die Mitte jeweils einen Löffel Gemüse setzen, großzügig mit Dill bestreuen.

Der Kosak Borowik konnte seitenweise Dmitri Jawornizki zitieren, dieser betonte stets, daß die Kosaken nie hoffnungslose Trunkenbolde waren, sondern einen epikureischen und verwegenen Blick auf die Welt hatten.

„Der Kosak trank nie einfach nur Wodka, stets war dies mit verschiedenen Redensarten und Wortspielen verbunden wie zum Beispiel ‚Ein Mann ist kein Vieh, mehr als einen Eimer trinkt er nicht.' Wodka bezeichnete er oft als ‚okovitoi', das heißt Lebenswasser (aqua vitae). Er redete den Wodka an, als sei er ein lebendiges Wesen. Das hörte sich dann so an: ‚Wer bist du?' ‚Gorilka.' ‚Woraus bestehst du?' ‚Aus Roggen.' ‚Woher kommst du?' ‚Vom Himmel.' ‚Wohin gehst du?' ‚Wo immer nötig.' ‚Und hast du ein Ticket?' ‚Nein, kein Ticket.' ‚Dann stecken sie dich ins Gefängnis.'"

„Während ihrer Feldzüge mieden die Saporoscher Kosaken den Alkohol, denn der Ataman würde jeden beliebigen Betrunkenen sofort aus dem Trupp verbannen. Auch den Älteren war das Trinken nicht erlaubt: Wenn ein Kosakenführer oder ein Setsch-Ältester diesen Fehler bei einer der Amtspersonen bemerkte, dann verwarnten sie ihn wegen des Verstoßes gegen die Ordnung und wiesen ihn an, sich strikt an die Regeln zu halten.

Aber aus Sicht des freundlichen Beobachters kennt der Kosak auch schwermütige Gedanken. Im Grunde genommen wohnt dem Charakter des Kosaken wie dem jedes Menschen der Rus eine gewisse Gespaltenheit inne: er ist heiter, verspielt und interessiert-neugierig, zugleich aber unendlich traurig, still, schwermütig und unnahbar. Diese Gespaltenheit hat sich ganz natürlich aus der Lebensweise der Kosaken entwickelt – er hatte bei sich in der Setsch keine Sippe, keine Angehörigen, lebte getrennt von der Familie, schaute ständig dem Tod in die Augen. So ist es nur natürlich, daß der Kosak bestrebt war, sorglos zu sein, seine kurze Lebenszeit mit den unterschiedlichen Freuden, die die Setsch ihm bot, zu erhellen."

Dmitri Jawornizki, Geschichte der Saporoscher Kosaken

Wie man Pilze trocknet

Bevor man die Pilze trocknet, müssen sie sorgfältig von Kiefernnadeln, Blättern und Erde gesäubert werden, wobei sie nicht gewaschen werden dürfen. Die einfachste Art, Pilze zu trocknen (etwa Steinpilz, Butterpilz, Gemeiner Birkenpilz, Weißstielige Rotkappe und natürlich andere Dickröhrlinge), ist an der frischen Luft. Die Pilze dürfen nicht zu alt und nicht brüchig sein. Fädeln Sie die Pilze auf einen starken Faden und hängen Sie die Pilzkette bei trockenem Wetter nach draußen. Sonne und Wind leisten ganze Arbeit. Achten Sie darauf, daß die frischen Pilze nicht zu lange direkter Sonnenbestrahlung ausgesetzt sind, sie könnten „übertrocknen" und an Aroma verlieren. Am besten ist es, die Pilze zunächst einen ganzen Tag an einem schattigen Ort antrocknen zu lassen, und sie dann für 3 bis 4 Tage in die Sonne zu hängen. Manchmal muß man die Pilzkette mit Gaze bedecken, um sie vor Staub und Fliegen zu schützen.

Heute trocknen viele Menschen die Pilze einfach im Ofen. Die Ofenklappe muß dabei ein klein wenig offenstehen, denn es bedarf einer gewissen Luftzirkulation. Und wenn man die Pilze auf dem Balkon ein wenig antrocknet, kann man sie auch im Elektroherd trocknen. Gut getrocknete Pilze haben Spannkraft und lassen sich leicht brechen.

Naida

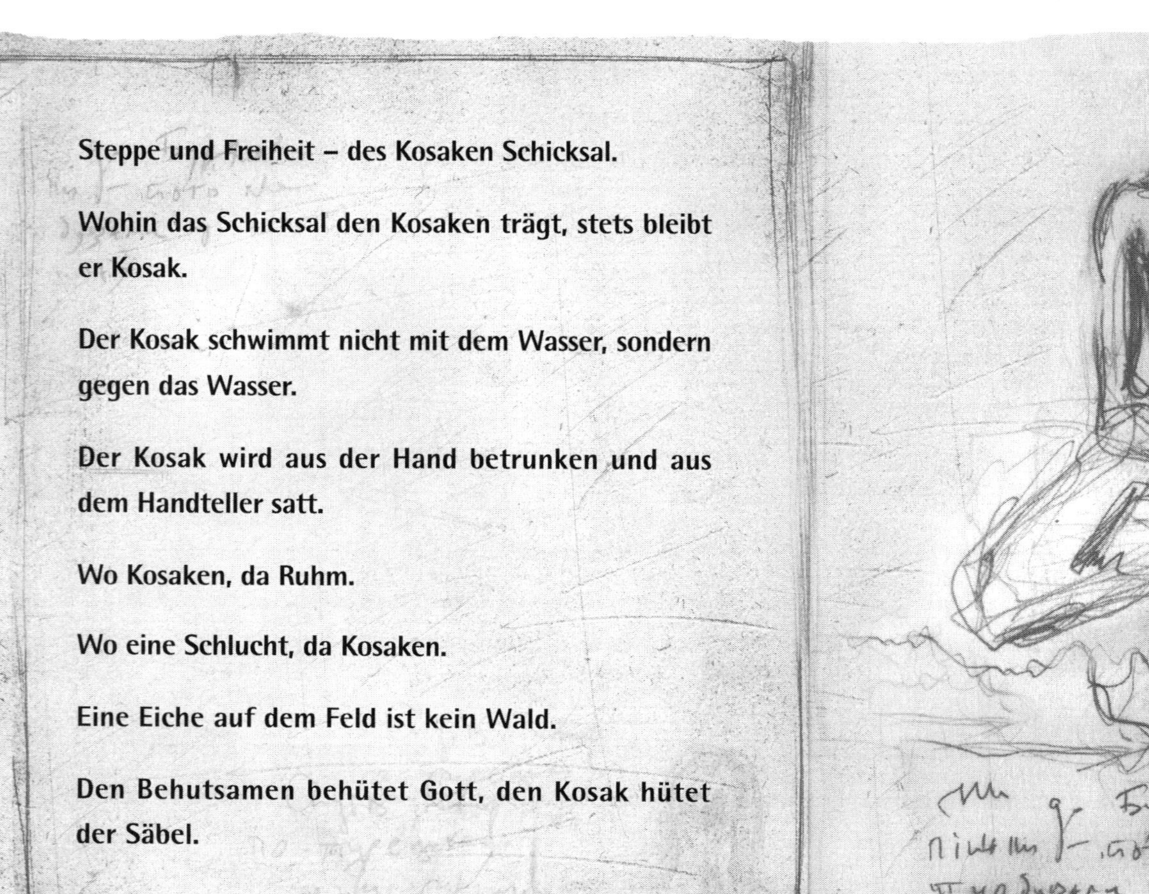

Der Skythe

Von Zeit zu Zeit kletterte Borowik auf eine Kiefer, um sich zu orientieren, wie der Weg weiter führte. Bald sollten wir den Burdjuk (das ist eine Erdhütte) erreichen. Wir gingen über einen mit totem Holz bedeckten Hügel. Der Hügel war einer Maya-Pyramide im Urwald von Yucatàn ähnlich.
„Das ist ein skythisches Hügelgrab, es ist noch nicht ausgeplündert, bislang wissen nicht einmal die Archäologen von ihm." Das war ein weiteres Geheimnis, das Borowik mit mir teilte.

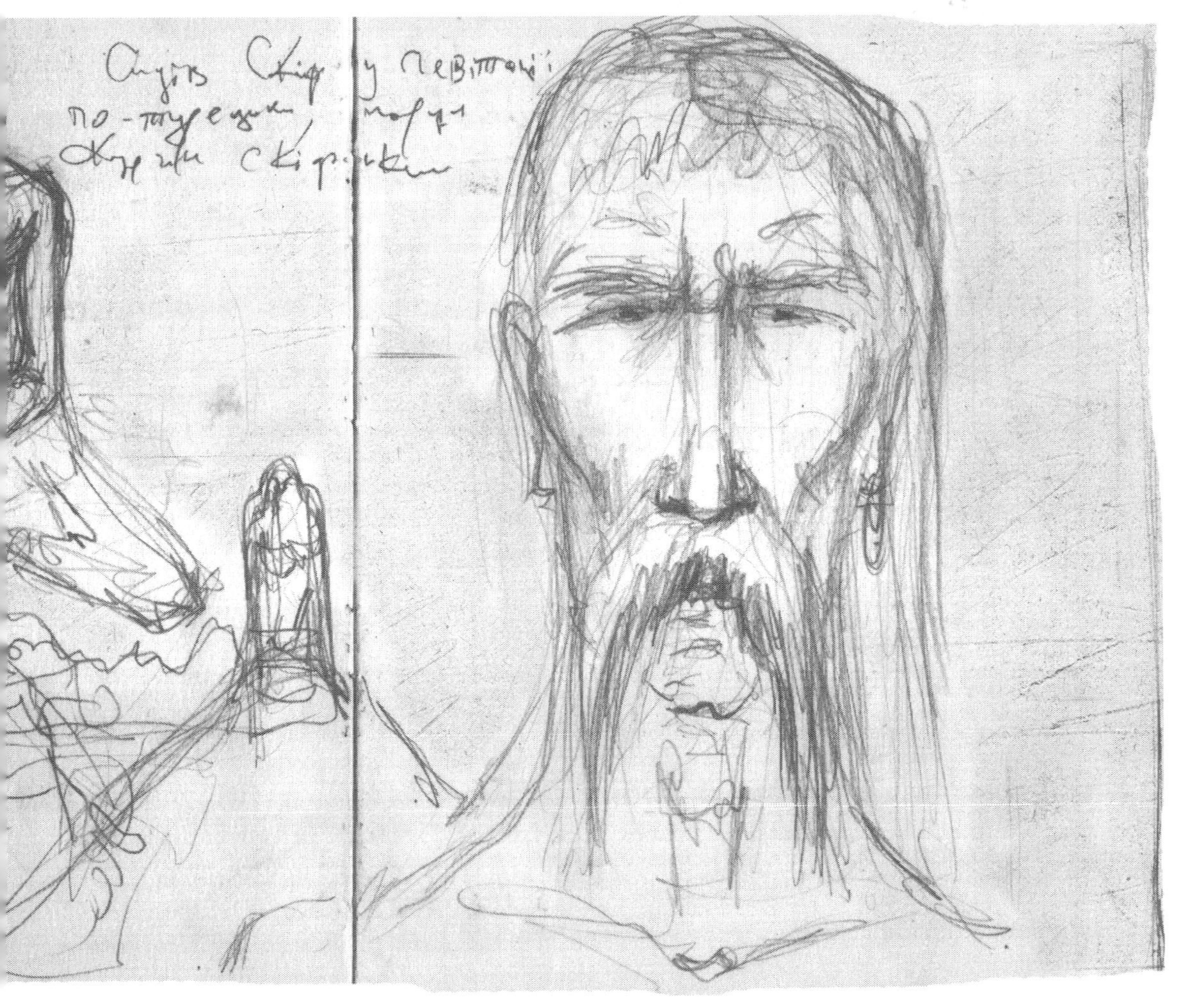

Als wir um das Grab herum kamen, sah ich, die Beine im Türkensitz untergeschlagen und in der Luft schwebend, den Kosaken Skyth in tiefer Meditation. Auf der linken Seite streifte mein Auge die bemooste Erdhütte, die erheblich kleiner war als der skythische Kurgan.

„Wir wollen ihn nicht stören", flüsterte Borowik. „Wenn er von seiner Reise zurück ist, wird er zu uns stoßen."

So gingen wir zum halb in die Erde eingegrabenen Burdjuk – vier Wände aus Hecken, bedeckt mit Lehm und Stroh, ein grüner Hügel bedeckt mit Moos anstelle des Dachs. So sieht er aus, der Burdjuk des Kosaken-Junggesellen. Runde

Fensterchen neben der niedrigen Tür – gerade einmal handtellergroß. Aber innen alles trocken und sauber. Ein „Kabiza", eine traditionelle Kochstelle ohne Kamin, und ein „Metschet", eine Art Ofen, aus örtlichen schnell glühendem Stein, in dem Brot gebacken wird (wenn gebacken wird). Eine verstrebte Bank, ein behauener Tisch, auf dem wir vorsichtig unsere Fliegenpilze ausbreiteten.
„Skyth war mein Schüler, damals in den 1990er Jahren. Ich hänge irgendwie noch an der Stadt, aber er, verstehst du, hat alles hinter sich gelassen. Sehr begabt war er, und hat sich weiter vervollkommnet. Ist mit nach innen zielenden Praktiken und tiefer Meditation befaßt. Warten wir hier auf ihn – und ich stelle schon einmal sein geliebtes ‚Spidola' ein ..."
Kurz darauf hörten wir die kaum vernehmbaren Schritte – als kämen sie aus einer anderen Welt – des Hausherrn. Skyth war dünn, groß wie eine Zeder, mit leuchtenden Augen, mächtigem Schnurrbart und üppigem Schopf. Ein noch junger Kosak. Er trug tief blaue Pluderhosen (nicht aus Seide), der Oberkörper war nackt. Wir begrüßten uns wie in alten Zeiten: Kopf an Kopf. Anders würde es hier auch nicht passen.
„Untertänigst, Brüder", sagte Skyth feierlich. Und dann: „Guten Tag, mein Freund. Hast du die Batterien mitgebracht?" Schon gar nicht mehr feierlich wandte sich Skyth an Borowik. Er liebte es, am Abend Radio zu hören, ergötzte sich an Übertragungen aus der Berliner Oper.
„Mitgebracht, mitgebracht. Wie versprochen."
Die Batterien kamen ins Radio und schon erklang eine Wagnersche Arie.
„Das ist es!", freute sich Skyth.
Der Einsiedler hatte sich von allem losgesagt, lebte gleichsam beim Geist des Heiligen, aber der Musik hatte er nicht entsagt, und wollte er auch nicht, wie sich herausstellte. Die Musik, so Skyth, steigere die Vibrationen seines Geistes.
Skyth trank ein halbes Glas Wasser in kleinen Schlucken, über sein Gesicht legte sich ein Strahlen des Wohlbehagens.
„Oi, was für ein wohlschmeckendes Wasser – beinahe schon süß. Und was für eine Nässe."

Skyth saß, die Beine untergeschlagen, auf der mit duftenden Gräsern bedeckten Bank. Bewirtet wurden wir nicht. Sprachen nur über die unterschiedlichen Formen des Fastens – und ich schrieb und schrieb. Und mein Magen knurrte nicht vor Hunger, er schien genauso interessiert wie ich, von all den alten Geheimnissen der Kosaken-Fährtenleser zu hören. Wie die Späher wochenlang ohne Nahrung und Wasser auskamen, und wie zur rechten Zeit die Kosakentruppen die feindliche Festung einnahmen. Über die „Herrscher der Nacht" – Charakterniki und Werwölfe. Nein, die Werwölfe vergaß er nicht. Auch an den berühmten Ataman Iwan Sirko erinnerte er.
Schon beim Hinausgehen luden wir Skyth, wie es von uns erwartet wurde, zur Hochzeit von Jawdocha und dem Kosaken auf der Wiese ein.
„Ei, bis dahin habe ich Zeit, das Hungern zu beenden. Und zu guter letzt, ruhmreicher Schreiber, schenke ich dir einige Rezepte der Skythen aus dem Kurgan. Ich habe heute Nacht mit ihnen gesprochen."
„Sprich. Erinnere dich!" Ich traute meinen Ohren nicht, hüpfte fast vor Freude, und schrieb und schrieb.
Wir kehrten durch den Wald zur Hütte des Bienenzüchters zurück, und ich dachte, daß das Hungern, die Fähigkeit, alle Kräfte auf den Kampf zu konzentrieren oder sich durch die Steppe zu bewegen, ohne Essen und ohne Wasser, nur mit Kräutern, Samen und dem Genuß der Tabakpfeife, daß dies das eigentliche geheime Rezept war. Wie könnten wir über all die Köstlichkeiten der Kosaken sprechen, aber nicht darüber. Die Klänge des Marsches der Walküren aus dem alten „Spidola" begleiteten uns.
Die Sonne ging unter, als wir den Wald verließen. Aber ich, noch völlig gefangen in der Musik, stellte mir überall Nibelungen vor: Schattenmenschen, Schattenvorfahren, unsere alten Vorfahren aus anderen Dimensionen. Und wir kamen uns vor, als ob wir eine andere Welt besucht hätten. In Erwartung der Nacht schrie laut eine Eule, als ob uns Ataman Swjatoslaw fröhlich zurief: „Ich komme zu kämpfen." Und als Nibelungen-Schatten strich er vor meinen Augen vorbei.

Rezepte des Kosaken Skyth

„Die Kosakenschaft ist mit Blick auf ihre Weltwahrnehmung, ihre Traditionen und ihre Kultur ein Subethnos", befindet Skyth, der Einsiedler und Philosoph. „So sehr sie auch wollten, daß alle Kosaken ein Ethnos wären. Die Wissenschaftler verorten den Ursprung des Kosakentums bereits in indoarischer Zeit, als im tribalen System die Kasten der Brahmanen (Magier, Führer), der Kskatriya (Krieger) und der Shudri (Bauern) entstanden. Die Kosaken mit ihren Haarschöpfen, Schnurrbärten, ihren beidseitig geschliffenen Damaszener Klingen, ihren Pferden und ihrer Philosophie ‚Den Toten trifft die Schande nicht' und ‚Ich komme zu kämpfen', die unser ruhmreicher Fürst und Ataman Swjatoslaw Chrabry, Herrscher der Kiewer Rus im 10. Jahrhundert, begründet hat, bildeten von Anfang an die Kaste der Krieger. Übrigens sah Swjatoslaw aus wie später die Kosaken im 16. und 17. Jahrhundert.
Die Nahrung ist eines der wichtigsten Merkmale des Lebens eines Volkes. Unsere Vorfahren waren, wie ich das sehe, die Skythen der nördlichen Schwarzmeerküste. Sie lebten zwischen und mit dem Vieh auf den Weiden. Sie waren, wie bekannt, Nomaden, und so war ihre Nahrung in erster Linie tierischen Ursprungs. Zum Beispiel kochten sie Fleisch in einem Kessel, und dann verteilten sie die besten Stücke der Hierarchie des Tisches folgend. Danach tranken Sie die fette Brühe. Getreide bauten sie erst später an, und so schufen sie nach und nach ein Nahrungssystem bestehend aus Fleisch, Milchprodukten und Getreide. Bevor der Kosak ein Tier erlegte, egal, ob ein wildes oder ein domestiziertes, bat er in Gedanken um Vergebung. Jedes getötete Tier war zugleich ein Opfer, deshalb warf der Kosak die Knochen in das Feuer unter dem mächtigen Bronzekessel. Darüber hat bereits Herodot geschrieben. Und für den Übergang eines Menschen in die andere Welt wurde ein Kessel mit den besten Fleischstücken (Brustfleisch etwa) hingestellt. Dies bezeugen archäologische Ausgrabungen im Tolstaja Kurgan im Gebiet Dnjepropetrowsk, wo auch der berühmte goldene Brustschmuck gefunden wurde. Sie zogen mit der Ofenzange oder einem Haken das Fleisch aus dem

Kessel und legten es auf eine große Holzplatte. Damit haben wir den Vorläufer des Saporoscher Stabljo für den Fisch. Sie schnitten mit dem Messer Stücke vom Fleisch ab und aßen mit den Händen.

Dank Guillaume le Vasseur de Beauplan wissen wir, daß die Nomaden ihr Fleisch unter dem Sattel dörrten. Sie nahmen zwei Finger dicke Stücke, salzten das Fleisch kräftig auf der einen Seite, legten es unter den Sattel und ritten zwei Stunden, bis das Blut herausgelaufen war. Dann nahmen sie das Fleisch, salzten die andere Seite, und ritten wieder zwei Stunden, so daß kein Tropfen Blut mehr darin war. Sofort danach aßen sie ein solches Steak. Und weißt du, bei den Truppen Dschingis Khans wurde das Fleisch ungesalzen unter den Sattel gelegt, denn der Schweiß des Pferdes salzte das Fleisch.

Im Solocha Kurgan in Saporosche wurde ein Kohlenbecken zur Fleischzubereitung gefunden. Sie garten Fleisch in Asche, Kohle und Holz. Das war vor allem im Herbst und Winter üblich.

Und dann die Milchprodukte – die sind schon mehr nach meinem Geschmack. Milchprodukte gab es das ganze Jahr über, vor allem aber im Sommer und Herbst. Schafsmilch ist kalorienreicher als Stutenmilch. Selbst in dem Brustschmuck aus dem Tolstaja Kurgan ist ein Skythe abgebildet, der freudvoll Schafe melkt. Allerdings tranken die Skythen nur in den seltensten Fällen die frische Milch, meist wurde sie genutzt, um eine breite Vielfalt an Gerichten zu bereiten. Trockenen Käse ‚erntete' man im Winter. In einem Hügelgrab wurde ein über Jahrhunderte bewahrtes Stück Käse gefunden. Auch hatten sie ihre ganz eigene Art des Kumys. Sie mischten Schafs- und Stutenmilch, ließen die Milch einen Tag lang in einem Ledersack gären und hatten ihren besonderen Skythen-Kumys.

Und die Skythen rauchten viel – so wie später die Kosaken. Sie rauchten auf folgende Weise: auf die heißen Steine im Zelt warfen sie trockene Kräuter oder Samen – so berichtet Herodot.

Grundelement des Frühstücks der späten Skythen – und das gefällt mir schon absolut gut –, war eine Art skythisches Müsli – Kascha aus zerstoßenem Getreide. Hirse war darin, Dinkel und Gerste. Alle diese Getreide gedeihen am Unterlauf des Dnjepr. Das auf Steinen getrocknete Korn wurde in ein wenig Milch gekocht. Was für ein schmackhaftes Frühstück.

Ob die Skythen Brot aßen, darüber streiten die Wissenschaftler. Aber meiner Meinung nach haben unsere Vorfahren schon vor 7000 Jahren, vielleicht noch früher, Brot gebacken. Und von der Tripolischen Kultur muß ich dir nichts erzählen. Fladen wurden gebacken – so wie ich sie hier auf meinem Ofen backe.

Und weiter liebten meine Skythen-Brüder Steppenknoblauch, Zwiebeln, Wildknoblauch und Sellerie, Wildbirnen und Wildäpfel. Und ein anderer Grieche – Teofrast – schrieb über eine sogenannte skythische Wurzel. Ich weiß, was es ist. Meine Nachbarn haben es mir preisgegeben. Und Dir erzähle ich es: es ist Amarant – bei uns Schtschiriza genannt."

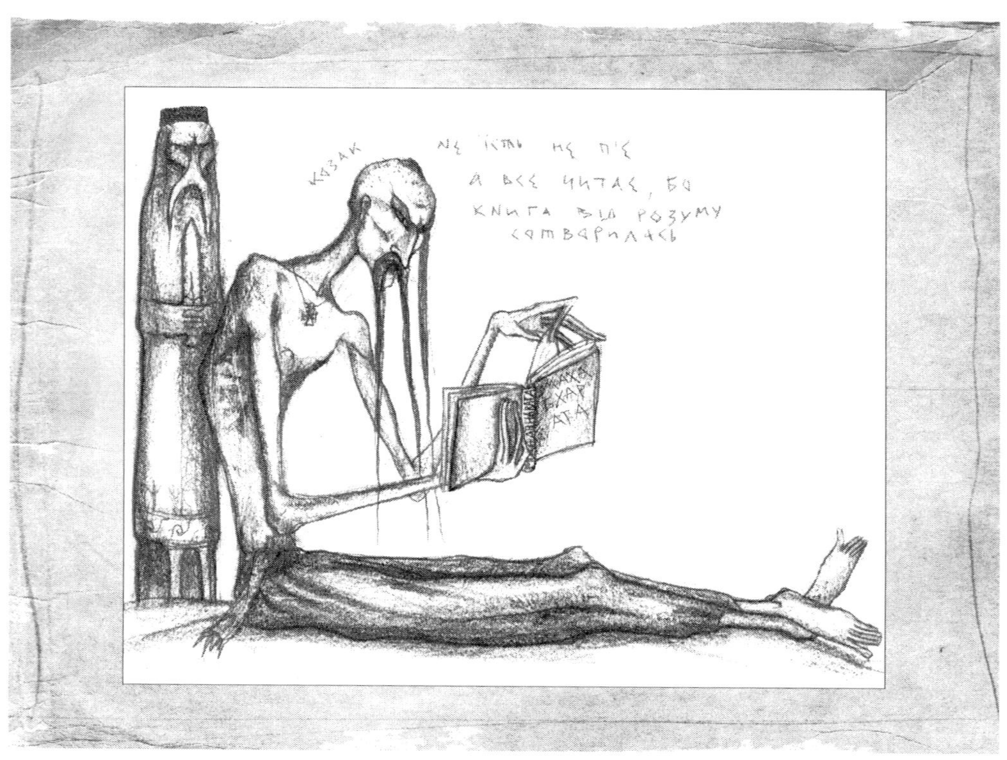

Skythische Plätzchen

Zutaten:

1/2 Tasse Butter oder Margarine
1/2 Tasse Schmalz
1/2 Tasse Zucker
1/2 Tasse brauner Zucker
1 Teelöffel Vanilleextrakt
1 Ei
2 Tassen geröstete Getreidemischung und Amarantmehl
ein wenig Backpulver, etwas Salz, ein wenig Wasser

Zubereitung:

Eine lockere Masse aus Zucker, Schmalz und Butter schlagen, das Ei und die Vanille unterheben. Getreide und Amarant mischen und nach und nach in die Masse geben, ein wenig Wasser zugießen, dann Backpulver und Salz untermischen. Einige Zeit ruhen lassen, dann Plätzchen formen – in beliebiger Weise. 15 Minuten im heißen Ofen backen.

Amarant oder Schtschiriza

„Wir kauen die Amarantkörner, sammeln sie und stellen Öl daraus her", brüstet sich Skyth, „nur dann, wenn wir nicht hungern wollen! Warum? Hört zu! Squalen – diese Substanz ist bekannt und geachtet in der ganzen Welt. Squalen ist eine ungesättigte Verbindung, ein Antioxidant und Immunverstärker. Das meiste Squalen wurde aus der Leber von Tiefseehaien gewonnen, und es kostete ein Vermögen. Aber nicht allgemein bekannt ist, daß Squalen in vielfach höherer Konzentration in Amarantkörnern vorkommt oder besser gesagt in dessen Öl. Amarant? Ist es die magische Pflanze der Azteken, nach der die Spanier jagten? Die Wurzel des Lebens? Nun, Freunde, ich verrate euch ein großes Geheimnis: Amarant ist skythischen Ursprungs, es ist unsere allgegenwärtige Schtschiriza, die hier überall rund um meine Hütte wächst! Wollt ihr lange leben und gesund sein? Dann sammelt Amarantkörner, kaut sie. Aber damit Amarant in euch arbeitet, müßt ihr einen Tropfen skythischen Bluts in den Adern haben! Probiert es aus. Geht sammeln, Jungs! Und im Herbst sammeln wir Körner, mahlen sie und fügen sie nach und nach in die modernen Kosaken-Rezepte ein. Ohren auf und schreib!"

Hast du nichts, brauchst du kein Salz.

Nur Salz – mehr braucht es nicht.

Ohne Salz zu essen, ist wie den Ungeliebten zu küssen.

Ohne Salz und ohne Brot bleibt das Gespräch flach.

Wer schläft, ißt nicht, wer ißt, schlummert nicht!

Ohne Salz geschmacklos, ohne Brot wird man nicht satt.

Zu wenig Salz auf dem Tisch, zu viel Salz im Kopf.

Salz ist Gewürz, Öl ist Dekoration.

Ob sie kochte oder nicht kochte, wenn sie nur gut redete.

Äpfel mit Amarant

Zutaten:

10 Äpfel

1 Eßlöffel Honig • 1/2 Teelöffel Zimt

2 Eßlöffel Amarantmehl • 1/4 Tasse Wasser

Zubereitung:

Die Äpfel waschen, auf ein gut gefettetes Backblech setzen und anbraten. Dann 1/4 Tasse Wasser hinzugeben. Wenn das Wasser fast verdunstet ist, vermischen Sie 1 Eßlöffel Honig, 1/2 Teelöffel Zimt und 2 Eßlöffel Amarantmehl und geben dies über die Äpfel, weitere 10 Minuten backen.

Kascha aus Amarantkörnern

Zutaten:

1 Tasse Amarantkörner

1 Knoblauchzehe • 1 Zwiebel

3 Tassen Wasser oder Gemüsebrühe

(die heutigen „Skythen" nehmen auch Kartoffelwasser)

Salz nach Geschmack

frische Tomaten (eine Idee von Skyth)

Zubereitung:

Knoblauchzehe und Zwiebel schälen und fein hacken. Zusammen mit den Amarantkörnern in das Wasser (die Brühe) geben, salzen, zum Kochen bringen und bei sehr schwacher Hitze 1/2 Stunde köcheln lassen, damit das Wasser nicht zu schnell verdunstet. Gut verrühren, probieren, die Kascha sollte knackig, aber nicht zu fest sein. Mit Tomaten garnieren.

Selbstgemachtes Amarantöl

Zutaten

1 Kilogramm Amarantkörner
1,5 Liter Olivenöl (erste Pressung)

Zubereitung:

Nehmen Sie 1 Kilogramm Amarantkörner, anrösten. Danach die Körner in einer Kaffeemühle mahlen. Dann 1,5 Liter Olivenöl (manchmal nehme ich auch Sonnenblumenöl) in ein Gefäß geben. Fügen Sie das Amarantmehl hinzu, verrühren. In Flaschen füllen. Die Flaschen im Keller lagern, jeden Tag eine halbe Stunde schütteln. Nach einem Monat das Öl durch ein Leinentuch filtern. Das Tuch danach nicht wegwerfen, es eignet sich als Kompresse zur Linderung eines Hexenschusses. Das in Flaschen abgefüllte Öl an einem kühlen, dunklen Ort lagern.

Eine halbe Stunde vor den Mahlzeiten einen Teelöffel Öl einnehmen. Zur Vorbeugung von Krankheiten und allgemeinen Stärkung der Gesundheit müssen Sie ein Liter des Öls verbrauchen.

Skythisches Müsli

Von Archäologen entdecktes Rezept aus dem
4. Jahrhundert vor unserer Zeitrechnung

Zutaten:

zerstoßene Hirse-, Roggen oder Dinkelkörner
Milch oder Wasser

Zubereitung:

Die wichtigste Speise am Morgen war bei den Nomaden eine Kascha aus zerstoßenen Getreidekörnern. Die Körner (Hirse, Roggen oder Dinkel) wurden in der Sonne oder in einer Pfanne getrocknet, dann in einer Steinmühle zerstoßen. Das zerstoßene Getreide wurde mit wenig Milch oder Wasser gekocht.

Heute bereiten wir das Skythen-Müsli wie folgt zu:
Vor dem Zubettgehen kochendes Wasser über Haferflocken gießen und quellen lassen. Morgens in der Mikrowelle aufwärmen, Obststücke und grob gehackte Nüsse hinzugeben.

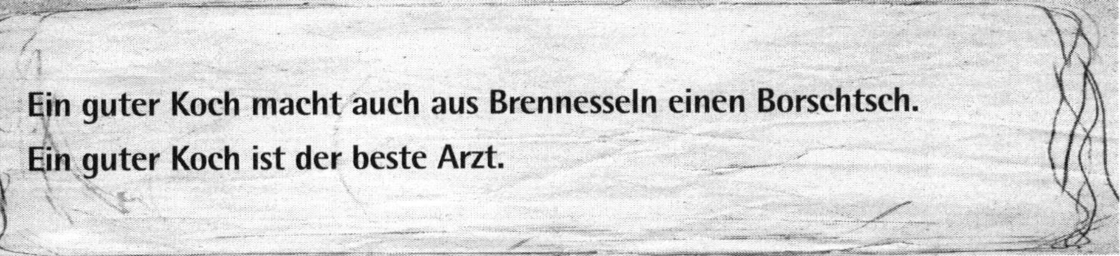

Der skythische Weise Anacharsis ist bekannt für seine Ratschläge:

Die erste Schale, um den Durst zu löschen, die zweite aus Freude, die dritte aus Genuß – und die vierte ist Dummheit.

Die Rebe trägt drei Trauben: die Traube des Genusses, die Traube der Trunkenheit und die Traube der Abscheu. Die Griechen tranken übrigens verdünnten Wein, unverdünnt hieß er „Wein auf skythische Art".

Es ist besser, einen teuren Freund zu haben, als viele wertlose.

Das Gesetz ist wie ein Spinnengewebe – kleine Insekten sterben darin, große machen ihren Weg.

Ein böser Mensch ist wie Kohle, wenn sie nicht brennt, schwärzt sie dich.

Weizen als ganze Körner gekocht und mit Honig gesüßt ist das einfachste und älteste „heilige" Gericht

Auf die Frage, was im Menschen gut und schlecht zugleich ist, antwortet Anacharsis: die Zunge.

„... Dies ist ein großes Gottesgeschenk – und als solches müssen wir es betrachten, müssen es feierlich, betend und mit einem Gefühl der Dankbarkeit nutzen."

Ksenofont Sosenko. Kulturelle und historische Bedeutung der alten ukrainischen Feiertage Weihnachten und Heiligabend

Kutja aus Weizen

Zutaten:

200 Gramm Weizen
100 Gramm Mohn
200 Gramm Walnußkerne
100 Gramm Rosinen
100 Gramm Honig nach Geschmack
etwas Milch

Zubereitung:

Weizen über Nacht einweichen. Die Weizenkörner kochen, bis sie weich sind. Mohn im Mörser zerstampfen oder in der Kaffeemühle mahlen. Mit dem Weizenbrei vermischen. Walnußkerne hacken, ebenfalls unterrühren. In eine Schüssel geben und nach Geschmack mit Honig süßen, Rosinen zugeben. Einige geben ein wenig Milch hinzu. Wenn Sie möchten, können Sie die Kutja von der Heiligen Nacht bis Epiphania einfrieren.

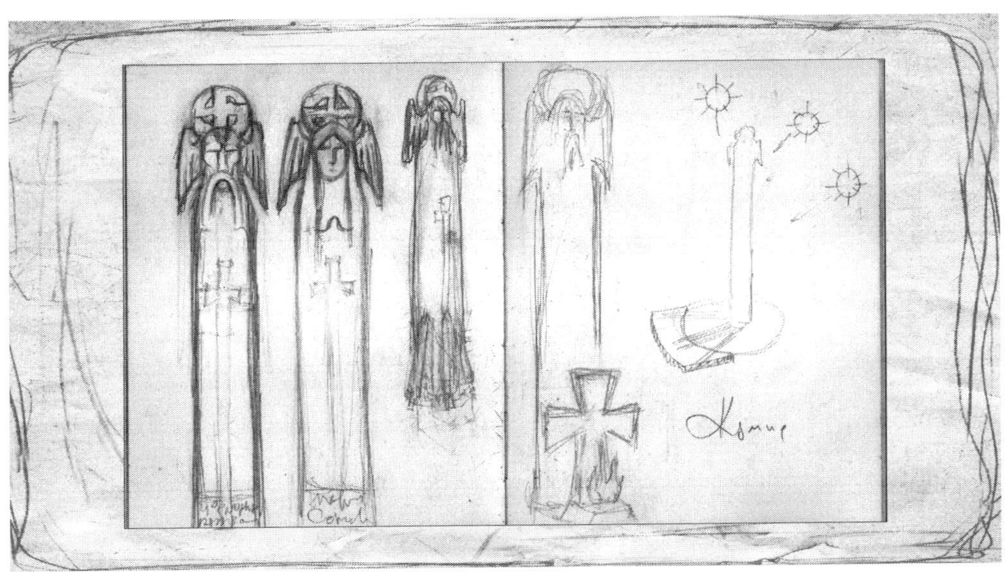

Als leidenschaftlicher Reisender war Skyth von der Idee des Kochbuchs „Kosaken-Küche" ganz begeistert. Er begann zu argumentieren, daß es ein Unrecht wäre, wenn in das Buch nicht auch einige Rezepte der Vorfahren der Kosaken – der arischen Kshatriya (Krieger) – aufgenommen würden, die in der Vedischen Tradition Indiens erhalten geblieben sind. Die Vedische Tradition besagt folgendes: Das Frühstück sollte kräftig sein, noch kräftiger das Mittagessen, und zum Abendessen gibt es leichte Kost. Zu den Feiertagen empfiehlt es sich, ein köstliches Mahl zu bereiten. Zudem: die Vedische Art, ein Festmahl zu bereiten, ist überraschend praktisch. Fast wie in der Kosakenküche, teilt uns Skyth seine Reiseeindrücke mit, können nahrhafte und köstliche Mahlzeiten schnell und einfach zubereitet werden. Jeder, der dem Göttlichen dient, muß schnell und effizient handeln!

Der Koch stirbt nicht Hungers.

Eine Vedische Mahlzeit – ein Fest für den Geist, die Sinne und die Seele!

Kochen - dann spülen und saubermachen!

Wo für zwei gekocht wird, wird ein dritter satt.

Was viel ist, ist nicht gesund.

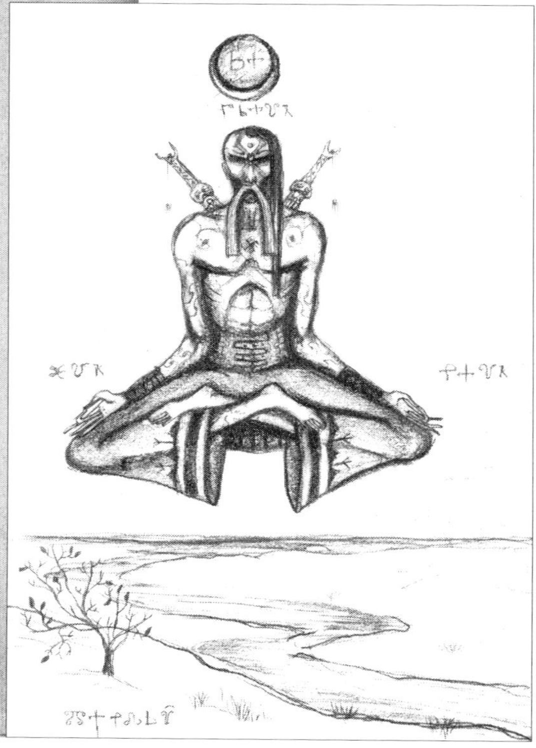

Panir (indischer Weichkäse)

Zutaten:

2 bis 3 Liter Milch (am besten Kuhmilch, da sie als heiliges Tier gilt)
5 Eßlöffel Zitronensaft
300 Milliliter Joghurt oder ½ Liter Sauermilch

Zubereitung:

Panir – für uns eine Art Hüttenkäse - kann man für viele unterschiedliche Gerichte nutzen. Deshalb wollen wir mit ihm beginnen. Kein anderer Frischkäse kommt an einen frisch zubereiteten Panir heran. Gießen Sie die Milch in einen großen Topf, bei mäßiger Hitze zum Kochen bringen. In der Zwischenzeit bereiten Sie die Sauersubstanz aus Zitronensaft und Joghurt oder Sauermilch. Dann legen Sie ein Sieb mit zwei Schichten Gaze aus. Das Sieb kommt auf einen zweiten Topf, damit die Molke abtropfen kann. Wenn die Milch aufsteigt, geben Sie die Sauersubstanz hinzu, beobachten Sie, wie sich der Käse von der Molke trennt, es ist ein Gerinnungsprozeß. Ist es nicht genug, setzen Sie den Topf erneut aufs Feuer und geben noch ein wenig mehr Sauersubstanz hinzu. In keinem Fall darf Panir zu lange auf dem Feuer stehen – denn dann wird er hart und geschmacklos! Dann schöpfen Sie den Käse ab und geben ihn in das mit Gaze ausgelegte Sieb, einschlagen und unter kaltem Wasser abspülen. Nun müssen Sie den Käse pressen. Je länger er gepreßt wird, desto fester wird der Panir. Wollen Sie weichen Panir, können Sie den Käse einfach in Gaze aufhängen, bis alle Molke abgetropft ist. 3 Liter Kuhmilch ergeben gut 400 Gramm Panir.

Phal Halawa

Fruchtbrot von der Reise des Skythen nach Bengalen

Zutaten:

10 Äpfel, geschält und in Scheiben geschnitten
3 Eßlöffel ungesalzene Butter
300 Gramm Zucker
100 Gramm Rosinen
3 Eßlöffel gehackte Mandelkerne
2 Eßlöffel Wasser

Zubereitung:

Erhitzen Sie die Butter in einer Pfanne, braten Sie die Apfelscheiben 5 Minuten unter ständigem Rühren darin an. Wenn sie weich werden und von schöner Färbung sind, geben Sie 2 Eßlöffel Wasser hinzu, Hitze reduzieren und ohne Deckel etwa 15 Minuten köcheln lassen, bis die Äpfel zerkocht sind. Zu Mus verrühren und den Zucker hinzufügen. Unter ständigem Rühren die Flamme wieder hochdrehen und solange kochen, bis die Flüssigkeit verdunstet ist, achten Sie darauf, daß nichts am Boden ansetzt. Wenn die Apfel-Zucker-Mischung an den Pfannenrändern glasig wird und sich nur noch schwer rühren läßt, die Pfanne vom Herd nehmen. Rosinen und Mandeln unterrühren, weitere 2 Minuten köcheln. Dann 2,5 Zentimeter hoch auf ein Backblech streichen, abkühlen lassen und in Rauten schneiden.

Einheimischer Rebellen-Brynsa

Zubereitet aus frischer Ziegenmilch

Zutaten:

6 Liter Ziegenmilch
1 Tasse Salz
1,5 Liter Wasser
1 Gramm mikrobielles Lab oder Gärstoffpulver
1 Eßlöffel Wasser

Zubereitung:

Die Milch auf 37 Grad erwärmen. Lab oder Gärstoffpulver in 1 Eßlöffel Wasser auflösen und in die warme Milch geben, 1 Minute ständig rühren. Vom Herd nehmen und 50 Minuten ziehen lassen, dann in ein Sieb geben. Wenn die Molke abgetropft ist, mit einem Messer einschneiden und wieder im Sieb abtropfen lassen. Dann die Masse in Gaze einschlagen und 5 Stunden pressen. Nun wird der Käse 5 Stunden in 1,5 Liter Salzlake gelegt, möchten Sie einen intensiveren Salzgeschmack, lassen Sie ihn länger in Salz ziehen. Herausnehmen, schon ist der Brynsa verzehrbereit.

Kheer

Milchreispudding

Zutaten:

250 Gramm weißer Reis (kurz- oder langkörnig)
2,5 Liter Milch
½ Teelöffel Kardamon, gemahlen
2 Lorbeerblätter
100 Gramm Zucker
2 Eßlöffel geröstete Mandeln, gehackt

Zubereitung:

Reis waschen und in einem Sieb abtropfen lassen. In einem hohen Topf die Milch kochen. Regulieren Sie die Flamme so, daß die Milch hoch steigt, aber nicht überkocht. Unter ständigem Rühren 15 Minuten kochen. Geben Sie nun den Reis und die Lorbeerblätter hinzu. Umrühren und weitere 20 Minuten kochen. Die Menge hat sich um ein Drittel reduziert. Fügen Sie Zucker, Mandeln und Kardamon hinzu, noch einmal 5 Minuten kochen, dann vom Herd nehmen. Vor dem Servieren abkühlen lassen. Milchreispudding wird kalt gegessen. Also: Zubereitungszeit: 75 Minuten, Kühlzeit: 2 Stunden.

„Kein Vedisches Mahl kommt ohne süßen Reispudding aus", erzählt Skyth von seiner Reise. „In den Tempeln wird oft die ganze Nacht vor dem sonntäglichen Festmahl gekocht. Habe ich selbst gesehen und selbst gekocht."

Heilen aller Krankheiten im Ameisenhaufen

Dies ist eine uralte Behandlungsmethode der Saporoscher Charakterniki. Man sucht einen Ameisenhaufen, zieht sich aus, legt sich für 1 bis 2 Minuten hinein. Dann springt man auf, schreit, brüllt, kreischt – und schüttelt vorsichtig die Ameisen vom Körper ab. Danach hat man kein Verlangen mehr, und die Gesundheit kehrt zurück. Denn die Ameisen beißen nur dort, wo es nötig ist.

Eine Behandlungsmethode mit Bienen

Zwei Bienenstiche pro Tag – und Sie werden nie krank! Ich bin allerdings kein Freund dieser Methode, denn die Bienen sterben daran.

Und zu guter letzt verrät uns Skyth – so wie wir gewünscht und gehofft hatten – sein Rezept des Fastens.

сказавши, Генсій махнув тою рукою. „Треба йому помогти зробити зерновика (якось він мій його називав? ....) Та такий великий глек як у гуцулів, який закотять і запечатять отвір, збіжжя лежить хоч до Страшного суду!"

Отже, гарно зодягнувшись — у атласні шаровари, жупани й киптарики, ми рушили до Явдохової оселі, точніше до її батьківського дому — хати козака Ярожала, що славився поміж козаками не тільки донькою Явдохою, але й своєю пасікою і рецептами різних медовух, що успадкував від своїх запорозьких предків. Ярожало був уже літній козак і більшість часу проводив у курені-шалаші на пасіці. Туди ми й направилися, почепивши на шкіряні череса відполіровані шаблі, узявши до рук як годиться сватам посохи, шапки зі шликами. На шиях окрім хрестів на срібних ланцюгах гойдалися в очікуванні випробування міцною рідиною — чарки-кулявики. Ці чарки відрізнялися від звичайних тим, що їх неможливо поставити на стіл, бо до дна припаяне кільце з ланцюгом. Отже, як налив таку чарку — то вже мусив випити. Підковки на наших чоботях виспівували [illegible]

У зубах стирчала керамічна люлька-носогрійка з тростиною-мундштуком. Диму з тої люльки не було, ми знали, що з носогрійкою Ярожало ніколи не розставався і що дісталася вона йому ще від пра-прадіда, що розводив коней на Запорожжі. У руках Ярожало чомусь тримав маслак — це така зроблена із щелепи якоїсь тварини велика ложка на довгому держаку. Щось на зразок ополонника, тільки козацького. Схожий був пасічник скоріше на якогось вождя папуасів гвінейських із тою кісткою у руці.

„Чолом, батьку!" — привіталися ми.

„Козакам слава!" — відповів старий і відразу ж зметикував, що прийшли свати. Тому напустив на себе серйозність, насупив брови: „Якими дорогами занесло у наші краї?" — спитав. Ну, ми тоді оту усю сватанинську байку й випустили: „Найясніший господарю, полювали ми з нашим стрільцем-молодцем, — тикнули пальцями у козака з лугу, — на куницю-красну дівицю, і зайшли ми аж сюди по слідах. То ж віддай ту куницю-красну дівицю нашому стрільцеві-молодцю!" [illegible]

Fasten

Wenn wir über die Kosaken-Küche sprechen, kommen wir nicht umhin, unsere Aufmerksamkeit auch darauf zu lenken, daß dort, wo sich die Säbel kreuzten, unsere Krieger in der Steppe oft einfach hungrig und schlecht ernährt waren ... Brot, Salz und Wasser – das war oft das Kosakenessen. Wie soll man sich nicht an die Sprichworte erinnern: „Kosaken sind wie kleine Kinder - ist nichts da, sind sie zufrieden, und so viel du gibst, sie essen alles!"

Bei ihren Feldzügen hatten die Kosaken oft nicht genügend Proviant und Wasser, aus diesem Grunde entwickelten sie eine ganze Kultur des Fastens, die ihnen ermöglichte, ihre hohe Kampffähigkeit und physische Ausdauer auch bei Nahrungsmangel zu bewahren. Wenngleich jeder Kosak, jeder Saporoscher wußte, wie man Wild erlegte und Fische fing, welche Wurzeln und Pilze genießbar waren, kam es auch vor, daß man weder Wild jagen noch Fisch fangen konnte. So ist aus dem Russisch-Türkischen Krieg dokumentiert, daß Kosakenspäher sich fünf Tage und Nächte lang durch offenes Gelände hin zum feindlichen Lager bewegten. Und außer einigen Zwiebäcken fand sich nichts Eßbares in ihren Taschen.

Aber sie hatten Kugeln aus sehr hartem Käse bei sich, die sie den ganzen Tag unter der Zunge hatten, um den Hunger zu betäuben.

Das Wichtigste ist, daß man den Körper auf das Fasten vorbereitet. Während des Fastens sind Hitze und Kälte leichter zu ertragen. Zur Unterstützung ihrer Körperkraft sogen die Kosaken spezielle Kräutermischungen durch ihre Kurzpfeifen ein. Und in wirklich schwierigen Situationen während eines Feldzuges kam es vor, daß der Kosak das Blut seines Pferdes, seines engsten Bruders, aus einer Vene abzapfte. Dies taten auch andere Nomadenvölker – für das Pferd ist es wie ein Mückenstich, dem Mann jedoch rettet es das Leben.

Ich liebe es, mit verschiedenen Tees und Kissel zu fasten. Die Kräuter der Steppe kennt jeder Kosak, ein Feuer konnte er sogar in einer Baumhöhlung machen, damit ihn der Feind nicht bemerken und angreifen konnte. Aber es kam auch vor, daß man kein Feuer machen konnte und das Wasser in den Feldflaschen nicht mit besonderen energiegeladenen Kräutern versehen konnte.

Die Phase des Fastens wieder zu beenden, ist genauso wichtig, wie das Fasten zu beginnen. Man muß wissen, mit welchen Nahrungsmitteln man das Fasten beendet. Man sagt, daß nach vierzig Tagen Fasten mit Wasser im Organismus unumkehrbare Prozesse einsetzen, daß heißt, der Körper weigert sich, in die Welt Jaws – also in die materielle Welt des Hier und Jetzt – zurückzukehren. Ich weiß nicht, ob das stimmt, da ich es selbst noch nicht ausprobiert habe. Ich habe schon sieben Tage trocken gehungert, dann begann ich Kissel zu trinken. Von Wichtigkeit in der Fastenzeit ist auch, die Kräfte nicht zu vergeuden und auf den Körper zu hören. Denn er sagt dir, was du brauchst, du mußt nur den Verstand ausschalten.

Ich habe auch davon gehört, daß die Kosaken Kraft aus der Sonnenenergie zogen. Wollen wir es probieren? Dort auf dieser Wiese. Sie hat sich bewährt. Mehr Energie zieht man bei Sonnenaufgang und -untergang – die Hände müssen zur Sonne hin geöffnet sein, man muß sie achtungsvoll ansprechen. Alle diese Praktiken erfordern Frieden mit sich selbst sowie Reinheit des Geistes und des Körpers, auch Denkfähigkeit und Kreativität. Nur dann sind sie effektiv und nützlich.

Also, wenn Sie nach dem Kosakenrezept fasten wollen, sprechen Sie zunächst mit ihrem Arzt und probieren Sie dann folgendes: Zur ersten Reinigung des Körpers kommt es nach anderthalb Tagen, kürzer zu fasten, bringt also nichts. Dann sendet der Körper ein Signal aus – und der Organismus schaltet auf den Verbrauch innerer Ressourcen um. Achten Sie auf das Umfeld. Ruhe, Stille, Einsamkeit sind notwendige Komponenten. Denken Sie an Ewigkeit und Spiritualität. Trinken Sie gutes Quellwasser, trinken Sie soviel Sie mögen, aber in kleinen Schlucken. Spüren Sie nach, wie das Wasser von Ihrem Körper aufgenommen wird. Entspannen Sie sich, lassen Sie sich nicht treiben, schlafen Sie, wenn Sie schlafen wollen.

Es ist schwierig, den ersten und vielleicht auch den zweiten Tag zu überstehen, aber dann läuft das Fasten wie ein Uhrwerk. Es ist hilfreich, alle Lebensmittel aus dem Haus zu verbannen und nicht zuzuschauen, wenn andere essen. Skyth empfiehlt Einsamkeit. Dafür eignet sich ein Burdjuk wie seines am besten.

Um die Fastenphase zu beenden, nutze ich unterschiedliche Gemüse, aber nur sehr, sehr wenig. Kleine Möhrenstückchen, sehr gut kauen, ein Kohlblatt. Dann nach und nach die Nahrungsaufnahme steigern. Zum Verlassen der Fastenphase muß man sich mindestens so viele Tage nehmen, wie man gefastet hat.

Manchmal mache ich während des Fastens Sportübungen. Der Körper zeigt dir, wie intensiv du sie betreiben darfst. Weniger geeignet sind Krafttraining und Ausdauerübungen. Aber ganz leichtes Laufen, Atemübungen, Versenkung (Meditation) sind gerade richtig. Fastend lernt der Mensch seinen Körper besser kennen, spürt dessen Bedürfnisse. Als ob es zwei getrennte Wesen sind, sind in mir das Körperliche und das Seelische, sie lernen, miteinander zu kommunizieren, sich gegenseitig zu verstehen.

Es ist allgemein bekannt, daß das Fasten dem Organismus hilft, sich selbst zu heilen: innere und äußere Verletzungen, selbst Krankheiten. Es ist ein weiser Weg, sich selbst zu erkennen. Viele Bücher wurden darüber geschrieben, aber auch auf sich selbst zu lauschen, lohnt sich, denn unser Körper ist aus sich heraus weise. Und glaubt mir, nach einer solchen Zeit des Fastens sind die Geschmacksnerven hochsensibel und der Körper selbst erzählt, welche Lebensmittel und Gerichte du wählen sollst, um ihn nicht zu schaden.

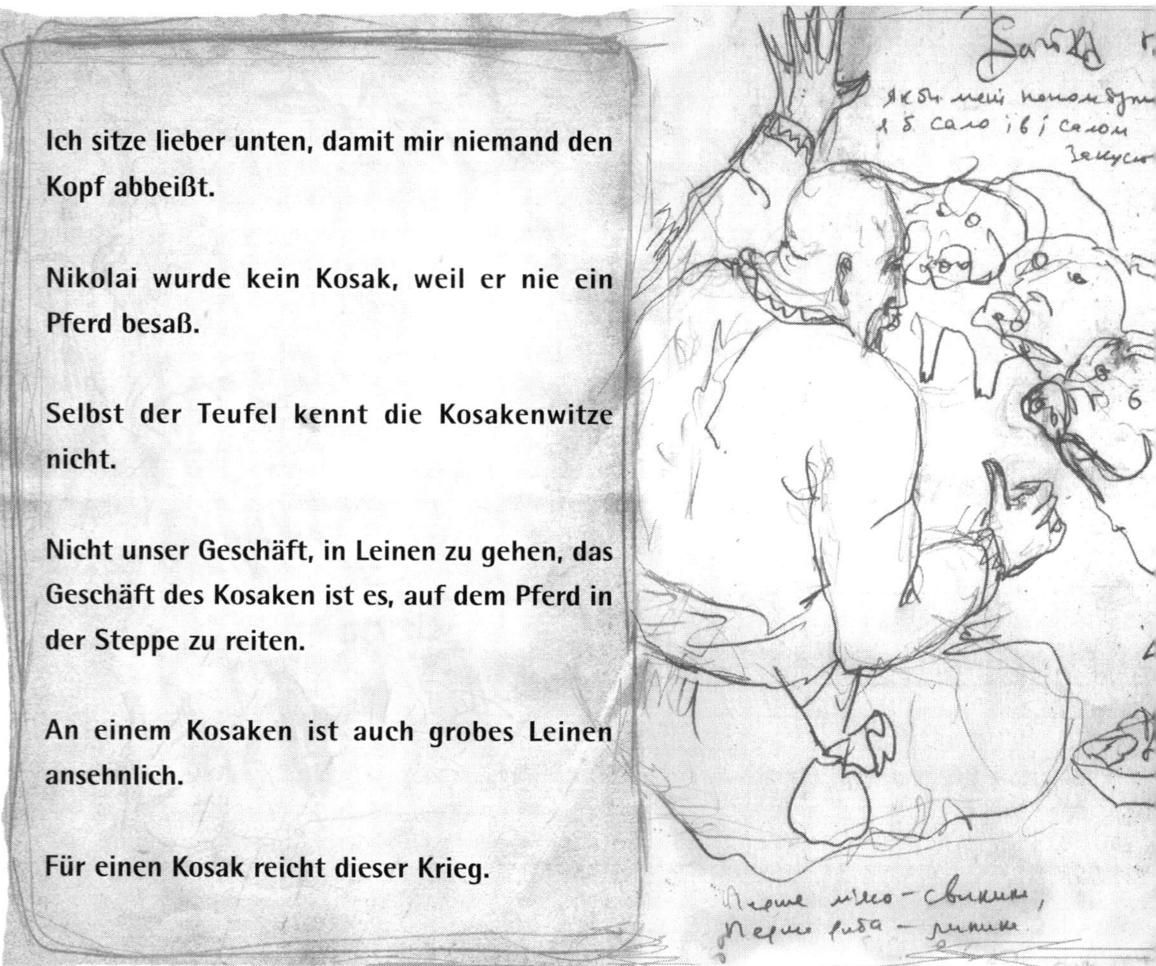

Sorwidach

Urplötzlich endete der Wald. Borowik und ich gingen entlang des von Traktoren aufgebrochenen Steppenrandes. Es ist wahr – eine Kosakenmeile ist lang. Aus der Schlucht klang eine Stimme, mächtig und hallend: „Ehre! Wille! Zum Wohl!" Über drei Dutzend Wiedehopfe schossen neben unseren Füßen hervor, von dem Ruf ebenso aufgeschreckt wie wir selbst.
„Wer könnte das sein?", fragte Boworik rhetorisch, und seine Füße wandten sich von selbst Richtung Echo und Bukrin.

„Die Waffenbrüder feiern. Bei Sorwidach. Wir gehen dorthin. Der Kosak entfernt sich nicht von der Setsch“, führte ich aus.

Der ruhmreiche Kosak Sorwidach ist ein großer Liebhaber von Speck. Er liebte den Speck so sehr, daß er ihn als heiliges Produkt betrachtete. „Speck in Schokolade“ – das war es. Den Speck „zog“ er selber heran – da vertraute er niemandem. Er kannte viele Geheimnisse, wie das Schwein zu ernähren ist, um einen wirklich guten Speck zu erhalten. Den Speck verbrauchte er selbst. Manchmal teilte er ihn mit den Kosakenbrüdern – nein, die Kameraden vergaß er nicht.

Auch wußte er, wie man mageren Speck zubereitete ... Er räucherte ihn über Kirschbaumholz. Hunde, Katzen und Kosaken wollten den Verstand verlieren, wenn der Duft eines solchen Räucherspecks verwehte. So wurden wir magisch – wie von einem Seil – an diesen Ort gezogen.

Die Kosaken hatten sich auf dem Gras des Hofes von Sorwidach verstreut. Ein jeder Gast hielt ein Stierhorn in den Händen – so waren die Regeln bei Sorwidach. Selbst die Trinkhörner hatte er selbst gefertigt. In Kostja Sorwidachs Wirtschaft ging nichts verloren. Bald saßen wir im Kreis der Kosakenbrüder, die die gestrige Brautwerbung feierten. Aber bis wir die Tische aus Sackleinwand erreichten, stolperten wir nicht nur einmal über einige kleine schwarze Tiere. Sie waren überall, wieselten bettelnd um die schlemmende Kosakengruppe.

„Was zum Teufel ist das?", wunderte sich Kornej. Kostja grunzte voller Stolz (sichtbar stolz auf den Nachschub) und fuhr sich mit den fleischigen Fingern durchs Haar.

„Schweine. Vietnamesische Schweine. Das Geheimnis des Perpetuum mobile." Sorwidach klopfte sich auf den nicht gerade kleinen Bauch. „Sie fressen wenig, wachsen schnell und laufen nicht weg. Und geht es ihnen gut, geht es mir gut."

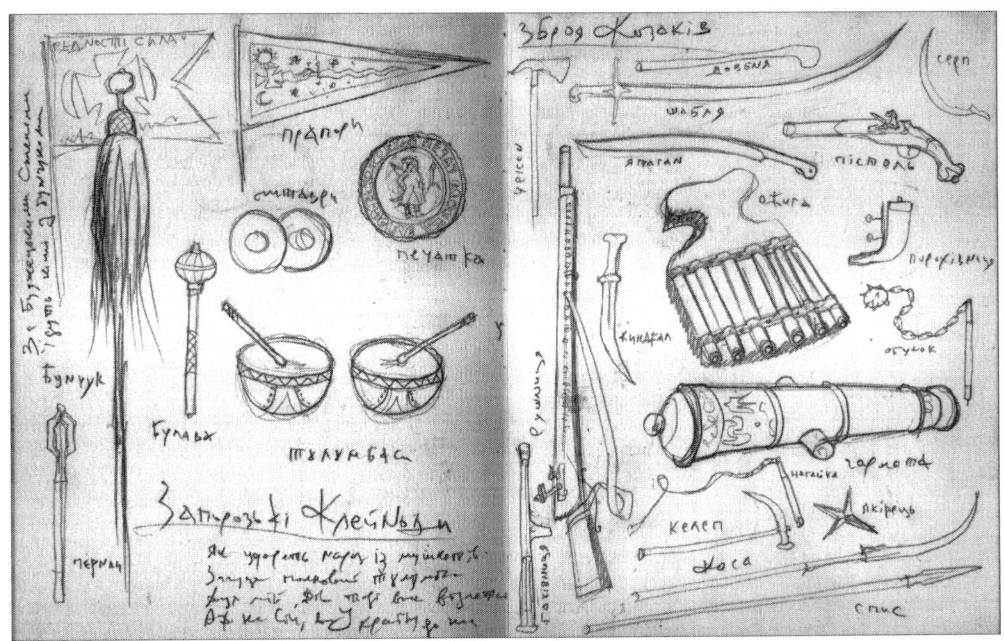

Ein unglückliches Schweinchen quiekte, runzelte die Stirn und stieß Kostja die Schnauze in den Rücken. Sorwidach scheuchte es weg: „Weg mit dir, Pamela! Hab ein Gewissen! Die Jungs reden hier ..." Pamela verschwand, aber an ihrer Stelle erschien Wupi.

„Weise sind sie, verstehen alles!" Sorwidach lobte seine Schweine, verteilte Wurst und Schinken. Ein Stück Speck bestrich er großzügig mit Honig und steckte es sich in den Mund. Ein herrliches Rezept des Großvaters – Speck mit Honig! Als ob es mit dem Gastgeber abgesprochen wäre, ließ sich irgendwo in der Scheune ein Widder hören. Um seine Überlegenheit zu beweisen, schüttelte der Hahn seinen roten Kamm und stolzierte in den Hühnerstall. Browko, der Hund, bellte, eine Birne fiel zu Boden (sie waren schon im Mai reif). Der Tag neigte sich dem Ende, aber die ruhmreiche Versammlung hatte gerade erst begonnen. Auf dem improvisierten Tisch erschienen mehr und mehr Fleischgerichte – Schweinebauch, Speck, Würste und Sülzen.

Fleischrezepte des Kosaken Sorwidach

Sorwidach wird auch „Gnesdjuk" („Nestbauer") oder „Frauenheld" genannt, seine Frau heißt Trinditschicha („Plaudertasche") ...

Das Leben der Kosaken, die in den Simowniks in der Steppe lebten, verlief auf eigene Weise. Ein Simownik ist eine kleine Ansiedlung der Kosaken am Flußufer, auf einer Insel oder in einem Tal. Sie bestand aus einigen Wohnhäusern und Wirtschaftsgebäuden. Im Simownik ließen sich die Kosaken mit ihren Familien nieder, die den Dienst in der Setsch verlassen hatten. Von den Kosaken der Setsch wurden die Simowniki mit den erwähnten Spitznamen (Nestbauer und Frauenheld) belegt.

Die Hauptverantwortung des Gnesdjukow (Nestbauers), der im 16. Jahrhundert aufkam, war, für die Versorgung der Kosaken-Setsch zu sorgen. Sie pflügten den Acker, züchteten Rinder, hatten Bienen und produzierten Honig, legten Obst- und Gemüsegärten an, gingen auf die Jagd, zum Fischfang, gewannen Salz und unterhielten eine Poststation. Wenn erforderlich, ließen die Nestbauer ihre Familie zurück und zogen in den Krieg. Die Nestbauer entwickelten übrigens den Getreidehandel in der als Kornkammer Europas bekannten Ukraine. Getreide ging zum Beispiel nach Danzig. Ein großer Getreideumschlagplatz war Chadschibej, von wo aus Getreide an andere Häfen verschifft wurde.

Die Gans ist nicht die Kameradin des Schweins.

Aus einem Schwein kann kein Mensch werden, aber aus einem Menschen ein Schwein.

Wer als Schwein geboren wurde, lebt als Schwein und stirbt als Schwein.

Wo ein Trog, da sind Schweine.

Geschafft – das Schwein trägt ein Kummet.

Aus einem Schweine-Regiment kommt kein Nutzen.

Läßt man das Schwein an den Tisch, legt es die Beine darauf.

Auch das Schwein weiß, was Pfeffer und was Buchweizen ist.

Wereschtschaka

Zutaten:

500 Gramm Schweinefilet oder Brustbein
100 Gramm altbackenes Schwarzbrot
1 ½ Eßlöffel Schmalz
2 Zwiebeln
2 Tassen Rote-Bete-Kwas
schwarzer Pfeffer und Piment
Salz
Petersilie

Zubereitung:

Das Fleisch in große (10 Zentimeter) Stücke schneiden und in einer gut erhitzten Pfanne in zerlassenem Schmalz braten, bis sich eine goldbraune Kruste bildet. Dann Rote-Bete-Kwas, Pfeffer, Piment, Salz, gehackte Zwiebel hinzugeben und köcheln lassen, bis alles halb gar ist. Dann das geriebene altbackene Brot hinzugeben und alles weich kochen. Mit gehackter Petersilie bestreuen und direkt servieren.

Frikadellen nach Art der „Nestbauer"

Zutaten:

½ Kilogramm Rindfleisch ohne Knochen
½ Tasse Wasser
1 Zwiebel
Weizenmehl
½ Tasse Hühnerbrühe
Salz nach Geschmack
Pfeffer
Zwiebel- oder Pilzsauce

Zubereitung:

Rindfleisch grob durch den Fleischwolf drehen, Wasser, gehackte Zwiebel, Salz und Pfeffer untermengen. Aus der Masse Frikadellen formen, in Mehl wenden, anbraten, in einen Topf setzen, geben Sie ein wenig Zwiebel- oder Pilzsauce (Rezepte siehe S. 222 und 79) darüber und füllen Sie mit ein wenig Hühnerbouillon auf. Dann eine halbe Stunde im Ofen garen.

Hören Sie, junge Frau! Ich werde Ihnen erzählen, was mir einmal passierte, aber wohlgemerkt – unterbrechen Sie mich nicht, schimpfen Sie mich keinen Lügner, und erzählen Sie es nicht weiter. Es geschah, als mein Vater bereits gestorben war, und ich mit meinem Großvater auf dem Ofen lebte. Wir haben sogar gut gelebt. Im Kamin säten wir Getreide, und wir hatten milchgebende Hennen und sieben ergraute Hähne.

Oleksa Woropai, Die Bräuche unseres Volkes

Poltawsker Fleischküchlein

Zutaten:

1 Kilogramm Rindfleisch
50 Gramm weißer Speck
2 Eßlöffel Paniermehl
2 Knoblauchzehen
2 Eßlöffel Schmalz
1 Kilogramm Kartoffeln
Salz und Pfeffer
Wasser

Zubereitung:

Das Fleisch von Sehnen befreien, abspülen und (unbedingt!) zweimal durch den Fleischwolf drehen. Dann den klein geschnittenen Speck, Knoblauch, Pfeffer und Salz dazugeben. Gut vermengen, ein wenig Wasser für die Konsistenz der Fleischmasse hinzugeben, ovale Fleischküchlein formen, in Paniermehl wenden und in Fett oder Butter braten. Dazu reichen Sie Bratkartoffeln: Kartoffeln in Schale kochen, in Scheiben schneiden und braten. Zum Dessert gibt es eine Anekdote.

Zwiebelsauce

Zutaten:

10 mittelgroße Zwiebeln
4 bis 5 Stück Würfelzucker
1 Tasse Essig
2 Eßlöffel ungesalzene Butter
2 Eßlöffel Mehl
Salz nach Geschmack
Wasser

Zubereitung:

Zwiebeln schälen, in Ringe schneiden, 10 Minuten in kochendem Salzwasser garen, die Butter hinzufügen, mit Mehl und leicht geröstetem Zucker bestäuben. Lassen Sie alles bei niedriger Temperatur und mit geschlossenem Deckel köcheln. Streichen sie die Zwiebeln durch ein Sieb, geben Sie Essig und Salz dazu. Dann weitere 5 Minuten köcheln lassen.

Unsere Vorfahren betrachteten das Schwein als heiliges Tier, das dem Sonnenkreis entstammt. Daher wird das Schwein nur von einem Menschen mit einem besonderen Beruf geschlachtet – der Koli, der das Schwein tötete, ohne ihm Schmerzen oder Leid zuzufügen. Schweine wurden häufig für Koljada geschlachtet.

Pilzsauce

Zutaten:

100 Gramm getrocknete Pilze
Wasser
2 Zwiebeln
2 bis 3 Eßlöffel Mehl
1 Eßlöffel Öl
Pfeffer und Salz nach Geschmack
Smetana zum Verfeinern

Zubereitung:

Die getrockneten Pilze waschen, mit kaltem Wasser bedecken und 5 bis 8 Stunden einweichen lassen. Dann durch Gaze abgießen und das Wasser auffangen, das Pilzwasser wird so von Sand gereinigt. Die Pilze abspülen und bei schwacher Hitze im Pilzwasser weich kochen. Mit heißem Wasser abspülen und fein hacken. Die Zwiebeln in kleine Stücke schneiden und in Öl anbraten bis sie eine goldbraune Farbe haben. Verrühren Sie das Mehl mit etwas Öl. Dann mit Pilzwasser verdünnen, unter Rühren aufkochen, den Schaum entfernen. Nun kommen die Pilze und die Zwiebeln in die Sauce, salzen, pfeffern und weitere 10 Minuten kochen lassen. Die Sauce läßt sich mit cremiger Smetana verfeinern, in diesem Falle nehmen Sie weniger Pilzwasser.

Es scheint, das ist alles. Warte einen Augenblick, haben wir nichts vergessen. Fisch, Fleisch, Lamm, Schwein, Wurst, Kirschwasser, Pflaumenschnaps genannt Slivovica, Met, ungarischer Wein - alles, alles. Alles ist da, zu essen und zu trinken. Wären nur die Gäste da. Was zögern sie so lange?

Taras Schewtschenko, Nasar Stodolja

Von Kohl wird der Kopf leer.

Brot und Kohl – und der Magen ist nicht leer.

Gott behüte, daß man um Kohl bitten muß.

Jeder Kohl hat einen Kopf.

Kohl im Garten, und Sie sind schon versessen auf Kohlrouladen.

Vertrauen Sie nicht der Ziege im Kohl.

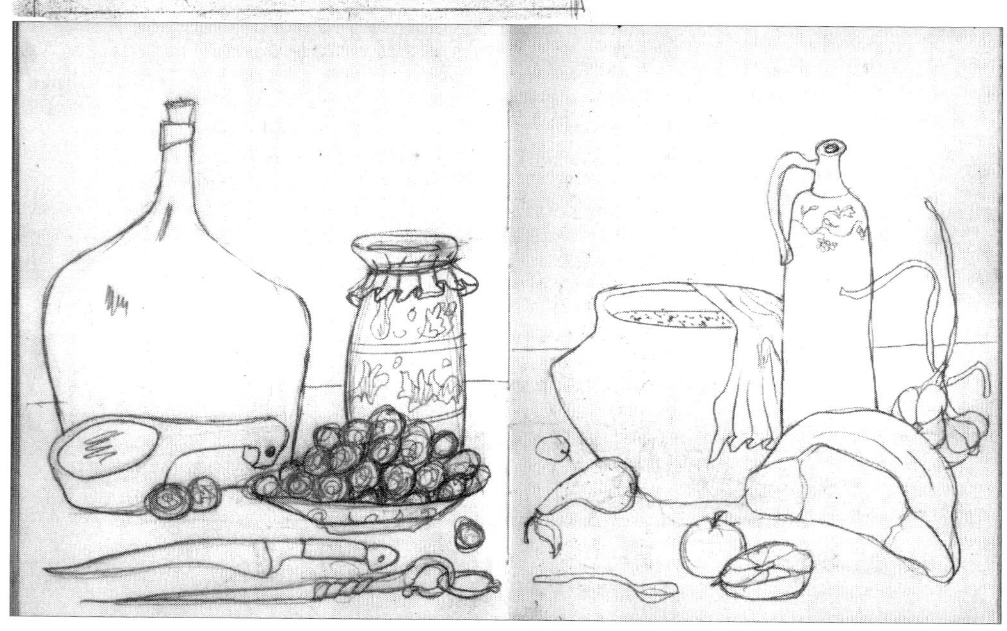

Braten mit Sauerkraut

Zutaten:

1 Kilogramm Fleisch vom Kalb oder Schwein
80 Gramm weißer Speck
3 Eßlöffel Schmalz
2 Zwiebeln
2 Karotten
1 Petersilienwurzel
1,5 Kilogramm Sauerkraut
1 Eßlöffel Mehl
2 Tassen Fleischbrühe oder Wasser
Salz, Pfeffer, Lorbeerblätter nach Geschmack

Zubereitung:

Das Fleisch mit einem Teil des weißen Specks spicken, in einen Topf legen, dann in der Hälfte des Schweineschmalzes goldbraun anbraten, fügen Sie nun die fein gehackten und gebratenen Zwiebeln, Karotten und Petersilienwurzel hinzu, gießen Sie Brühe oder Wasser auf und kochen den Eintopf bis alles gar ist. Fleisch herausnehmen, in kleine Stücke schneiden. Mehl braun anrösten, dann mit etwas Bratensaft verrühren, nun heiße Fleischbrühe oder Wasser unter Rühren angießen und zum Kochen bringen. Dann durch ein Sieb streichen. Das ausgedrückte Sauerkraut im Topf in Schmalz dünsten, gebratene Zwiebeln, Pfeffer, Lorbeerblätter und einen Teil der vorbereiteten Bratensauce hinzugeben. Nun den Boden eines Bräters mit dem restlichen Speck auslegen, dann im Wechsel Sauerkraut und Fleisch schichten, die restliche Sauce darüber gießen und 15 bis 20 Minuten im Ofen garen.

Rindfleisch in Smetanasauce

Zutaten:

1 Kilogramm Rindfleisch
1 Zwiebel
1 Möhre
1 Petersilienwurzel
1 Pastinake
2 Tassen Smetana
2,5 Eßlöffel ungesalzene Butter
ein bißchen Fleischbrühe oder Wasser
Lorbeerblatt, Petersilie, Salz, Pfeffer

Zubereitung:

Das Fleisch in große Stücke schneiden, anbraten, dann zusammen mit der gehackten Möhre, Pastinake, Petersilienwurzel und der Zwiebel sowie Pfeffer, Salz, Lorbeer unter Zugabe von ein wenig Fleischbrühe oder Wasser schmoren, bis alles halbweich ist. Das Fleisch alle 15 Minuten wenden. Dann Smetana zugießen und alles köcheln lassen, bis alles weich ist. Fleisch herausnehmen, die Sauce durch ein Sieb streichen, zum Kochen bringen und mit Butter anmachen. Fleisch wieder hineingeben. Dann mit fein gehackter Petersilie bestreuen, dazu passen Bratkartoffeln.

Rindfleisch mit Pflaumen

Pflaumen unterstreichen den einzigartigen Geschmack des geschmorten Fleisches ...

Zutaten:

500 Gramm Rindfleisch
150 Gramm Pflaumen
3 Eßlöffel zerlassene Butter
2 Zwiebeln
2 Karotten
2 Eßlöffel Tomatensauce
1 Scheibe geröstetes Weißbrot
Fleischbrühe oder Wasser
frisch gemahlener schwarzer Pfeffer
Salz, Petersilie

Zubereitung:

Das Fleisch waschen, mit einem Küchentuch trocken tupfen und in kleine Würfel schneiden. Die Zwiebeln schälen und in kleine Stücke schneiden. Karotten in Scheiben schneiden. In einer großen Pfanne 2 Eßlöffel Butter zerlassen, das Fleisch darin bei starker Hitze goldbraun anbraten. Das Fleisch herausnehmen und auf einen Teller legen. Nun in der Pfanne die restliche Butter erhitzen, Zwiebeln und Karotten hinzugeben, andünsten. Geben Sie die Tomatensauce hinzu und ein bißchen geröstetes Weißbrot. Geben Sie das Fleisch zum Gemüse. Gießen Sie 3/4 Tassen Wasser oder Fleischbrühe an, salzen, pfeffern. Schließen Sie den Deckel und lassen Sie das Fleisch bei schwacher Hitze 1 Stunde köcheln. Stellen Sie sicher, daß die Flüssigkeit nicht verkocht. Die Pflaumen gut waschen, entsteinen, halbieren, zum Fleisch hinzugeben und weitere 30 Minuten köcheln. Das Gericht mit frischer Petersilie garnieren. Reichen Sie gekochte oder gebratene Kartoffeln dazu.

Wäre ich ein Poltawer Sotskim,
Würde viel getan:
Die Ufer wären aus Speck,
Und im Fluß würden Knödel kochen.

Die Erde wäre aus leckerer Kascha.
Es gäbe köstliche Innereien,
An den Weiden würden Würste wachsen
Und die Blätter der Bäume wären Blini.

Das ganze Schwarze Meer wäre Bier.
Im Dnjepr würde Kirschwasser fließen.
Der Wein des Dnjestr würde unsere Gläser füllen,
Und aus den Teichen holten wir Gorilka.

Aus den Brunnen käme ein guter Kwas,
Ein solcher, daß es einem die Nase dreht.
Ein solcher, daß ein Mann mit einem Kater
Trinken könnte, soviel er wollte.

Die Alten und die Frauen
Würden hier wieder junge Mädchen sein –
Mit rosigen frischen Gesichtern
Leuchtend wie blühender Mohn.

Und die Menschen wären gesund,
sängen Lieder, alle schön, wie ausgewählt.
Freundlich, nett, mit schwarzer Braue,
Und jeder, der wollte,
könnte leben, mit wem er wollte.

Ich würde die ganze Armee abschaffen,
Und alle Hetmane und Könige.
Und Kriege würde es nie geben.
Es gäbe nur Musik und Gesang.

Wäre ich ein Poltawer Sotskim,
viel wäre getan.
Jetzt aber, Jungs, auf Wiedersehen,
muß mich ausruhen nach meinem Lied.

In der Steppe ist auch der Käfer Fleisch.

Billiges Fleisch gibt schlechte Suppe.

Das Fleisch nicht weich gekocht, der Fisch verkocht.

Auch in einen vollen Mund paßt noch ein Stück Fleisch.

Das beste Fleisch – Schweinefleisch, der beste Fisch – Schleie.

Der Meerrettich sagt: „Ich schmecke gut mit Fleisch." Das Fleisch sagt: „Ich schmecke auch ohne Meerrettich gut."

Bislang gab es noch kein Fleisch ohne Knochen.

Wer Fleisch ißt, soll auch Knochen nagen.

Teufelsfeder bringt das Fleisch.

Sülze

Zutaten:

1 Schweinefuß • 2 Rinderschäfte (Unterschenkel des Rindes)
1 Hahn (kein Suppenhuhn) • 2 Möhren • 2 Zwiebeln • Wasser
3 Kilogramm Fleisch (Schwein oder Rind)
3 Lorbeerblätter • 7 bis 8 große Pimentkörner
10 bis 12 schwarze Pfefferkörner • Salz

Zubereitung:

Für 8 Liter Sülze brauchen Sie 1 Schweinefuß, 2 Rinderschäfte und 1 alten Hahn (kein Suppenhuhn). Am Abend zuvor hacken Sie nach Sonnenuntergang die Rinderschäfte und weichen sie über Nacht in Wasser ein. Vor Sonnenaufgang nehmen Sie sie wieder heraus, mit einem Messer Sehnen, Fett, Haut entfernen, dann zusammen mit dem Schweinefuß in einen Topf legen. Wasser zugeben, nur für wenige Minuten aufkochen, dann erneut Wasser zugeben. Das Fleisch waschen – nehmen Sie, so viel Sie wollen, mindestens aber 3 Kilogramm Schweine- oder Rinderfleisch –, dann 3 Stunden in Wasser auf kleiner Flamme kochen. Nun geben Sie die Möhren und Zwiebeln dazu, ungeschält, aber gut gesäubert. Nach 2 Stunden das Gemüse herausnehmen. Jetzt den Hahn in Stücke teilen, in den Topf geben und zusammen mit dem Fleisch weitere 4 Stunden kochen, wobei sich nur leichte Blasen bilden dürfen. 1 Stunde vor Ende der Kochzeit 7 bis 8 große Pimentkörner und 10 bis 12 schwarze Pfefferkörner sowie 3 Lorbeerblätter hinzugeben. Das Ganze muß kochen, bis sich das Fleisch vollständig von den Knochen gelöst hat. Dann die Knochen, die Rinderschäfte, den Schweinefuß herausnehmen, den Sud salzen, die obere Fettschicht 1 Zentimeter dick abschöpfen. Die Flüssigkeit abseihen, in ein sauberes Gefäß gießen und an einen kühlen Ort stellen. Die Sülze wird hell und klar. Vor dem Verzehr der Sülze wird Männern wie Frauen empfohlen, 120 Gramm Wodka zu trinken. Sülze paßt nicht zu Wein oder Sekt. Man kann Sülze auch mit Schweinskopf und Gelatine herstellen, aber das ist ein anderes Rezept.

Kohlrouladen mit Fleisch und Hirse

Zutaten:

1 Kilogramm Rindfleisch
1 200 Gramm Kohl
4 Eßlöffel krümelige Hirsekascha
2 Zwiebeln
3 Eßlöffel Butter
Pfefferkörner
Salz

Für die Sauce:

½ Tasse Smetana
3 Tassen Fleischbrühe
1 Eßlöffel Mehl
1 Eßlöffel Butter

Zubereitung:

Vom Kohl die dicken Strünke abschneiden, dann die Kohlblätter in Salzwasser kochen. In ein Sieb geben und gut abtropfen lassen. Das Fleisch durch den Fleischwolf drehen, die lockere Hirsekascha und die gebratenen Zwiebeln hinzugeben, salzen, pfeffern, gut vermengen und durchkneten. Die Kohlblätter auslegen. Die Füllung auf die Kohlblätter geben und zu länglichen Rouladen wickeln. Sauce: Mehl in ein wenig Butter anrösten, das Mehl darf nicht braun werden, die mit heißer Fleischbrühe verdünnte Smetana zugießen, bei schwacher Hitze köcheln, durch ein Sieb streichen, noch einmal aufkochen lassen und mit der restlichen Butter anmachen. Die gefüllten Kohlwickel in einen Topf legen, mit der Smetana-Sauce übergießen und im Ofen eine halbe Stunde garen.

Баран
Півень

Willst du kein Kosak sein, geh als Tschumak.

Irgendwo haben Tschumaken übernachtet (wenn man über ein sehr salziges Gericht spricht).

Gebe Gott, daß uns Essen und Trinken auch morgen gefällt.

Wir geben, was in der Tonschüssel ist, Hauptsache es ist gebratenes Hühnchen.

Platzt der Darm, ist Essen verschwendet.

Bei solchem Essen liegt man auf der Bank.

Fastengerichte bleiben nicht solange im Magen wie Fleisch.

Wie die Gewürze, so das Essen.

Damit die Seele satt ist und der Körper nicht nackt.

Wenn man hungrig ist, soll man essen, wenn man gegessen hat, schlafen.

Auf einem satten Rumpf sitzt ein rechter Kopf.

Das Elend lehrt, Piroggen mit Speck zu essen.

Der Satte hatte die Prasserei im Kopf, der Fastende ein Abendessen.

Der Satte versteht den Hungrigen nicht.

Wenn man auf den Ziegenbock hört, wird man selbst zum Schaf.

Er ist so, daß er selbst vom Ziegenbock Milch bekommt.

Vertrau dem Wolf nicht die Ziege an und der Ziege nicht den Kohl,

Wo die Ziege Hörner hat, stapelt sich das Heu.

Wohin die Ziege geht, da wächst Getreide.

Und unserer Ziege wächst ein Schwanz.

Wenn der Wolf und die Ziege ihre Kräfte messen, bleibt nur Fell.

Von einem Ziegenbock bekommst du keine Wolle, keine Milch.

Sie aßen alles auf, wie leergefegt.

Geschmortes Schweinefleisch mit Kohl und Kartoffeln

Zutaten:

500 Gramm Schweinefleisch
1,5 Kilogramm frischer Weißkohl
2 Eßlöffel Schmalz
350 Gramm Kartoffeln
2 Zwiebeln
1/2 Teelöffel Kreuzkümmel
1/2 Tasse Fleischbrühe
Salz
1 Eßlöffel fein gehackte Petersilie

Zubereitung:

Das Schweinefleisch in 1,5 bis 2 Zentimeter große Stücke schneiden, salzen, in die Pfanne geben und mit Schmalz und Zwiebeln anbraten. Nach dem Anbraten in einen Topf geben, geschnittenen Weißkohl, Fleischbrühe, Kümmel und Salz hinzugeben. 25 Minuten kochen lassen, nun die geschälten, gewürfelten und angebratenen Kartoffeln dazugeben, alles fertig garen. Das Gericht mit Petersilie bestreuen und servieren.

Gebratenes nach Tschumazker Art

Lunge, Herz, Leber in feine Streifen schneiden und leicht anbraten. In einer anderen Pfanne eine klein geschnittene Zwiebel goldbraun anbraten, alles unterrühren, salzen, Wasser zugießen, pfeffern und schmoren lassen. Paßt sehr gut zu Hirse- oder Weizenkascha.

Chljaki

Das Gericht wird aus einem Teil des Rindermagens hergestellt – Chljaki bedeutet tatsächlich großer Teil des Magens eines Wiederkäuers. Die Innereien sorgfältig waschen, säubern und in kleine Stücke schneiden. Dann lange Zeit mit Gewürzen kochen, abgießen und mit gerösteter Hirse oder Mehl anmachen. Die Chljaki gut pfeffern, viel Knoblauch zugeben. Heiß servieren.

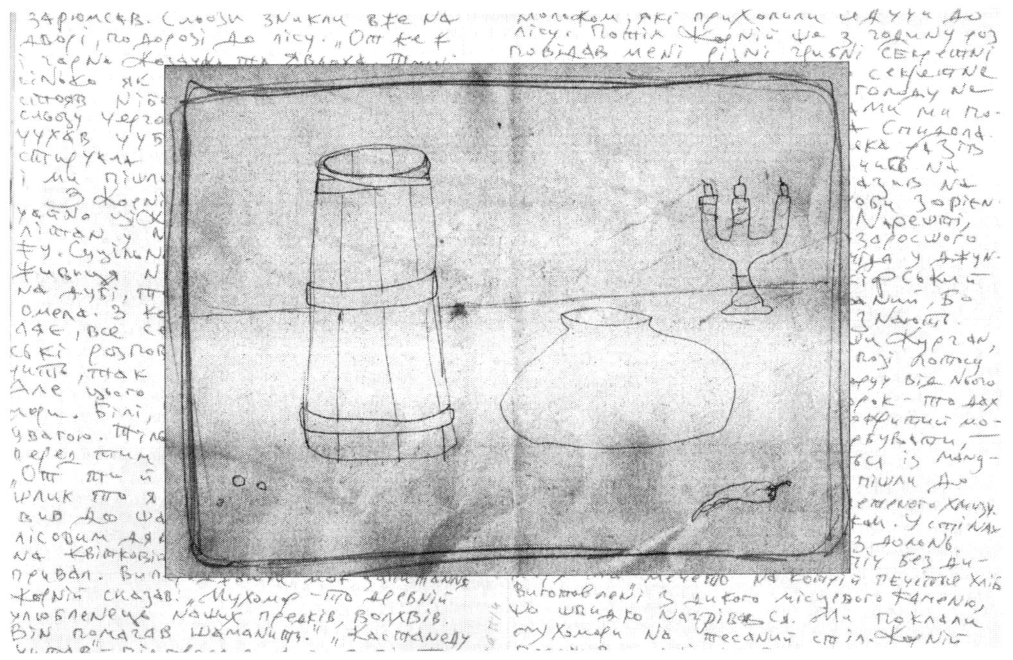

Schweinebrust mit Reis

Zutaten:

600 Gramm Schweinebrust
Wasser
1 Tasse Reis
2 Zwiebeln
2 Karotten
Salz, Pfeffer
Öl
Petersilie

Für die Sauce

1 Eßlöffel Mehl
1 Eßlöffel Butter
2 Pfefferschoten
2 Eßlöffel ungesalzene Butter
½ Tasse Fleischbrühe

Zubereitung:

Die Schweinebrust in große Stücke teilen und in eine Kasserolle mit kochendem Wasser geben. Salzen. Die Zwiebeln, Petersilie, Karotten, Pfeffer dazugeben, kochen bis alles weich ist, herausnehmen, Brühe abseihen. Den Reis spülen, abtropfen lassen und 15 bis 20 Minuten in gesalzenem Wasser kochen, dann in ein Sieb geben, abtropfen lassen. In der Kasserolle mehrere Lagen Reis und Fleisch schichten, mit Reis abschließen. Brühe und Öl darüber gießen und 30 Minuten im Ofen garen.

Für die Sauce nehmen Sie 1 Eßlöffel Mehl, 1 Eßlöffel Butter, 2 Pfefferschoten und ½ Tasse Fleischbrühe. Rösten Sie das Mehl in der Butter leicht an, dann mit Fleischbrühe aufgießen, gut rühren, 50 bis 60 Minuten kochen. Dann die Sauce durch ein Sieb geben, erneut zum Kochen bringen, mit Butter und Salz anmachen.

Gebratenes nach Kanewsker Art

Zutaten:

500 Gramm Brust vom Schwein
3 Eßlöffel Schmalz
1 Kilogramm Kartoffeln
2 Möhren
2 Zwiebeln
3 Eßlöffel Tomatenpüree
50 Gramm getrocknete Pilze
Knoblauch, Salz, Pfeffer und Lorbeerblatt

Zubereitung:

Kartoffeln und Möhren in große Würfel schneiden, braten und mit gehackten Zwiebeln und Gewürzen mischen. Schweinefleisch braten, Gemüse dazu geben, mischen, nun das Tomatenpüree hinzufügen. Gehackte Pilze in Wasser kochen, die Pilzbrühe mit Pilzen zugießen, köcheln lassen bis alles weich ist. Mit zerdrücktem Knoblauch bestreut am Tisch servieren.

Buschenina – Kalter Schweinebraten

Zutaten:

1,5 Kilogramm Nackenfleisch mit Fettrand
5 bis 8 Knoblauchzehen
Salz, Pfeffer, Lorbeerblatt
Wasser
Kräuter (Dill, Petersilie, nach Geschmack)

Zubereitung:

Nehmen Sie ein Stück Nackenfleisch mit Fettrand, reiben Sie es mit Salz und Pfeffer ein, bespicken Sie es mit Knoblauch. Setzen Sie das Fleisch in eine Auflaufform, gießen Sie ein wenig Wasser zu und legen Sie Lorbeerblätter oben drauf, mit Folie abdecken. Im Ofen für eine halbe Stunde bei 200 Grad backen. Dann lassen Sie den Braten auskühlen, in Scheiben schneiden, mit frischen Kräutern garnieren und servieren.

Sawiwanets Poltawski (Fleischrolle Poltawsker Art)

Zutaten:

300 Gramm Rinderfilet oder Rinderlende
80 Gramm fetter Speck
Salz, Pfeffer,
Knoblauch
Schmalz

Für das Omelett:

2 Eier
40 Milliliter Milch
20 Gramm Speck

Zubereitung:

Das Filet von der Haut säubern, weich klopfen, dann mit zerdrücktem Knoblauch, Salz und Pfeffer einreiben, einrollen. Nun wird die Rolle mit einer Schicht Speck umwickelt. Alles mit einem Faden zusammenbinden. In Schmalz anbraten. Für das Omelett verquirlen Sie Eier, Milch und Salz. Den Speck in kleine Würfel schneiden, anbraten, die Ei-Milchmischung darüber geben, 5 bis 7 Minuten braten. Die Filetrolle in das Omelett einrollen, im Ofen kurz backen.

Kalbsbrust mit Champignons oder Morcheln

Zutaten:

1 Kilogramm Kalbfleisch (Bruststück)
Wasser
1 Möhre
2 Petersilienwurzeln
2 Zwiebeln
Salz,
Petersilie

Für die Sauce:

½ Tasse Fleischbrühe
1 Eßlöffel Weizenmehl
200 Gramm frische Champignons oder Morcheln
3 Eßlöffel Butter
¾ Tasse Smetana

Zubereitung:

Das Fleisch waschen und in eine Kasserolle legen. Wasser zugießen, salzen, 40 Minuten kochen, dann ¼ Zwiebel, Petersilienwurzeln und Möhre dazu geben, kochen, bis alles gar ist. Nun das Fleisch herausnehmen, in Scheiben schneiden. Für die Sauce den Rest der Zwiebeln fein würfeln, anbraten, die gewaschenen, geputzten und klein geschnittenen Pilze dazu geben, weitere 10 Minuten braten. In einer Pfanne das Mehl anrösten, Fleischbrühe zugießen und gut verrühren, durch ein Sieb abseihen, erneut erhitzen, mit Smetana verfeinern. Einen Teil der Sauce mischen Sie mit den gebratenen Zwiebeln und Pilzen, köcheln lassen. Nun lassen Sie die restliche Sauce aufkochen, salzen und mit Butter anmachen. Die Kalbsbrust mit Sauce, den Pilzen und gekochtem Reis servieren. Mit viel frisch gehackter Petersilie bestreuen.

Schpundra

wie es die Großeltern gegessen haben!

Zutaten:

500 Gramm Schweinebrust

1,5 Eßlöffel ausgelassener Schweinespeck

700 Gramm Rote Bete

3 Zwiebeln

1 Tasse Rote-Bete-Kwas

1 Eßlöffel Mehl

Zubereitung:

Das Fleisch in nicht zu große Stücke schneiden, in Mehl wenden und im ausgelassenen Schweinespeck mit den klein geschnittenen Zwiebeln anbraten. In eine Kasserolle geben, dann die fein gehackte Rote Bete dazu geben, gut untermischen. Den Rote-Bete-Kwas zugießen und dämpfen, bis das Gemüse und das Fleisch weich sind.

Gedämpftes Huhn mit Galuschki

Zutaten:

1 mittelgroßes Huhn
Wasser
3 Eßlöffel Butter zum Anbraten
Galuschki:
400 Gramm Mehl
1 Eßlöffel Butter
1 Ei
1 Tasse Wasser

Zubereitung:

Das ausgenommene Huhn in Wasser halbgar kochen, herausnehmen, dann in 4 Stücke teilen und in drei Eßlöffel Butter weiter schmoren, beiseite stellen. Für die Galuschki aus der Butter, dem Mehl, dem Ei und Wasser einen Teig kneten, Galuschki formen und diese in der Hühnerbouillon garen. Nun das Huhn in einen Bräter geben, die Galuschki daneben setzen, den Bräter gut verschließen und im Ofen eine halbe Stunde fertig garen.

Gebratenes Kaninchen

Zutaten:

1 Kaninchen (1 bis 1,5 Kilogramm)
500 Gramm Tomaten (püriert)
1 Möhre
1 Zwiebel
1 Sellleriewurzel
1 Eßlöffel Öl
0,5 Liter Wein (Kahor oder Madeira)
Lorbeerblätter
Salz, Pfeffer nach Geschmack

Zubereitung:

Das Kaninchen pfeffern, salzen. Das Gemüse fein hacken und in Öl anbraten. Darauf das Kaninchen setzen, mit Wein aufgießen, dann das Tomatenpüree darüber geben. 1 Stunde dämpfen. 5 Minuten vor Ende der Garzeit Lorbeerblätter dazugeben. Dazu passen Weiße Bohnen.

зажурився. Сльози зникли вже на дворі, по дорозі до лісу. „От же ж і гарна козачка та Явдоха. Точнісінько як моя Галя" — трохи постояв він, вирішуючи чи пустити сльозу чергову чи ні. Мабуть — ні. Почухав чуба, в якому перманентно стирчала солома, махнув рукою і ми пішли ярами в бік Дніпра.

З Корнієм ходити лісом надзвичайно цікаво. Як у музей Метрополітен у Нью-Йорку чи у Лувр у Парижу. Суцільна екскурсія. То якась живиця на старій сосні, то чага на дубі, то чарівна „друїдська" омела. З кожною квіточкою розмовляє, все секрети якісь мені знахарські розповідав. А як гриби побачить, так здавалося знов заплаче. Але цього разу зрізав лише мухомори. Білі, підберезовики інші — поза увагою. Тільки мухомори. Та кожен перед тим як зрізати підхвалював. „От ти й красень!", „От диви — а шлик то який „червоний" собі справив до шапки". І все лісу й духам лісовим дякував і дякував. Нарешті на квітковій галявині ми зробили привал. Випереджаючи моє запитання Корній сказав: „Мухомор — то древній улюбленець наших предків, волхвів. Він помагав шаманити." „Кастанеду читав" — підтвердив я й собі. „То я усе Спидолі назбирав. Він у нас любить пошаманити." Поснідали ми явдохиним хлібом з медом і молоком, які прихопили з хати до лісу. Потім Корній ще з годину розповідав мені різні грибні секретні рецепти. Все у нього було секретне. „Як ліс знаєш — ніколи з голоду не помреш" — із цими словами ми почвалали далі до бурдюга Спидола. Йшли кілька годин. Кілька разів Корній як боровик, не дивлячись на свій поважний вік вилазив на високу сосну чи граба щоби зорієнтуватися із напрямком. Нарешті, ми підійшли до пагорбу, зарослого лісом як майянська піраміда у джунглях Юкатану. „Це скіфський курган. Ще не пограбований, бо про нього археологи не знають. Ми прийшли." Обійшовши курган, я побачив що у повітрі, у позі лотосу завис голий козак. Ліворуч від нього виднівся невеличкий бугорок — то дах землянки-бурдюга, увесь покритий мохом. „Не будем його турбувати, — сказав Корній, — повернеться із мандрів, сам підійде." Й ми пішли до бурдюга. Чотири стіни з плетеного хмизу. Обмазане усе глиною з кізяком. У стінах отвори-віконця діаметром з долоню. Всередині стояла кабиця — піч без димаря та „мечеть" на котрій печеться хліб виготовлені з дикого місцевого каменю, що швидко нагрівається. Ми поклали мухомори на тесаний стіл. Корній пояснив мені, що Спидола — його учень був ще у 90-ті. Дуже здібний. Тепер сам вдосконалюється, займається внутрішніми практиками, медита-

Jeder ißt gern fremde Wurst.

Hätte die Wurst Flügel! Sie wäre der beste Vogel.

Wurst ist Ruhm und Kohl ein Gericht.

Es bleibt sich gleich, von welcher Seite du die Wurst anschneidest.

In alten Zeiten flogen Würste und Kohlrouladen durch die Welt.

Eine kurze Predigt, eine lange Wurst.

Wurst und Schnaps sind so kurz wie der Streit.

Schöne Ostern, denn es gibt Wurst.

Der beste Fisch ist die Wurst.

Ich habe eine feste Wurst, ein gebratenes Hähnchen und eine Flasche zapikanoy (Kirschlikör) ... I. Kotljarewski, Soldaten-Zauberer

Oi, Veles, lieber Veles,
Gib mir Hirse fürs Breichen
und Fleisch für die Würstchen

Volkstümliche Beschwörung

Die alte Trinditschicha (Plaudertasche) sagte zu meinem Jungen (wenn sie nichts zu sagen hat und das Schweigen schwer fällt ...) „Sieh doch! Einer steht 'rum, und der zweite bestaunt ihn."

Eines Tages schlachtete der Hausherr ein Wildschwein, da kam ein Roma auf seinen Hof: „Speck, Speck, gebt mir Speck." Und der Hausherr gab ihm Speck. „Nun gebt mir auch Fleisch!" „Gut", sagte der Hausherr „Aber bezeichnet mit einem Begriff Fleisch und Fett." Der Roma zögerte, zögerte und sagte dann: „Fleischfett." Der Hausherr lachte und gab ihm Fleisch.

„Was führen Sie mit sich, Kosak?"
Der Kosak stand auf seinem Wagen und flüstert dem Reisenden in das Ohr
„Hafer ..."
„Warum so geheimnisvoll?"
„Damit es das Pferd nicht hört."

Hausschlachtene Wurst von Trinditschicha

Zutaten:

1 Kilogramm Schweinefleisch
400 Gramm schierer Speck
8 Knoblauchzehen
8 schwarze Pfefferkörner
Darm
2 bis 3 Teelöffel Salz
Zwiebeln
Öl zum Braten

Zubereitung:

Hausschlachtene Wurst ist wohl die am häufigsten aus Schweinefleisch hergestellte Wurst. Und sie ist ganz einfach zuzubereiten. Das Fleisch und die Hälfte des Specks in kleine Stücke schneiden, den übrigen Speck durch den Fleischwolf drehen, beiseite stellen. Nun zum Fleisch den fein gehackten oder zerdrückten Knoblauch geben, reichlich salzen und Pfefferkörner hinzugeben. Alles sehr gut vermischen. Den Darm auf den Fleischwolf schieben, ein Darmende mit einem Faden abbinden. Nun die Fleischmasse durch den Fleischwolf in den Darm drücken. Die Würste in gewünschter Länge jeweils abbinden, dann für 5 bis 6 Stunden an einen kühlen Ort hängen. Die Würste zusammen mit dem durchgedrehten Speck und den Zwiebeln auf beiden Seiten in Öl braten, vor dem Braten den Darm an mehreren Stellen mit einer Nadel einstechen, damit er nicht platzt. Sie können die Wurst auch sieden. Für längere Lagerung das Fett in eine Keramikschüssel geben und die Würste hineinlegen.

In der Ukraine wurde Wurst in der Regel aus Schweinefleisch zubereitet. Und Wurst wurde stets auf Vorrat zubereitet. Die Wurstringe wurden in Schmalz in einer Pfanne bei hoher Hitze auf beiden Seiten gebraten. Die gebratenen Würste wurden in einen Keramiktopf gelegt, mit Schmalz übergossen und an einen kühlen Ort gestellt. In der Regel machte man Wurst vor Weihnachten und vor Ostern. Mit Würsten wurde Suppe gekocht und Kohl gedämpft. Neben Schweinefleisch gehört unbedingt schierer Speck in die Wurst. Manche gaben auch Innereien dazu. Dem Darm muß man besondere Aufmerksamkeit schenken.

Wie wird also mit dem Darm verfahren? Der Darm wird gut gesäubert, alle Fettreste werden entfernt, er wird mehrmals gewaschen. Dann den Darm in Stücke schneiden, erneut mehrere Male waschen. Nun den Darm in heißes (nicht kochendes) Wasser geben, und mit Salz einreiben. Das Wasser mehrere Male wechseln. Der so vorbereitete Darm kommt nun einen Tag in kaltes Wasser. Wird der Darm nicht sofort benutzt, müssen Sie ihn mit Salz in ein Holz- oder Glasbehältnis geben, das gut schließt. Vor dem Füllen noch einmal gut in warmem Wasser waschen. Vor allem müssen Sie prüfen, ob der Darm keine kleinen Löcher hat. Dazu binden Sie ein Ende des Darms mit einem Faden ab und lassen vom anderen Ende her Wasser in den Darm laufen, tritt nirgendwo Wasser aus, ist der Darm in Ordnung. Die Füllung muß gründlich durchgeknetet werden, denn davon hängt der Geschmack der Wurst ab. Sie können den Darm auch mit der Hand oder mit Hilfe eines Trichters füllen.

Krowjanka (Blutwurst aus Buchweizenkascha)

Zutaten:

1 Liter Blut vom Schwein oder Rind
3 Därme
2 Tassen Buchweizenkascha
nicht ganz 1 Tasse Milch
gemahlener schwarzer Pfeffer
Salz nach Geschmack
ein wenig Schweinefett

Zubereitung:

Buchweizenkascha in Schweinefett andünsten, sie darf nicht zu heiß werden, dann das Schweineblut durch ein Sieb zugießen, nun die Milch zugeben und mit Salz und Pfeffer würzen, gut unterrühren. Masse in den Darm füllen, je nach gewünschter Länge mit einem Faden abbinden, auf dem Herd in einer Pfanne oder im Ofen braten.

Ungeachtet des religiösen Verbots, das Blut von geschlachteten Tieren zu verwenden, waren mit Blut zubereitete Gerichte seit alten Zeiten auf dem Land sehr beliebt.

Вепр
Тур

Tscherkasser Würste

Zutaten:

1 Kilogramm Rindfleisch
3 mittelgroße Zwiebeln
3 Eßlöffel Schmalz oder Öl
1 Glas Tomatensauce
1 Glas Smetana
Salz und Pfeffer nach Geschmack
Wasser

Zubereitung:

Das Rindfleisch zweimal grob durch den Fleischwolf drehen, salzen, pfeffern, gebratene Zwiebeln untermischen, ein wenig Wasser zugießen und sehr gut kneten. Dann etwa 15 Zentimeter lange Würste formen, in Schmalz oder Öl in der Pfanne braten, mit Tomatensauce und Smetana übergießen, zum Kochen bringen. Dazu passen Bratkartoffeln.

Fleischrolle

Zutaten:

1 Kilogramm Rindfleisch
1 Knolle Knoblauch
200 Gramm weißer Speck
2 bis 3 Zwiebeln
2 Eßlöffel Fett
Salz und Pfeffer
Fleischbrühe

Zubereitung:

Dünne Scheiben Rindfleisch mit viel zerdrücktem Knoblauch einreiben, auf jede Scheibe Speck und gebratene Zwiebelringe verteilen. Salzen, pfeffern, dann einrollen und mit einem Faden zusammenbinden. Die Fleischrollen mit den restlichen Zwiebeln in 2 Eßlöffel Fett braten, Fleischbrühe zugießen und garen lassen. Mit gestampften Kartoffeln und dem Bratensaft servieren.

Gefülltes Ferkel

Zutaten:

1 Ferkel
2 Tassen Buchweizenkascha
4 hartgekochte Eier
Frühlingszwiebeln
½ Tasse Sahne
Salz, Pfeffer

Zubereitung:

Das Ferkel 2 Stunden in Wasser einweichen. Buchweizenkascha, gehackte Eier, fein geschnittene Frühlingszwiebeln und Sahne gut verrühren. Salzen, pfeffern. Dann den Bauch des Ferkels aufschneiden, die Füllung hineingeben, wieder zunähen. Im Ofen backen, bis es gar ist.

Hausschlachtene geräucherte Wurst

Die Wurst wie oben beschrieben zubereiten. Die Würste dann im Schornstein ihres Ofens räuchern, der abziehende Rauch räuchert die Würste. Allerdings ist diese Räuchermethode nicht wirklich bequem. Deshalb gibt es in der Ukraine am Schornstein besondere Räucherkammern. Diese Kammern sind mit dem Schornstein durch dünne Kanäle verbunden. Über den unteren Kanal kommt der Rauch in die Kammer, über den oberen Kanal zieht er wieder ab. Der Rauch zieht nur in die Kammer, wenn das Ventil zwischen den Kanälen und dem Schornstein geöffnet ist.

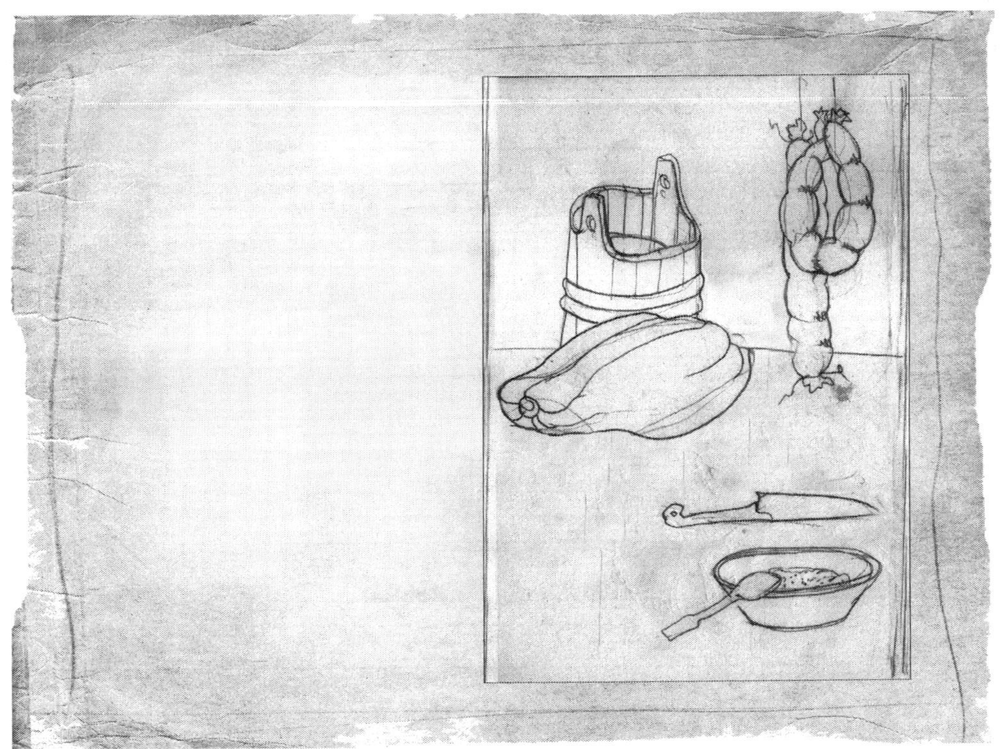

Ente mit Äpfeln

Zutaten:

1 Ente (ausgenommen rund 2 Kilogramm schwer)
Salz
frisch gemahlener Pfeffer
4 bis 5 süßsaure Äpfel
8 mittelgroße Kartoffeln
Honig und Sojasauce

Zubereitung:

Die Ente gut waschen und trocken tupfen. Mit Salz und Pfeffer innen und außen gut einreiben. Kerngehäuse der Äpfel ausstechen, und die Äpfel in Spalten schneiden. Nun geben Sie die Äpfel in die Ente, zunähen oder mit Zahnstochern verklammern. Beine und Flügel werden eng an den Entenkörper gebunden (das sieht schön aus und sie bekommen beim Braten im Ofen mehr Saft). Legen Sie die Ente in einen Bräter, geben Sie diesen in einen gut vorgeheizten Backofen und backen Sie die Ente dort 15 Minuten. Dann Temperatur reduzieren, geben Sie die in Scheiben geschnittenen Kartoffeln hinzu und backen alles ca. 70 bis 80 Minuten. Alle 15 Minuten die Ente mit Bratenfett übergießen. Die Ente ist gar, wenn zwischen Bein und Körper klarer Saft austritt. Nun öffnen Sie die Ente, nehmen die Äpfel heraus und vermischen sie mit den Kartoffeln. Wollen Sie, daß die Ente eine leuchtend rotbraune Farbe erhält, bestreichen Sie sie 20 Minuten vor Ende der Bratzeit mit einer Mischung aus flüssigem Honig und Sojasauce (zu gleichen Anteilen mischen).

Galuschki aus Kalbfleisch

Zutaten:

1 Kilogramm Kalbfleisch,
100 Gramm Butter
2 hart gekochte Eier
1 Tasse gemahlenes trockenes Weißbrot, Semmelbrösel
Petersilie
Salz

Zubereitung:

Drehen Sie das Kalbfleisch durch den Fleischwolf, die Butter zerlassen und mit den fein gehackten Eiern vermischen, fügen Sie die Semmelbrösel, Petersilie und Salz hinzu, alles gut unterrühren. Nun die Mischung zum durchgedrehten Fleisch geben und vermengen. Formen sie runde Galuschki daraus, garen Sie diese in kochendem Salzwasser.

„Ente ist vielleicht jetzt sehr teuer?"
Aber das muß Sie nicht kümmern, fangen Sie an, eine bernsteinfarbene Suppe aus Wildente zuzubereiten.
Das Erste und Wichtigste – die Ente muß gerupft werden. Dazu gehen Sie am besten in das Kabinett im Haus. Damit die gerupften Federn Sie nicht stören, öffnen Sie Türen und Fenster, so daß es Durchzug gibt: der Wind nimmt die Feder mit und Sie haben keine Plage.
Ist die Ente gerupft, dann ist es schon die Sache der Mutter, der Frau oder der Schwester.
„Schon gerupft! Mutter, koch Suppe!"
Sehr lecker, wenn die Suppe von der Mutter kommt.
Wenn die Frau oder die Mutter sie belehren: „Das ist ein Huhn, keine Ente!", erklären Sie Kraft ihrer Autorität: „Das ist eine Ente. Heute sehen alle Enten so aus. Das ist Jarowisierung."
„Und warum ist die Gurgel durchschnitten?"
„Warum? Warum? Alles, was du wissen mußt, ist das: Sie flog, sah, daß ich zielte, da gab es keinen Ausweg, und sie hat sich selbst geschnitten. Was also ist daran überraschend? Ich bitte Sie, nun kochen Sie die Suppe."
Nach dem Essen legen Sie sich auf das Sofa und lesen Iwan Turgenjews „Aufzeichnungen eines Jägers".

Ostap Wischnja, Jägerlächeln

Der Herr Beamte ißt keine Gänse, aber er trägt die Feder am Hut.

Dem Herrn der Ruhm, und dem Pfaffen ein Stück Speck.

Lauf Huhn, der Pfaffe kommt.

Der Pfaffe liest das Evangelium und schielt auf den Teller.

Wenn der Pope fastet, hat er das Huhn zwischen den Zähnen.

Nimm es, Schreiber, solange es heiß ist.

Widerwillig aß der Pope das Ferkel.

Ente in Lehm gebacken

Zutaten:

1 Ente im Federkleid (2 Kilogramm schwer)
Lehm
Salz

Zubereitung:

Nehmen Sie die nicht gerupfte Ente aus, gut waschen und reiben Sie reichlich Salz auf die Oberseite der Federn. Dann hüllen Sie das Federvieh in eine dichte Hülle aus Lehm und legen es zwischen die heißen Steine des Feuers. Wenden Sie die Tonform ein- bis zweimal während des Backens. Nach zwei Stunden müssen Sie die Tonform aufschlagen. Die Federn bleiben am Ton. Das Fleisch ist sehr saftig und zart. Auf diese Weise können Sie auch anderes Geflügel zubereiten.

Hase mit Knoblauch-Sauce

Zutaten:

1 Hase
1 Hasenleber
weißer Speck
2 Zwiebeln
Knoblauch nach Geschmack
schwarzer Pfeffer, Salz
Majoran
Muskatnuß
Rotwein
Essig
Schweineschmalz

Zubereitung:

Weißen Speck, Zwiebel, Knoblauch und Hasenleber fein hacken und in einen Tonbräter legen. Geben Sie Essig, Salz, Pfeffer, Muskatnuß, Majoran hinzu. Auf kleiner Flamme mindestens zwei Stunden köcheln lassen, achten Sie darauf, daß nichts ansetzt. Wenn nötig, geben Sie ein wenig Essig oder Rotwein dazu, so daß die Sauce flüssig bleibt. Der Hase braucht rund eine Stunde zum Garen, nach der Hälfte der Garzeit der Sauce legen Sie den Hasen in einen Bräter mit viel Schmalz, bedecken Sie den Topf mit Pergamentpapier und braten Sie den Hasen an, dann Hitze etwas reduzieren. Wenn das Fleisch gar ist, geben Sie die Sauce in einen tiefen Teller, setzen den Hasen darauf, sofort servieren.

Wildschweinbraten

Zutaten:

1 Kilogramm Fleisch vom Wildschwein mit Fett
50 Gramm weißer Speck
Majoran
35 Gramm Schmalz
20 Gramm Tomatenmark
1 Glas Rotwein
Salz, Pfeffer,
1 Kräutersträußchen
2 Zwiebeln
2 Lorbeerblätter
12 schwarze Pfefferkörner
½ Tasse Essig
2 Tassen Wasser

Zubereitung:

In gesalzenem Wasser kochen Sie die in grobe Stücke gehackten Zwiebeln, das Kräutersträußchen, die Lorbeerblätter und Pfefferkörner. Wenn die Zwiebelstücke weich sind, den Essig und das Tomatenmark hinzu geben und die Marinade abkühlen lassen. Vom Wildschweinbraten schneiden Sie überschüssige Haut ab. Legen Sie das Fleisch in die Marinade, 2 Tage ziehen lassen, ab und an das Fleisch wenden. Dann nehmen Sie das Fleisch aus der Marinade, mit Speck spicken und mit Majoran würzen. Schmalz erhitzen, das Fleisch von allen Seiten gleichmäßig anbraten, dann in einen Bräter zum Garen geben. 2 Tassen Wasser und 1 Glas Rotwein zugeben, zum Kochen bringen und bei schwacher Hitze 2,5 Stunden köcheln lassen.

ось тобі, вражий

тут кордони наші
ляха й москаля немає
2012

Rezepte des Priesters Tschortochwost

Am Freitag nach dem Feiertag fahren wir zur Setsch. Zur Hochzeit des Kosaken von der Wiese und Jawdocha. Garbe mit Bart, aber der Kosak mit junger Frau.

Dieses Mal fährt die ganze Familie - ich, meine Frau und die beiden Jungs. Wir alle mit Hüten (außer die Frau, natürlich). Sie zog ihren neuen Pelzmantel an, Schnee hatten wir allerdings nicht. Doch, Gott sei Dank, es ist ein moderner Pelzmantel – künstlicher Pelz, Silber –, wie ihn heute die ganze Welt

Geht der Kosak aus dem Haus kämpft er nicht gegen Wolken, nicht gegen Donner.

Der Kosak ist wie die Taube, er kommt und geht.

Ist der Kosak auf dem Feld, dann weil er es will.

Der Kosak – wahrhaftige Seele –, ein Hemd hat er nicht, wenn er nicht trinkt, feiert er.

Der Kosak ging weder für noch gegen etwas unter.

Der ist kein Kosak, der nicht daran denkt, Ataman zu sein.

Das Pferd und die Nacht sind die Freunde des Kosaken

trägt. Das jedenfalls hat uns Gevatterin Tamara aus New York erläutert. Nun, wir freuen uns für die Frau, und unsere Wolfspelzhüte müssen wir nun auch nicht mehr verstecken. Obwohl sie uns weiter „Mäntelzerschneider" nennt ... Soll sie uns nennen, wie sie will, wenn sie nur nicht mit uns schimpft und uns hungern läßt. Oder auf Diät setzt ...

Die Jungs setzten sich ihre Hüte keck auf: Der ältere Sohn zog ihn über das rechte Ohr, so daß das linke frei war. Der Jüngere zog ihn über die Augen hielt sich für den Guljaipolsker Batka Machno! (Machno kam aus dem kleinen Dorf Guljaipole im Rayon Saporosche.)

На Нашій – Новій Січ

Alle versammeln sich in der Setsch. Die ganzen Kosakenfamilien. Aus verschiedenen Städten und Siedlungen. Aus Wohnungen und Häusern. Alle finden am Steilufer des Dnjepr Platz. Jeder lebt sein Leben, wie er will. Aber wir alle sind für die Kosakenukraine! Gegen Vetternwirtschaft und gegen Sklaverei. Kurzum, eine Ukraine ohne diebische Oligarchen.

Ich habe ein gedrucktes Exemplar meines kulinarischen Meisterwerkes bei mir, denn ich muß mich mit den Jungs beraten. Und hier ist schon die Mariä-Schutz-und-Fürbitte-Kirche, wo die Hochzeit stattfindet. Die Glocken läuten. Der Kosak von der Wiese ist orthodox, Jawdocha hängt dem traditionellen Volksglauben an, aber bei dieser Gelegenheit streitet man nicht. So lassen sie sich in der Kirche trauen und feiern auch eine rituelle Hochzeit. Die Kinder und die Kosaken freuen sich, haben sie doch doppelt Freude!

Wir kommen am Vorabend zum Priester von Gruschowka, der den alten Saporoscher Namen Tschortochwist trägt (weshalb sich seine Kollegen über ihn lustig machen). Mich brachte er in Verlegenheit: „Wie kann es sein, Herr Ataman, daß Sie in Ihrem Buch weder Kulinarisches der Tataren, noch der Russen noch der Juden aufgenommen haben. Aber es braucht doch einiger Rezepte – der Ordnung wegen. Weil es unsere Nachbarn sind."

Der Priester schürzte den Priesterrock hoch, fuhr mit der Hand in die tiefe Tasche seiner Pluderhose. Suchte lange. Etwas in der Tasche schepperte, etwas raschelte, sogar Musik (der Marsch von Adamzewitsch) begann zu spielen ... Schließlich zog er aus seiner scheinbar bodenlosen Tasche eine fettige Papierrolle.

„Das ist für Sie, ein Manuskript unserer Gemeinde als Geschenk. Aber erzählen sie den anderen Popen nicht davon, vor allem denen in Kiew ... Meine Frau Paraskewa hat es im Archiv ausgegraben ..."

Podrawka mit Steinpilzen

Wird am Sonntag zubereitet, wenn die Kosaken in die Kirche gehen. Das Gericht muß bei schwacher Hitze nicht weniger als vier Stunden köcheln.

Zutaten:

1 Kilogramm Bohnen oder größere Bohnen
200 Gramm getrocknete Steinpilze
500 Gramm Schweinefleisch
4 große Zwiebeln
4 große Karotten
8 Hühnereier
Salz und Pfeffer nach Geschmack
½ Tasse Sonnenblumenöl
Wasser

Zubereitung:

Machen Sie ein mittleres Feuer an. Wählen Sie einen Kessel mit möglichst dicken Wänden. Gießen Sie das ganze Öl hinein. Wenn es kocht geben Sie die in Viertel geschnittenen Zwiebeln dazu. Die Zwiebeln sollten solch eine rote Farbe annehmen wie eine „krasnaja dewiza" (schöne junge Frau), dann geben Sie nach und nach die in längliche Streifen geschnittenen Karotten in den Topf. Im Gegensatz zu den Zwiebeln sollten die Karotten eine weniger „kommunistische" Farbe bekommen, das heißt rosa werden. Nun nehmen Sie die Karotten und Zwiebeln aus dem Kessel und geben sie auf einen gesonderten Teller, beiseite stellen.

Schneiden Sie das Fleisch in ziemlich große Stücke, geben Sie diese in das heiße Öl und braten sie goldbraun an. Nicht salzen, denn Salz entzieht dem Fleisch den Saft, und es wird schnell trocken. Sie können jede beliebige Sorte Schweinefleisch nehmen. Für Podrawka läßt sich übrigens auch gut sehniges Fleisch mit Knorpeln verarbeiten. Ich rate davon ab, fettes Fleisch zu nehmen, aber Schinken, Schweinehals und vor allem Schweinefilet passen sehr gut. Zum bereits gegarten Fleisch geben Sie die Zwiebeln und Karotten, erst jetzt salzen und pfeffern Sie nach Geschmack.

Ohne Zeit zu verschwenden (bald beginnt der Gottesdienst), geben Sie alle Bohnen und die ganzen Pilze in den Topf, und bedecken alles mit Wasser.

(Einige Kosaken aus bestimmten Gebieten der Polessje wie zum Beispiel Itzchak Otreschucho glauben, daß man für Podrawka unbedingt koscheres Fleisch nehmen muß, aber jeder weiß, daß man dies dann nicht Podrawka sondern Tscholent nennt, und man bereitet das Gericht nicht am Sonntag, sondern am Abend vor dem Schabbat zu, und es dauert nicht vier, sondern insgesamt acht oder zehn Stunden! Und das Wichtigste ist, daß man für die Itzchaker Podrawka kein Schweinefleisch nimmt. Aber dies ist eine besondere Polessjer Diskussion.)

Nun kommt das Wichtigste – sobald es im Kessel zu kochen beginnt, setzen Sie die Eier hinein, zerstreuen Sie das Holz ein wenig, so daß es wirklich ein „langsames Feuer" ist, schließen Sie den Deckel des Topfes und lassen Sie das ganze vier Stunden köcheln. Es ist wichtig, daß das Feuer wirklich klein ist, da die Podrawka sonst anbrennt.

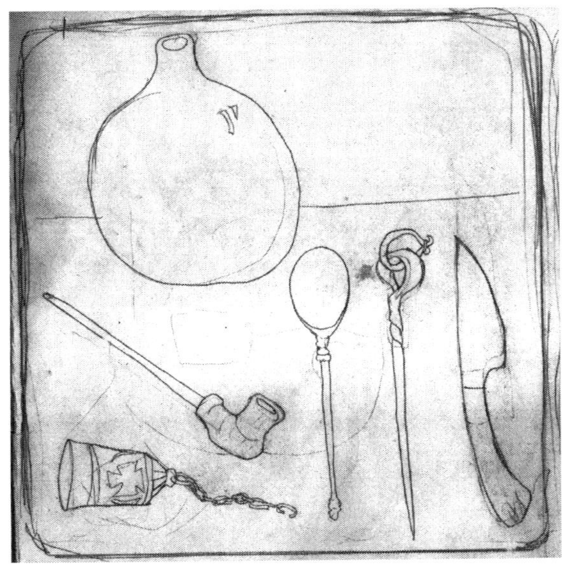

Wenn Sie alles richtig gemacht haben, können Sie nun ganz ruhig in die Kirche gehen, und wenn Sie zurückkehren, ist das Essen fertig. Laden Sie die ganze Kosakenfamilie zum Kessel ein, füllen Sie die Gläser – guten Appetit.

Fisch aus der Balkan-Setsch

Dieses Gericht wird zubereitet, wenn die Unsrigen nichts aus dem Fluß gezogen haben und auf dem Markt, wie es der Teufel will, nur salziger, wenig aromatischer Meeresfisch verkauft wird.

Zutaten:

2 Kilogramm Meeresfisch (ein beliebiger).

Es paßt wirklich jeder Fisch, aber am besten ist, eine Dorade zu nehmen. Zunächst einmal hört sich allein der Name des Fisches nach etwas Freudigem an. Und dann, in der Balkan-Setsch, wo man dieses Gericht kocht, sind Doraden ähnlich weit verbreitet, wie bei uns der Karpfen.

Zudem:

3 Zwiebeln

1 Kilogramm Kartoffeln (vorzugsweise alte)

500 Gramm Butter

½ Tasse Öl (vorzugsweise Olivenöl)

Salz und Pfeffer nach Geschmack

Zubereitung:

Machen Sie ein großes Lagerfeuer, und wählen Sie eine große und tiefe Pfanne. Das Feuer sollte wirklich stattlich sein, aber die Pfanne kommt auf ein kleineres Feuer daneben, damit das große Feuer gleichsam von oben auf das Gericht herabschaut. Deshalb bereiten die Balkankosaken diesen Fisch beinahe schon in der Nacht.

Reinigen Sie den Fisch von Schuppen und nehmen Sie ihn aus. Für 2 Kilogramm müssen Sie zwei bis drei Doraden kaufen. Sie müssen frei in der Pfanne liegen können, wählen Sie deshalb eine Pfanne, die groß genug ist. In die geschuppten und gewaschenen Fische machen sie drei Schnitte bis fast auf die Rückengräten. Danach kräftig von innen und außen salzen, pfeffern. Die Fische auf ein Rost legen.

Die Hälfte des Öls in einer Pfanne erhitzen, den Fisch dazugeben, auf einem kleinen Feuer braten. Gleichzeitig bürsten Sie die Kartoffeln, nicht schälen. Die Kartoffeln in einem Topf auf hoher Flamme zum Kochen bringen.
Sobald der Fisch auf jeder Seite gut angebraten ist, nehmen Sie den Kartoffeltopf vom Feuer und gießen das Wasser ab. Jetzt müssen Sie die angegarten Kartoffeln in Würfel schneiden. Die Kartoffelwürfel legen sie rings um die Fische und auch darauf. Geben Sie nun den Rest des Öls über das Gericht und verteilen Sie dann großzügig das Pfund Butter darüber. Aber natürlich, versicherte mir der Kosak Chrwoje, ist die Butter ein Zugeständnis an den Belgrader Kosaken Radko, mit dem sie in Wukowar gekämpft haben. Aber zugleich kennt dieses Rezept am besten der alte slowenische Koch Tomi, der ein Gasthaus unweit des Städtchens Piran führt, und der tat immer sehr viel Butter an die Dorade.
Die Kartoffeln sollten in Butter baden und köcheln, wie der Sünder im Teer. Wenn Sie sehen, daß die Kartoffeln eine rote Färbung angenommen haben, geben Sie die geschnittenen Zwiebelringe quer über die ganze Pfanne. In einigen Minuten wird jede sonnenverbrannt sein wie die Mädchen am Mittelmeer, und die Zwiebeln haben keine Zeit zu verbrennen.
Nun laden Sie ihre Brüder ein, öffnen eine Flasche gekühlten Weißwein und beginnen mit dem Essen. Der Fisch sollte so gegart sein, daß Sie die Gräten leicht entfernen können, an den Kerbungen und entlang der Mitte. Aber das Köstlichste an diesem Gericht ist nicht der Fisch – sondern die Kartoffeln. Einige pflichtbewußte Ukrainer, die die Köstlichkeit bereits probiert haben, sind bereit den Topf und die Pfanne auf Hochglanz zu scheuern. Aber das darf man nicht zulassen, denn ein glänzend gescheuerter Topf kann jedes Kosakengericht ruinieren. Das sagen diejenigen, die es wissen.

Tatarische und jüdische Küche

„Ihre Kosakenküche wird unvollständig sein", führt Tschortochwist predigend aus, „wenn Sie nicht an die Gerichte der Nachbarn, die um uns herum lebten und leben, denken. Natürlich bereiten sie wie wir eigene Speisen, bewirteten uns und wurden bewirtet ... Und Schankwirtschaften gab es, was haben Sie da nicht alles zubereitet!"

„Sagol" – „Zum Wohl" auf Tatarisch.
„La chaim" – „Zum Wohl" auf Hebräisch.
„Sdruwko"– „Zum Wohl" auf Polnisch.

Man kann eine Zeit ohne seinen Bruder leben, aber nicht ohne seinen Nachbarn.

Kaufen Sie nicht den Hof – kaufen Sie den Nachbarn.

Ein guter Nachbar ist der bessere Bruder.

Nahe Nachbarn sind besser als entfernte Verwandte.

Dolma

Das ist ein Gericht wie Kohlrouladen, nur daß die Hackfleischfüllung nicht in Kohlblätter, sondern in junge Weinblätter gewickelt wird.

Zutaten:

10 bis 15 Weinblätter
1 Kilogramm fettes Hammelfleisch
4 Knoblauchzehen
etwas mehr als 1 Tasse Reis (gekocht)
Koriander, Dill
Pinienkerne
Salz, Pfeffer
500 Gramm Tomaten
Wasser

Zubereitung:

Junge Weinblätter mit kochendem Wasser überbrühen, härtere Weinblätter können Sie kochen.
Füllung: das fette Hammelfleisch schneiden und durch den Fleischwolf drehen, fügen Sie Koriander, Dill, Pinienkerne, die Knoblauchzehen, Salz und Pfeffer hinzu, gut durchkneten. Nun den gekochten Reis zur Hackfleischmasse geben, diese Füllung in die Weinblätter einwickeln und in eine Kasserolle legen, verteilen Sie Koriander- und Dillzweige sowie die in Scheiben geschnittenen saftigen Tomaten darauf. Zwei Tomaten durch den Fleischwolf drehen und auf den Dolma verteilen. Gießen Sie kochendes Wasser hinzu und köcheln Sie alles auf schwacher Hitze, bis es gar ist (rund 30 bis 40 Minuten).

Menschen, nicht Tataren, geben Brot und Smetana.

Ein ungeladener Gast – schlimmer noch als der Tatare!

„Papa, ich habe einen Tataren gefangen!"
„Nun, bring ihn her!"
„Er läßt mich nicht!"
„Dann laß ihn frei!"
„Er läßt mich nicht los! Rette mich, Vater!"

Paß auf, Kosak, daß die Tataren die Seßhaften nicht fangen.

Die Arba quietscht, die Tataren schlafen nicht, ein guter Mensch geht.

Ich will Sohn eines Türken sein, wenn es nicht wahr ist.

Der macht den Gast glücklich, der auch seinen Hund füttert.

Unnötig den Roggen einzuzäunen, wenn der Nachbar gut ist.

Piljaw

Die krimtatarische Küche kennt Piljaw,
das ist für die einen Plow und für andere Pilaw.

Zutaten:

500 Gramm Lamm ohne Knochen
2 Tassen Langkornreis
4 Eßlöffel Pflanzenöl
1 große Zwiebel
2 Karotten
Salz und Pfeffer nach Geschmack
Wasser
Wer mag, kann Auberginen und Tomaten oder Rosinen hinzufügen.

Zubereitung:

Lammfleisch waschen und in große Stücke schneiden, in einen Topf zusammen mit den Zwiebeln und Karotten (Auberginen und Tomaten) in Öl anbraten. Reis hinzuschütten. Mit Wasser bedecken, salzen und pfeffern. Bei schwacher Hitze kochen, bis das Wasser verkocht ist. Mit dem Deckel abdecken und eine halbe Stunde ziehen lassen.

Der echte Krimtatare: er ist in erster Linie ein Krimtatare, und erst dann ein Moslem! (Aus der Anekdote). Von dort kommt das Schweinefleisch in die Samsa ...

Samsa

eine Art Teigpastete in Dreiecksform mit Fleischfüllung

Zutaten

für den Teig:

1 Tasse warme Milch
2 Eßlöffel Zucker
½ Teelöffel Salz
1 Eßlöffel Sonnenblumenöl
½ Päckchen Hefe (50 Gramm)

für die Füllung:

2 Kartoffeln (roh)
1 Karotte
1 Zwiebel
300 Gramm Fleisch (Schwein oder Rind)
100 Gramm weißer Speck
Salz, Pfeffer
1 Eigelb
abgekochtes Wasser
zerlassene Butter

Zubereitung:

100 Gramm gewürfelter Speck und Zwiebeln sind unverzichtbare Bestandteile der Samsa! Schneiden Sie das Fleisch, die Zwiebel und die Möhre in kleine Würfel, mit Salz und Pfeffer würzen und gut vermengen. Den Hefeteig zubereiten, gehen lassen. Den Teig sehr dünn – etwa 2 Millimeter – ausrollen. In 10 mal 10 Zentimeter große Quadrate schneiden. Setzen Sie die Füllung und ein Stückchen Speck in die Mitte des Quadrats und formen sie ein Dreieck. In der Mitte eine kleine Öffnung lassen. Trennen Sie das Eigelb vom Eiweiß, schlagen Sie das Eigelb und bestreichen sie die Samsa damit, geben Sie ½ Teelöffel abgekochtes Wasser in die Öffnung der Pasteten. Im vorgeheizten Backofen bei 180 Grad 25 bis 30 Minuten backen. Samsa aus dem Ofen nehmen und mit zerlassener Butter bestreichen.

Balamuti (Makrele) gegrillt auf Asowsche Art

Zutaten:

1 Dutzend Balamuti

Öl • Ei • Paniermehl

Zubereitung:

Nehmen Sie ein Dutzend fette Balamuti, waschen, gut trocken tupfen, ausnehmen und in einer hochgeheizten Pfanne braten. Sie können den Fisch vorher in Ei und Paniermehl wenden.

Für seine eigene Ernährung führte jeder Tatar auf seinem Pferd in einem ledernen Beutel ein wenig Gerste oder Hirse, sogenanntes Hafermehl, mit, aus dem, unter Zugabe von Salz, das Getränk Peksinet gemacht wurde. Darüber hinaus hatten sie stets einen kleinen Vorrat von in Öl geröstetem und im Feuer getrockneten Teig, eine Art Zwieback, bei sich. Noch wichtiger war das Pferdefleisch, das sie erhielten, indem sie ihre Pferde, die aus Erschöpfung nicht mehr laufen konnten, töteten.

Dmitri Jawornizki, Geschichte der Kosaken

Schurpa oder Schorba

Die krimtatarische Version der reichen Suppe (wie für Erfrierende) aus Lamm mit ganzen Kartoffeln und Möhren sowie manchmal Auberginen.

Zutaten:

700 Gramm Lamm- oder Rindfleisch mit Knochen
700 Gramm Kartoffeln
300 Gramm Tomaten
200 Gramm Karotten
200 Gramm Zwiebeln
2 Knoblauchzehen
3 Eßlöffel Tomatenmark
Salz, Pfeffer, Paprika, Petersilie nach Geschmack
Wasser

Zubereitung:

Die fein wie Stroh geschnittenen Karotten kochen wir mit dem Fleisch im Topf, dann kommen die Zwiebel, Paprika, die Kräuter und zuletzt die Tomaten hinzu. Mit kochendem Wasser auffüllen, so daß Gemüse und Fleisch bedeckt sind. Nun kocht die Suppe 30 Minuten. Die Kartoffeln grob schneiden, zu Fleisch und Gemüse geben, wieder kochendes Wasser zugießen, salzen und pfeffern. Wenn die Kartoffeln gar sind, runden wir die Suppe mit fein gehacktem Knoblauch ab.

Zimes

eine Vorspeise auf jüdische Art

Zutaten:

500 Gramm Blumenkohl
500 Gramm Karotten
2 Zwiebeln
2 Sellerie
1 Petersilienwurzel
300 Gramm kernlose Rosinen
2 Eßlöffel Mehl
½ Tasse Zucker
100 Gramm Margarine
½ Teelöffel Zimt

Zubereitung:

Den Blumenkohl in Röschen teilen, Karotten, Sellerie, Zwiebeln und Petersilienwurzel in Scheiben schneiden, alles mischen und dünsten. Mehl, Zucker, Margarine, Zimt und Rosinen vermischen und zwanzig Minuten köcheln lassen, dann über das Gemüse geben, ziehen lassen, unterrühren.

Sarah empfing zum ersten Mal ihren Bräutigam bei sich zu Hause. Nach dem Mittagessen lobte Moische:
„Ein so köstliches Mittagessen habe ich noch nicht gegessen!"
„Wir auch nicht! Wir auch nicht!", griffen die vier jüngeren Brüder und Schwestern die Aussage auf.

Kugli

Zutaten:

500 Gramm dünne Nudeln
4 Eier
1 Tasse Zucker
1 Teelöffel Zimt
1 Teelöffel Pfeffer
Karamell:
1/4 Tasse Butter
1/4 Tasse Zucker

Zubereitung:

Kochen Sie die Nudeln, gießen Sie das Wasser ab. Schichten Sie die Nudeln in eine Auflaufform. In einer tiefen Pfanne Zucker und Butter unter ständigem Rühren erhitzen, bis der Zucker geschmolzen ist und braun wird. Gießen Sie das Karamell direkt über die Nudeln, umrühren und abkühlen lassen. In einer anderen Schüssel mischen Sie die Eier, Zucker, Zimt und Pfeffer. Dann ebenfalls über die Nudeln gießen. Mit Folie oder Backpapier abdecken und bei 180 Grad rund 1,5 Stunden backen. Das Gericht hat einen ausgeprägt süß-scharfen Geschmack.

Mit großer Mühe versage ich mir alles, außer Essen und Trinken.

Oscar Wilde

Forschmak

traditioneller jüdischer Snack aus Hering, und nicht aus Konserven, wie manche Kosaken irrtümlicherweise meinen ...

Zutaten:

3 Heringsfilets ohne Gräten
1 Apfel
2 Zwiebeln
2 gekochte Kartoffeln
oder 2 Scheiben (150 Gramm) in Milch eingeweichtes Baguette
2 gekochte Eier

Zubereitung:

Alle Zutaten durch den Fleischwolf drehen, gut vermischen, dann im Kühlschrank ziehen lassen, kalt servieren.

War ein Ukrainer zu einer jüdischen Hochzeit eingeladen. Dort trank er Wodka und ließ seinen Blick suchend über den Tisch streifen, auf dem doch ein Stück fetter Speck liegen sollte. Aber da gab es keinen Speck. Da fragt der Ukrainer: „Hört doch, Jungs. Wo ist der Speck?" Und man sagte ihm: „Wir essen keinen Speck." Der Ukrainer zuckte die Schultern: „Nein? Nun, ich verstehe natürlich, daß Speck heilig ist. Aber so heilig! Nun, dann nehmen ich Schnizik mit Forschmak."

Polnische und Moskauer Küche

Blutegel mit Gänseblut war beim polnischen Adel als echte Delikatesse bekannt ... Ein lebender Egel klammerte sich an eine Gans und trank das Blut. Dann wurde der Blutegel gebraten. Es heißt, daß er vom Geschmack her an Blutwurst erinnert.

Der Pole für den Rat, der Litauer für den Streit, der Ungar für den Kampf, der Deutsche für die Ordnung, der Italiener für die Laute, der Ruthene für Balamutni (Verwirrung).

Polnisches Sprichwort

Zu den Polen gehen, heißt, keine Piroggen essen.

Um mit den Wölfen zu leben, muß man wie ein Wolf heulen.

Poljadwiza mit Krebsbutter

Zutaten:

1,5 Kilogramm Poljadwiza (Filet von Rind oder Schwein)
4 Eßlöffel Olivenöl
4 Knoblauchzehen
8 Körner Wacholder,
Rosmarin, Schwarzer Pfeffer
2 Zwiebeln
½ Sellerie
Rotwein
Brühe
1 Karotte
Für die Krebsbutter
600 Gramm Butter
10 bis 15 Krebspanzer

Zubereitung:

Das Rinderfilet in Olivenöl mit Rosmarin, Knoblauchzehen, Wacholder und Pfefferkörnern mindestens 3 Stunden marinieren. Währenddessen schneiden wir die Zwiebeln, den Sellerie und die Karotte in Scheiben. Krebsbutter wird wie folgt hergestellt: In einem Kochtopf 600 Gramm Butter und 10 bis 15 Krebspanzer bei schwacher Hitze etwa drei Stunden dünsten, dann abseihen und kalt werden lassen. Ein Teil der Butter verwenden wir für das Fleisch, und der Rest kann für lange Zeit an einem kühlen Ort gelagert werden. Nun wickeln wir das Fleisch mit dem Gemüse und der Krebsbutter in eine Folie und backen es ca. 45 Minuten bei 180 Grad. Gemüse dann unter Zugabe von ein wenig Rotwein und Bouillon zu einer Sauce mischen. Fleisch in Scheiben schneiden, die Sauce über das Fleisch gießen und servieren.

Lublinsker Okroschka

wenn es heiß ist

Zutaten:

1 Liter Hühnerbrühe
½ Liter salziges Gurkenwasser
Strauß Grün von Roter Bete
½ Liter Smetana
2 frische Gurken
1 geriebene Rote Bete
2 Eßlöffel gehackter Dill
2 gekochte Eier
3 Tassen Wasser (gekocht)
gekochtes Hühnerfleisch
Salz, Pfeffer und Zucker

Zubereitung:

Schöpfen Sie das Fett von der Hühnerbrühe ab und fügen Sie Gurkenwasser hinzu. Das Grün der Roten Bete hacken, die Gurken schälen, die Eier würfeln. All dies wird in der Brühe gekocht und mit dem Saft aus der geriebenen Rote Beten gefärbt (über die geriebene Bete drei Tassen gekühltes abgekochtes Wasser geben, dann in die Suppe abgießen). Würzen Sie die Suppe mit Salz und Pfeffer und einer Prise Zucker. Gekochtes Hühnerfleisch von der Haut befreien, in Stücke schneiden, in eine Terrine geben und die Okroschka darüber geben. Im Kühlschrank drei Stunden ziehen lassen. Vor dem Servieren mit Smetana vermischen und mit gehacktem Dill bestreuen.

Der Franzose Guillaume le Vasseur de Beauplan, an die reiche und exquisite Küche seiner Heimat gewöhnt, kam angesichts des luxuriösen Lebens und der Extravaganz des ukrainischen Adels nicht aus dem Staunen heraus „... ihre Gelage sind völlig verschieden von denen in anderen Ländern ... Das Mahl beginnt damit, daß sich die Gäste die Hände waschen. Dann erhalten sie ihren Platz nach Dienstalter zugewiesen. Auf dem Tisch dünne Servietten und beladen mit Silberbesteck ist er. Im Kreis um jeden Teller liegt Brot und ist mit einer kleinen Serviette bedeckt, es gibt Löffel, aber keine Messer. Er gibt keine Suppe, sofort kommt geschnittenes Fleisch mit verschiedenen Arten von Sauce auf den Tisch: gelb mit Safran, rot mit Kirschen, schwarz mit Pflaumen und von grauer Färbung mit Zwiebel. Nach dem ersten Gang gibt es einen zweiten: gegrilltes Fleisch, Geflügel, Ente, Huhn. Ebenfalls ganz unterschiedlich gewürzt. Zwischen dem zweiten und dritten Gang wird Pökelfleisch mit zerstoßenen Erbsen serviert – das ist ihre Lieblingsspeise, und ohne Pökelfleisch geht überhaupt kein Festmahl. Auch Hirsekascha, Kuchen mit Käse, Buchweizen-Pampuschki in Mohnmilch. Und dann kommt der dritte Gang, Dessert, Käse oder Fisch, bei dem sie nicht an Wein, Butter und Rosinen sparen. Erst nach dem Mittagessen beginnen sie, Wein zu trinken – man trinkt auf die Gesundheit des Kameraden und gibt ihm ein Glas, und er selbst bekommt von diesem ein Glas, so trinken sie vier und fünf Stunden.

Sibirische Pelmeni

Zutaten

Für die Füllung:

900 Gramm Fleisch (drei Stücke Rind, zwei Stücke fettes Schweinefleisch, ein Stück Lamm)
2 große Zwiebeln
150 Milliliter Milch
Salz und Pfeffer

Für den Teig:

3 Tassen Mehl
2 Eier
½ Tasse Wasser (warm, abgekocht)
Salz
zerlassene Butter oder Smetana

Zubereitung:

Das Fleisch können Sie durch einen Fleischwolf drehen, am besten aber ist es, das Fleisch mit den Zwiebeln richtig fein zu schneiden und zu vermengen. Dann fügen Sie Salz, Zucker, gemahlenen schwarzen Pfeffer und unter ständigem Rühren gekochte Milch hinzu. Für den Teig (ein altes und bewährtes Rezept) brauchen Sie 3 Tassen Mehl, 2 Eier, ½ Tasse Wasser und Salz. Geben Sie das gesiebte Mehl auf den Tisch, ein Kuhle bilden, in die Sie warmes, abgekochtes Wasser, Eier und Salz geben. Nun den Teig kneten, bis er glatt und dick ist, lassen Sie ihn 40 Minuten ruhen. Anschließend den Teig teilen, jedes Teil mit einem Nudelholz dünn ausrollen, dann mit einem Glas Kreise mit einem Durchmesser von 5 Zentimeter ausstechen, in die Mitte eines jeden Teigkreises einen Teelöffel Fleischmasse geben, dann so umklappen, daß er die Form eines Halbmondes hat, die Enden hufeisenförmig zusammenziehen. Bis Sie die Pelmeni kochen geben Sie sie in ein Sieb, mit einem Handtuch abdecken, damit sie nicht trocken werden. Sie können die rohen Pelmeni auch einfrieren und später kochen.
Die Pelmeni 10 bis 12 Minuten in Salzwasser kochen, bis sie an der Oberfläche schwimmen. Servieren Sie die Pelmeni mit zerlassener Butter oder Smetana, auch Essig paßt dazu.

Gute Nachbarn
sind die besten
Verwandte.

Dem Russen das Huhn,
und dem Muschik den
Säbel.

Sitzt der Soldat auf der
Ofenbank,
und starrt.
Es ist offensichtlich,
daß er Wareniki möchte.
Wareniki will er, der Unglückliche.
Und weiß nicht, wie es
sagen.
Und auch ist offensichtlich, daß er nicht weiß,
wie sie auf unsere Art
zu bezeichnen sind.

Lied aus dem Kuban

Verstreut über ein riesiges Gebiet lebten die Kosakengemeinden (vor ihrem Tod im Feuer der russischen kommunistischen Revolution von 1917) in einem Streifen, der durch ganz Asien lief – vom Don bis an den Ussuri, und sie entsprangen aus einer Muttergesellschaft – der Kosaken-Setsch vom Dnjepr. Vom Dnjepr kamen sie an den Don, vom Don an die Wolga. Von dort aus überquerten sie im Jahre 1586 die Wasserscheide zwischen Wolga und Ob, und die sibirischen Wasserstraßen brachten sie an die Pazifikküste – bis zum Ochotskischen Meer.

Arnold Toynbee, Studium der Geschichte

Kohlsuppe Rahma

Zutaten:

250 Gramm frischer Weißkohl (oder gut abgetropftes Sauerkraut)
4 Steinpilze
2 Kartoffeln
1 Zwiebel
1 Karotte
1 Tomate
1 Petersilienwurzel
1,5 Eßlöffel Tomatenmark
1 Eßlöffel Öl
3 Tassen Fleischbrühe
¼ Tasse Smetana
100 Gramm gekochtes Rindfleisch
gemahlener schwarzer Pfeffer, Salz nach Geschmack

Zubereitung:

Weißkohl in Würfel, Pilze in Scheiben, Karotte, Petersilienwurzel und Kartoffeln in Streifen schneiden. Tomate mit kochendem Wasser überbrühen, Haut abziehen, Tomatenfleisch würfeln. In die kochende Fleischbrühe geben Sie nun den Weißkohl, 5 bis 7 Minuten kochen lassen, dann fügen Sie die Kartoffeln hinzu und kochen sie, bis sie weich sind. Nun geben Sie das in Öl gedünstete Tomatenmark, die Zwiebel, die Karotte und Petersilie hinzu. Für die letzten Minuten kommen nun die gebratenen Pilze und die gewürfelten Tomaten in die Suppe. Die Suppe mit Salz und Pfeffer würzen. Servieren mit Smetana und gekochten Rindfleischstreifen, die mit gehackten Kräutern überzogen sind.

Braga aus Hirsemalz

Zutaten:

Hirsemalz
Wasser

Zubereitung:

Nehmen Sie Hirsemalz, in kochendem Wasser brühen. 8 Stunden ziehen lassen und dann mit kaltem Wasser aufgießen, in ein Glasbehältnis geben und an einem kühlen Ort lagern. Wenn es gärt, können Sie es nutzen.

зарюмсав. Сльози зникли вже на дворі, по дорозі до лісу. „От же ж і гарна козачка та вдова. Точнісінько як моя Галя" — трохи постояв ніби вирішуючи чи пустити сльозу чергову чи ні. Мабуть — ні. Почухав чуба, в якому перманентно стирчала солома, махнув рукою і ми пішли ярами в бік Дніпра.

З Корнієм ходити лісом надзвичайно цікаво. Як у музей Метрополітан у Нью-Йорку чи у Лувр у Парижі. Суцільна екскурсія. То якась живиця на старій сосні, то чага на дубі, то чарівна „друїдська" омела. З кожною квіточкою розмовляє, все секрети якісь мені знахарські розповідав. А як гриби побачить, так здавалося знов заплаче. Але цього разу зрізав лише мухомори. Білі, підберезовики інші — поза увагою. Тільки мухомори. Та кожен перед тим як зрізати підхвалював „От ти й красень!", „От диви — а шлик то який „червоний" собі справив до шапки." І все лісу й духам лісовим дякував і дякував. Нарешті на квітковій галявині ми зробили привал. Випереджаючи моє запитання Корній сказав: „Мухомор — то древній улюбленець наших предків, волхвів. Він помагав шаманити." „Кастанеду читав" — підтвердив я й собі. „То я усе Спідолі назбирав. Він у нас любить пошаманити." Поснідали ми здобним хлібом з медом і (9)

молоком, які прихопили йдучи до лісу. Потім Корній ще з годину розповідав мені різні грибні секретні рецепти. Все у нього було секретне. „Як ліс знаєш — ніколи з голоду не помреш", — із цими словами ми почвалали далі до бурдюга Спідола. Ішли кілька годин. Кілька разів козак, як боровик, не дивлячись на свій поважний вік, виліз на високу сосну чи граба щоби зорієнтуватися із напрямком. Нарешті, ми підійшли до пагорбу, зарослого лісом як майянська піраміда у джунглях Юкатану. „Це скіфський курган. Ще не пограбований, бо про нього археологи не знають. Ми прийшли." Обійшов ми курган, я побачив що у повітрі, у позі лотосу завис голий козак. Ліворуч від нього виднівся невеличкий горбок — то дах землянки-бурдюга, увесь покритий мохом. „Не будем його турбувати, — сказав Корній, — повернеться із мандрів, сам підійде." Й ми пішли до бурдюга. Чотири стіни з плетеного хмизу. Обмазане усе глиною з кізяком. У стінах отвори-віконця діаметром з долонь. Всередині стояла кабиця — піч без димаря та мечеть" на котрій печеться хліб виготовлений з дикого місцевого каменю, що швидко нагрівався. Ми поклали мухомори на тесаний стіл. Корній пояснив мені, що Спідола — його учень. Був ще у 90-ті. Дуже здібний. Тепер сам вдосконалюється, займається внутрішніми практиками. Медита-

Er ist mir so nah wie der Teufel der Onkel der Ziege ist.

Wozu habe ich eine Gevatterin, wenn nicht wegen der Kuchen?

Genug gegessen, Gevatter, sonst ist kein Platz für den Kuchen.

Er verlor seinen Weg zum Gevatter in der Speisekammer.

Nur widerwillig aß der Gevatter der Gevatterin Ferkel.

Wenn man unweit der Hölle lebt, muß man auch den Teufel als Gevatter bitten.

Wer kein Gevatter ist, soll sich bei der Gevatterin nicht einschmeicheln.

Wen muß es kümmern, daß die Gevatterin mit dem Gevatter sitzt?

Wer die Menschen als Menschen betrachtet, mit dem verbrüdere dich.

Abendessen von Gevatter Teterja

„Der Schrank spielt und das Bambetel (das Bankbett) hüpft! Habt ihr davon gehört? So bringe ich das berühmte Bambetel als Geschenk. Darin kann man nicht nur nützliche Gegenstände aufbewahren, sondern man kann darauf auch herrlich schlafen."
Der stattliche Gevatter Teterja liebte es, andere zu beschenken. Er hielt sich an diesem Abend bei Priester Tschortochwost auf und bereitete das Abendessen zu.

Und so kam der Tag zu seinem logischen Ende unter dem Motto „Abendessen von Gevatter Teterja“. Die ganze Sippschaft blieb über Nacht in Gruschkowka, so konnte ich weitere Rezepte sammeln, und das Abendessen war köstlich und ausreichend.

Die Frauen waren um den Ofen vereint, um Hochzeitsbrot und andere süße Leckereien für die morgige Hochzeit zu bereiten und ihre endlosen Gespräche zu führen. Nun, das sind Frauenangelegenheiten.

Bereits seit sechs Stunden schmachtete auf der Holzkohle das legendäre Bogritsch, ein Rezept unserer ungarischen Nachbarn, das am Morgen aufgesetzt worden war. Gevatter Teterja thronte majestätisch auf dem Bankbett (oder in ihm) und plante, wer wo schlafen sollte.

Sobald wir über die Schwelle des geräumigen Hauses getreten waren, tauchte auf wundersame Weise aus den Tiefen des Bambetel der traditionelle „Gumak" auf (nein, nicht das Düngemittel für ein gutes Pflanzenwachstum, sondern – nun, denken Sie selbst). Einen Tipp gebe ich: Ein „Gumak" faßt einen halben Liter Flüssigkeit.

„Drei pro einen Gumak. So wird es dort gehalten, wo ich herkomme", der ehrwürdige Gevatter Teterja (von Beruf Arzt) holte aus den Tiefen des Bambetel drei Gläser unglaublich leckeren Eingelegtes hervor: Tomaten mit Senfkörnern, Aubergine in Adschika und, natürlich, die bei den Kosaken allgegenwärtigen Salzgurken. Da die Frauen weiterhin den Ofen zur Vorbereitung der Leckereien für die morgige Hochzeit beanspruchten, ließen wir uns mit dem Gumak und dem Eingelegten nieder. Teterja füllte die Gläser und sagte:

„Darauf, daß die Kosakenfrauen nur über den Zwiebeln weinen", es folgte eine theatralische Pause, „und wir um sie keine Tränen vergießen!"

„Nur die Zwiebel weint bei deinen Worten!", quietschte aus der Küche schlagfertig eine unserer Frommen. Aber wir schenkten dem bereits keine Aufmerksamkeit mehr, weil zwischen unseren Zähnen die Gurken knirschten ... Nicht unsere Angelegenheit ist es am Herd, Kosakensache ist, auf dem Pferd über die Steppe zu reiten.

Gevatter Teterja hatte sich mit allen Grundsätzen der Speisen aller Völker (außer den Papua-Neuguineern) sowie mit der Ordnung des Verzehrs von Speisen und Getränken bekanntgemacht, und größte Meisterschaft hatte er bei der Herstellung von Gurken und Eingemachtem erreicht. Freudvolll und lang erörterten wir wichtige Angelegenheiten der Kosaken: Bienenstöcke, Pferde, Hufe, Stirnlocken und Antimon. Weit nach Mitternacht, als der Duft nach frischem Gebäck durch das Haus wehte, zogen wir uns zum Schlafen zurück. Wir schliefen im Zimmer von Tschortochwost, und Gevatter Teterja stieg natürlich aufs Bambetel. Ich notierte bis zum ersten Hahnenschrei Rezepte. Es folgt nun, was ich hörte.

Pflaumenschnaps Sliwjanka

Zutaten:

mindestens 7 Kilogramm Pflaumen
mindestens 3 Liter Wodka
2 Liter Honig
2 Kilogramm Zucker
Sahne für die Pflaumen

Zubereitung:

Ein 10 Liter fassendes Glasbehältnis fast randvoll mit Pflaumen füllen, mit Wodka aufgießen, die Pflaumen müssen bedeckt sein. 40 Tage stehen lassen. Dann die Flüssigkeit aus dem Behältnis in ein zweites Behältnis abgießen. Das ist unsere Flüssigkeit Nr. 1. Nun in das Behältnis mit den Pflaumen Honig und Zucker geben. Gut schütteln, wieder 40 Tage stehen lassen. Den Saft, der sich im Glasbehältnis gebildet hat, ebenfalls in ein Behältnis abgießen. Das ist unsere Flüssigkeit Nr. 2. Dann wieder Flüssigkeit Nr. 1 zu den Pflaumen gießen und 3 Tage stehen lassen, danach abgießen, auffangen und mit Flüssigkeit Nr. 2 mischen, in Flaschen abfüllen. Ein wenig ruhen lassen. Die Pflaumen mit Sahne reichen, das wird für verwöhnte Damen empfohlen.

Bogratsch – Kesselsuppe

Ein Rezept unserer ungarischen Nachbarn

Zutaten:

200 Gramm mageres Schweinefleisch • 100 Gramm geräucherter Speck
200 Gramm Rindfleisch • 200 Gramm Hammel
100 Gramm Ente • 100 Gramm Huhn
3 Zwiebeln • 4 Kartoffeln
1 Möhre • 2 frische Paprika
2 Eßlöffel getrocknetes Paprikapulver
1 rote Chilischote • Knoblauch
Petersilie • Dill • Salz • Wasser
Lieblingsgewürze

Zubereitung:

Den fein geschnittenen geräucherten Speck in der Pfanne goldbraun auslassen. Dann die fein gehackten Zwiebeln dazugeben, leicht anbraten, mit Paprikapulver bestäuben und schnell in 15 Sekunden untermischen. Dann mit Wasser auffüllen und das in Würfel geschnittene Fleisch hinzufügen, Schaum von Zeit zu Zeit abschöpfen, und nötigenfalls Wasser zugießen. So zaubern sie etwa 2 Stunden. Wenn das Fleisch fast gar ist, geben Sie die Kartoffeln und die Möhre in den Topf. Dann lassen Sie das ganze eine weitere Stunde auf dem Feuer köcheln. Am Ende die Paprika, das gehackte Grün und den Knoblauch zugeben, salzen. Mit den Kartoffeln geben Sie die Chilischote dazu, und abhängig vom gewünschten Schärfegrad lassen Sie sie mit köcheln – je länger desto schärfer.

Zwitli

Zutaten:

5 Rote Beten
100 Gramm geriebener Meerrettich
Salz
Zucker nach Geschmack
1 Eßlöffel Essig

Zubereitung:

Die Rote Bete kochen und fein reiben, mit dem geriebenen Meerrettich mischen und mit Salz, Zucker und Essig würzen. Kann man sowohl gut als eigenes Gericht wie auch als Vorspeise essen.

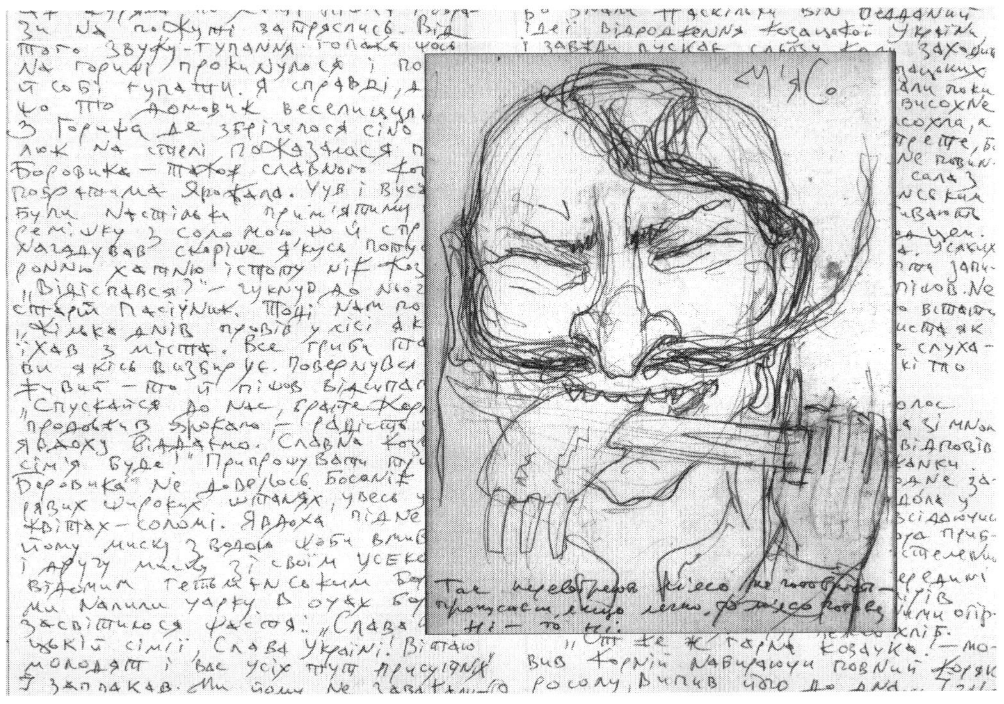

Wenn der Batko spielt – weint der Feind,
Also, wohin nun ziehen die jungen Kosaken?
Und die Weißen links, und die Roten rechts.
Ich ziehe mit dem Batko in den Bürgerkrieg.

Es ist schön, meine Freunde, schön, schön,
meine Freunde, zu leben.
Mit unserem Ataman haben wir keine Sorge!

Und der erste Schuß, die erste Kugel,
Verletzte mein Pferd noch bei Tageslicht.
Und ein zweiter Schuß, die zweite Kugel
Kicherte mich an, blieb im Riemen stecken.

Und die dritte Kugel, die dritte Kugel
Traf mich, mein Pferd kam davon.
Nicht um mich tut es mir leid, nicht um den Feind.
Es ist schade um die Freiheit und das Pferd.

Genug für heute, Batka, Mut zu zeigen,
Die Pferde sind müde, und die Jungs brauchen Schlaf.

Lied des Machno

Auf dem eigenen Pferd reist du, wie es dir gefällt.

Die Bejs der Roten, noch nicht zu Weißen geworden.
Die Bejs der Weißen, noch nicht zu Roten geworden.

Nestor Machno, Rezept des Guljaipoljer Batko

Der Adler fängt keine Fliegen.

Der Adler fliegt nicht im Schwarm.

Die Deinigen sind nicht dein Feind.

Seine Kekse sind besser als andere Kuchen.

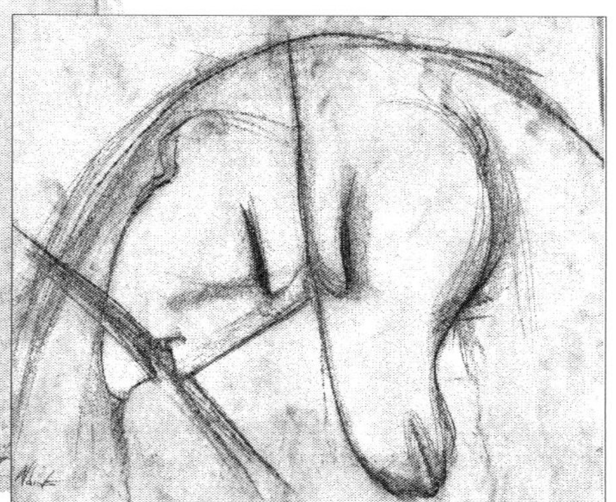

Grüne Gurken

Zutaten:

2 Kilogramm Gurken
75 Gramm Zucker
10 Gramm Zitronensäure
75 Gramm Salz
1,5 Liter Wasser
Knoblauch
Pfeffer
würzige Kräuter (Dill, Estragon, Kirschbaum- und Johannisbeerblätter ...)
nach Geschmack

Zubereitung:

Gurken gut säubern, mit kochendem Wasser übergießen, dann in eiskaltes Wasser tauchen. Den Boden eines Einmachglases mit Gewürzen bedecken. Würzen Sie ganz nach Ihrem Geschmack. Sie können die Blätter von Kirsche, Brombeere, Himbeere, die Dolde vom Dill, Meerrettich und anderes nehmen. Jede Hausherrin und jeder Hausherr hat diesbezüglich sein eigenes Rezept. Die Gurken dicht an dicht darauf legen. Zudem kommen Knoblauch, Pfeffer, Zucker und Zitronensäure hinzu. Bereiten Sie nun das Salzwasser (Sole) und gießen Sie es noch kochend in die Gurkengläser. 5 Minuten stehen lassen. Dann in einen Topf abgießen und erneut zum Kochen bringen. Wieder in die Gläser gießen, 5 Minuten ziehen lassen, wieder in den Topf abgießen. Zum Kochen bringen, kochend über die Gurken gießen und das Glas sofort luftdicht verschließen.

Salzgurken im Fäßchen

Zutaten:

10 Kilogramm Gurken
350 Gramm Dill (Stiele mit Knospen, Samen)
20 Gramm Knoblauch
60 Gramm geriebener Meerrettich und Blätter des Meerrettichs
Johannisbeerblätter, Lorbeer, schwarzer Pfeffer
Für die Salzlake:
1 Liter Wasser
60 Gramm Salz

Zubereitung:

Den Boden eins Fäßchens (haben Sie ein solches nicht, dann nehmen Sie einen Emailleeimer oder eine Kasserolle) bedecken Sie mit dem vorbereiteten würzigen Grün (Dill, Meerrettichblätter, Johannisbeerblätter). Dann schichten Sie die Gurken darauf. Wenn nicht alle die gleiche Größe haben, mit den großen Gurken unten anfangen. Damit die Salzlake besser eindringen kann, entfernen Sie bei größeren Gurken den Stiel und ein klein wenig des Gurkenfleisches und stechen Sie mit einem Zahnstocher an einigen Stellen in die Gurke. Bei den kleinen Gurken nur den Stil mit ein wenig Fruchtfleisch abschneiden. In die Mitte des Fäßchens geben Sie nun weitere Gewürze, drum herum drücken Sie einige Vertiefungen ein, und schichten darauf weitere Gurken. Nicht ganz bis oben mit Gurken füllen, lassen Sie Platz für weitere Gewürze (Knoblauch, geriebener Meerrettich, Lorbeerblätter). Nun gießen Sie die vorbereitete Salzlake an. 3 Tage bei Zimmertemperatur stehen lassen, decken Sie dann das Faß mit einem sauberen Tuch ab, legen Sie ein Brett mit einem Gewicht darauf und lagern es bei einer Temperatur zwischen 0 und 3 Grad. Bei höheren Lagertemperaturen werden die Gurken sauer und weich und die Salzlake trübe, was nicht erwünscht ist. Richtig eingelegte Gurken sollten fest und knackig sein. Sollte die Salzlake trotzdem trüb werden, gießen Sie die Lake vorsichtig ab, waschen Sie die Gurken gründlich mit kaltem Wasser. Abtropfen lassen. Dann frische, starke Salzlake mit Gewürzen (Lorbeer, schwarzer Pfeffer) zu den Gurken gießen, mit einem sauberen Tuch abdecken und ein Brett mit einem Gewicht darauf stellen. Lagern Sie diese Gurken bei einer Temperatur von 5 Grad. Sollte sich Schimmel auf der Oberfläche bilden, Sole sofort abgießen, da die Gurken sonst weich werden und einen unangenehmen Geruch und Geschmack annehmen. Um die Sole frisch zu halten, kann man zerkleinerte getrocknete Meerrettichblätter oder fein geriebene Meerrettichwurzel zugeben.

Marinierte Gurken

Zutaten:

4 Kilogramm Gurken
4 Knoblauchzehen
1 Tasse Öl
1 Tasse Essig (6 Prozent)
1 Tasse Zucker
2 Eßlöffel schwarzer Pfeffer
3 Eßlöffel Salz

Zubereitung:

Waschen Sie die Gurken, schneiden Sie die Stiele ab. Legen Sie die Gurken in eine Schüssel, mit Wasser bedecken und mehrere Stunden stehen lassen. Dann die Gurken in vier oder acht Teile schneiden. Für die Marinade: Den Knoblauch hacken, Essig, Öl, Pfeffer, Zucker und Salz zugeben. Alles gut verrühren. Die Marinade über die Gurken geben, mischen und abdecken. Lassen Sie die Gurken 4 oder 5 Stunden ziehen. Alle 50 Minuten umrühren. Die Gläser für die Konservierung vorbereiten. Beispielsweise im Ofen: Ofen auf 200 Grad heizen, die Gläser und Verschlüsse hineinlegen, 10 bis 15 Minuten sterilisieren und abkühlen lassen. Danach füllen Sie die Gläser, sofort mit dem Deckel verschließen.

Eingelegte Gurken

Zutaten:

2 Kilogramm Gurken
2 Dolden von Dill
5 Johannisbeerblätter
5 Kirschbaumblätter
1,5 bis 2 Knoblauchzehen
20 Gramm Meerrettich (Wurzel oder Blätter)
8 schwarze Pfefferkörner
75 Gramm Salz
1,5 Liter Wasser
50 Gramm Wodka

Zubereitung:

Frische grüne Gurken gründlich waschen, mit kochendem Wasser übergießen, sofort danach in sehr kaltes Wasser tauchen. 3 Stunden einweichen lassen. Dann die Gurken in ein 3-Liter-Glas geben, gut andrücken, nun die gewaschenen Blätter, Dilldolden, Knoblauch, Pfefferkörner und Meerrettich hinzugeben. Füllen Sie das Glas mit einer gekochten, bereits abgekühlten Salzlösung (50 Gramm Salz pro 1 Liter Wasser) auf. 2 Eßlöffel Wodka zugeben, und das Glas fest mit einem Kunststoffdeckel schließen. Die eingelegten Gurken an einem kühlen Ort lagern. Die Gurken behalten ihre natürliche grüne Farbe, bekommen einen unverwechselbaren Geschmack und sehen sehr appetitlich aus.

Eingelegte Tomaten mit Senfkörnern

Zutaten:

Tomaten für ein 3-Liter-Glas
1 Liter abgekochtes Wasser
60 Gramm Salz
20 Gramm Senfkörner
10 schwarze Pfefferkörner
7 Pimentkörner
6 Lorbeerblätter
4 Knoblauchzehen
1 großer Zweig Dill
1 Stück Meerrettichwurzel

Zubereitung:

Senf gibt Tomaten Schärfe, verbessert ihren Geschmack und ihr Aroma. Geben Sie die Gewürze (schwarzer Pfeffer, Piment, Lorbeer, Knoblauch, Dill, Meerrettich) auf den Boden des 3-Liter-Glases. Tomaten häuten und mit einer Gabel an mehreren Stellen einstechen, Tomaten dicht an dicht in das Glas setzen. Salz in 1 Liter kochendes Wasser geben, Wasser auf Zimmertemperatur abkühlen lassen. Nun die Salzlake auf die Tomaten gießen. Ein weißes Baumwolltuch über die Tomaten legen, darauf die Senfkörner geben. Das schützt die Tomaten vor Schimmelbefall. Tomaten bei Raumtemperatur 1 bis 2 Wochen ohne Deckel ziehen lassen, dann das Glas mit einer Plastikabdeckung schließen und in den Kühlschrank stellen. Nach 2 bis 4 Wochen sind die eingelegte Tomaten verzehrfertig.

Eingemachte Gurken in Tomatensauce

Rezept für 5-Liter-Glas

Zutaten:

Knoblauch
1 Blütenstand Dill
1 Bund Petersilie
schwarze Pfefferkörner und Piment
kleine Gurken

Für die Marinade:

1,5 Liter Wasser
200 Gramm Zucker
2 Eßlöffel Tomatenpaste
2 gestrichene Eßlöffel Salz
200 Gramm Essig

Zubereitung:

Gurken gründlich waschen. Mit Wasser bedecken und einige Stunden stehen lassen. Wasser abgießen. Für die Marinade Wasser Zucker, Tomatenpaste, Salz und Essig mischen, über die Gurken geben, gut durchziehen lassen. In das sterilisierte Einmachglas Knoblauch, Dill, Petersilie, Pfefferkörner, Piment und kleine Gurken im Wechsel schichten. Marinade darüber geben. Mit Metalldeckel verschließen...

Tomaten im eigenen Saft

Zutaten:

Überreife und reife Tomaten
Für die Marinade:
2,5 Liter Tomatensaft (aus den überreifen Tomaten)
2 Eßlöffel Salz
4 Eßlöffel Zucker
1/4 Tasse Knoblauch
1/4 Tasse geriebener Meerrettich
3 bis 4 süße Paprika

Zubereitung:

Der Vorteil dieses Rezepts ist, daß es ganz ohne Essig zubereitet wird. Tschortochwost zum Beispiel mißtraut der Konservierung mit Essig. Sortieren Sie zunächst die Tomaten – überreife kommen in eine Schüssel, die reifen Tomaten in eine andere. Tomaten waschen. Einmachgläser und Deckel im Ofen sterilisieren. Die reifen Tomaten in der Schale kurz kochen und dann in Gläser setzen. Die überreifen Tomaten in Würfel schneiden und in einem Topf zu Saft verkochen. Meerrettich reiben und in den Tomatensaft geben, zudem Zucker, Salz, gehackten Knoblauch und gehackte Paprika. Alles erneut zum Kochen bringen. Die heiße Tomatenmarinade in die Gläser zu den Tomaten gießen, mit einem Metalldeckel sofort verschließen.

Dnjepropetrowsker Tomaten

Zutaten:

kleine, feste Tomaten für 1-Liter Glas
3 grüne Pfefferkörner
5 schwarze Pfefferkörner
1 kleines Lorbeerblatt
Meerrettich in dünne Streifen geschnitten
3 bis 4 Knoblauchzehen
2 bis 3 Zweige Petersilie
1 Dilldolde
je 1 Johannisbeer- und Kirschblatt
1 Eßlöffel Salz • Zucker • Essig

Zubereitung:

Für dieses Eingelegte benötigen sie reife, aber feste kleine Tomaten. Sterilisieren Sie das Glas und den Metalldeckel 10 bis 15 Minuten über Wasserdampf. Glas auf den Kopf stellen. Tomaten sorgfältig waschen und dicht an dicht in das Glas, setzen, dazwischen Gewürze (Pfefferkörner, Lorbeerblatt, Knoblauch, Petersilie, Dilldolde, Johannisbeer- und Kirschblatt) geben. Mit kochendem Wasser übergießen, 15 Minuten stehen lassen, dann das Wasser vorsichtig in einen Topf abgießen, alle Gewürze müssen im Glas bleiben. Das Wasser erneut zum Kochen bringen und erneut für 15 Minuten auf die Tomaten gießen und dann abgießen. Nun geben Sie 1 gehäuften Eßlöffel Salz (vorzugsweise unjodiertes und grobkörniges), Zucker, Essig dazu, dann mit frisch gekochtem Wasser so hoch auffüllen, daß, wenn Sie den Deckel schließen, ein wenig Wasser heraussickert. Das Glas gut schütteln, damit sich Salz und Zucker auflösen, dann auf den Kopf stellen, mit einer Decke oder einem dicken Handtuch bedecken, bis alles abgekühlt ist. Glas aufstellen und an einem kühlen Ort lagern.

Pilze in Tomatensauce

Hallimasche, Champignons, Pfifferlinge

Zutaten:

je 1 Kilogramm gekochte Pilze:
60 Gramm Öl
20 Gramm Salz
50 Gramm Zucker
200 Gramm Tomatenmark
200 Gramm Wasser
4 Lorbeerblätter

Zubereitung:

Die Pilze putzen, schneiden und waschen. 20 Minuten kochen. Dann die Pilze 15 bis 20 Minuten in Öl braten, mit Wasser ablöschen, Salz, Zucker, Tomatenmark und Lorbeerblätter hinzugeben und weitere 10 Minuten kochen. In sterilisierte Gläser geben, Metalldeckel sofort schließen.

Marinierte Hallimasche

Zutaten:

Hallimasche
Für die Marinade:
1 Liter Wasser
2 Eßlöffel Salz
1 Eßlöffel Zucker
2 Eßlöffel Essig
ergibt 2,5 Liter marinierte Hallimasche

Marinade:

Hallimasche in gesalzenem Wasser kochen, wenn sie auf den Topfboden sinken, sind sie fertig. Gläser 1 Stunde lang sterilisieren. Hallimasche hineinfüllen und mit der kochenden Marinade (Salzwasser, Zucker, Essig) auffüllen. Sofort verschließen.

Der Kürbis spaziert durch die Stadt, fragt seine Artgenossen: „Und leben alle Verwandten des Kürbis gesund?"

Sauerkraut

Zutaten:

1 mittelgroßer Weißkohl

Knoblauch

Rote Bete

Kreuzkümmel

Marinade:

1 Liter Wasser

2 bis 3 Eßlöffel Essig

2 Eßlöffel Salz

1 Eßlöffel Zucker

Zubereitung:

Den Weißkohl vierteln, dann quer in Streifen schneiden. Auf den Boden des Gefäßes geben Sie die in Streifen geschnittene Rote Bete, den gehackten Knoblauch, wer mag gibt Kreuzkümmel hinzu. Geben Sie nun den Kohl dazu, nicht zu fest andrücken. Darauf noch einmal Rote Bete, das gibt eine schöne Farbe, und Kreuzkümmel.

Marinade: 1 Liter Wasser aufkochen, 2 Eßlöffel Salz, 1 Eßlöffel Zucker, 2 bis 3 Eßlöffel Essig hinzugeben. Die heiße Marinade über den Kohl gießen, mit einem Holzbrett abdecken. 2 Tage bei Zimmertemperatur stehen lassen, dann in den Kühlschrank stellen.

приїдемо сьогодні у гості, потім як довго шукав у копиці сіна свою мобілку, а коли побачив кісточки від учорашньої риби — згадав як телефон утопився. У мене вже затерпли руки висіти на середині хвісури, та побратима треба було ж дослухати. Ото й виявилося, що він підпалював чорний дим щоби дати сигнал Генеїду про наш сьогоднішній візит. І справді десь за обрієм лісу, в напрямку де жив Енеїд також валив чорний дим, ніби підпалили автопарк якогось багатія. Я побачив широку посмішку побратима: „Він нас чекає!" — і кивнув в напрямку чорного згарища вусом.

Серахвіма вже встигла поснідати і знову валялась біля миски пузом догори. Вона нагадувала скоріше хутряний м'яч ніж грозу усіх гризунів, єдину надію на збереження крупяних припасів Енеїда. Козак з Лугу підняв кота і схопився за поперек „От вража тварина як обїлася, що й не піднімеш!" І обережно поклав звіра у сплетений власноруч кошик у якому, викликаючи у нас обох обільне слиновиділення, лежала пляшка і кілька таранів і миска з риб'ячим

у квітах розшитим рушником. „Но тута одна гарна молодичка подарувала!" — „Трофейний, з начиння" — підтримав я. Ми рушили до хутора Енеїда пішки — бо лісом, тай полем, ярами для машини дороги не було.

Генеїд стрінув нас біля своїх гарних різьблених воріт. На двох товстелезних вертикальних тесаних стовбах покоїлася поперечна балка з написом, вирізаним у дереві: „Генеїдівка — козацька слобода. Збудовано року Божого 1991-го на Покрову". Широка і щира посмішка вітала нас і ставала все ширшою по мірі того, як ми привіталися класичним „Пугу", а потім привідкрили рушник на кошику звідки булькнула пляшка і нявкнула Серахвіма. „Ну нарешті кіт порозганяє отих супостатів зубатих й ненаситних" — радісно вигукнув невеликий на зріст але міцного складу козарлюга. „Заходьте, я замочив уже пшоно на кулешу!" — мовив Геней і правою рукою оперся об ліву боковину воріт. Козаків мало чим здивуєш, та цього разу ми з побратимом таки здивувалися! В той самий момент, коли правиця Генеїда торкнулася стовпа воріт, стовп той затріщав, верхня балка сколихнулася і повільно набираючи швидкість уся конструкція завалася ворота-

Gemüsesalat (eingelegt)

ein leckerer Salat, den schon unsere Mütter und Großmütter im Kuban zubereitet haben. Der Salat ist heute noch sehr beliebt.

Zutaten:

3 Kilogramm grüne Tomaten
1 Kilogramm Karotten
1 Kilogramm Zwiebeln
1 Kilogramm süße Paprika
100 Gramm Salz
300 Gramm Zucker
½ Tasse Essig (9 Prozent)
1 Tasse Öl
2 Lorbeerblätter
20 schwarze Pfefferkörner

Zubereitung:

Waschen Sie die grünen Tomaten und schneiden Sie diese in Stücke. Karotten schälen und grob raspeln. Zwiebeln schälen und hacken. Süße Paprika in Streifen schneiden. Alles in eine Schüssel geben und gut mischen, 2 Stunden ziehen lassen, damit das Gemüse Saft abgibt. Dann fügen Sie Zucker, Salz, Öl, Lorbeerblätter, Pfeffer und Essig hinzu. Alles gut vermischen, in einem Topf zum Kochen bringen, 15 Minuten köcheln lassen. Zehn 0,5-Liter-Gläser sterilisieren, den Salat in die Gläser verteilen, die Gläser mit Metalldeckel gut verschließen und auf den Kopf stellen. Warten bis alles abgekühlt ist. Dann aufrecht an einem kühlen Ort lagern.

Sinenikije (Auberginen)

Auberginen (oder Blaues, wie viele sie nennen) kann man schnell und ohne großen Aufwand, vor allem ohne Sterilisierung für den Winter einlegen.

Zutaten:

5 Kilogramm Auberginen

½ Liter Essig (6 Prozent)

5 Eßlöffel Salz

5 Liter Wasser

Für die Sauce:

3 Zweige Dill

300 Gramm Knoblauch

1 Zweig Selleriegrün

3 Zweige Petersilie

1 Kilogramm süße Paprika

3 bis 4 Pfefferkörner

½ Liter Öl

Zubereitung:

Auberginen in 1 mal 1 Zentimeter große Würfel schneiden. Sellerie, Dill, Petersilie, Paprika waschen, trocken tupfen und durch den Fleischwolf drehen. Knoblauch ebenfalls separat durch den Fleischwolf drehen. Beiseite stellen. 5 Liter Wasser mit 5 Eßlöffel Salz zum Kochen bringen, die Hälfte des Essigs zugeben, dann nach und nach die Auberginen portionsweise in das Wasser geben und 5 Minuten kochen. Geben Sie die Auberginen dann in einen zweiten Topf, warm halten. Nun den restlichen Essig zu den Auberginen geben und vorsichtig unterheben. In einen separaten Topf gießen Sie Öl, geben Pfeffer und die durch den Fleischwolf gedrehten Kräuter und Paprika hinzu, 10 Minuten dünsten lassen, dann kommt der zerdrückte Knoblauch in den Topf, weitere 10 Minuten köcheln lassen. Die Sauce über die gekochten Auberginen geben und gut mischen. Die Auberginen in gewaschene und sterilisierte Einmachgläser geben, gut verschließen (Menge reicht für rund 15 Gläser wohlschmeckende Sakuski). Beim Abkühlen die Gläser auf den Kopf stellen.

Bohnensalat (eingemacht)

Zutaten:

2,5 Kilogramm Tomaten
2 Kilogramm Paprika
2 Kilogramm gekochte Bohnen
1 Kilogramm Zwiebeln in 1 Tasse Butter angebraten
1 Kilogramm Karotten in 1 Tasse Öl gedünstet
1 Liter Wasser
2 Eßlöffel Salz
6 Eßlöffel Zucker
150 Milliliter Essig

Zubereitung:

Tomaten durch den Fleischwolf drehen. Paprika würfeln. Essig in die Pfanne gießen, Tomaten und Paprika dazu geben, 20 bis 25 Minuten kochen. Zwiebeln in einer Tasse Öl braten. Karotten in einer Tasse Öl dünsten. Dann zusammen mit den gekochten Bohnen, Wasser, Salz, Zucker und Essig vermischen, mit Tomatensauce überziehen, weitere 15 Minuten köcheln lassen. Dann in sterilisierte Gläser geben. Abkühlen lassen.

Der Kosak auf der Wiese spaziert mit seiner Tochter Darinka auf dem Steilufer. Da kommt ihnen Eneid entgegen.
„Wohin gehst du?"
„Nun, gehe mit der Tochter, einen Drachen fliegen lassen."
„Ei, ei! Ich auch! Bringe die Schwiegermutter zum Flughafen Borispol!"

Zucchini „Schwiegermutterzunge"

Diese Zucchini bereitet ein jeder auf eigene Weise zu (denn jede Schwiegermutter spricht mit eigener Zunge ...), aber dieses Rezept ist sehr praktisch in der Vorbereitung und von exquisitem Geschmack

Zutaten:

3 Kilogramm Zucchini
7 Kilogramm Tomaten
100 Gramm Knoblauch
4 süße Paprika
2 Peperoni
1 Tasse Öl
1 Tasse Zucker
2 Eßlöffel Salz
½ Tasse Essig (9 Prozent)

Zubereitung:

Die Zucchini waschen, schälen – damit Sie die Schwiegermutter nicht kritisiert –, dann in Würfel schneiden. Tomaten waschen und vierteln, Knoblauch schälen. Paprika und Peperoni nur waschen, Kern mit Samen nicht entfernen. Tomaten, Paprika und Peperoni durch den Fleischwolf drehen, Knoblauch zuletzt durch den Fleischwolf drehen. Alles zusammen mit den Zucchini in einen Topf geben, Öl, Zucker und Salz dazugeben, unterheben, den Essig dazu gießen, aufkochen und bei schwacher Hitze eine halbe Stunde köcheln lassen. Alles in Gläser füllen, Deckel sofort verschließen.

Bohnen mit Walnüssen

Zutaten:

300 Gramm Bohnen
½ Tasse Walnußkerne
2 bis 3 Knoblauchzehen
3 bis 4 Zweige grüner Koriander
2 kleine rote Zwiebeln,
Salz nach Geschmack

Zubereitung:

Bohnen über Nacht einweichen. Am nächsten Tag die Bohnen kochen, dann das Wasser abtropfen lassen. Es ist wichtig, daß die Bohnen nicht verkochen! Walnußkerne, Knoblauch, Koriander gut zerstoßen, salzen und mit den gekochten Bohnen vermischen. Gehackte Zwiebel dazugeben, unterheben. Das Gericht mit roten Zwiebelringen schmücken.

Metliza-Suppe

Zutaten:

400 Gramm Kräuter
(Brennessel, Bärenklau, Sauerampfer, Kleeblatt, Klee und ähnliches)
2 bis 3 Kartoffeln
1 mittelgroße Zwiebel
1 Karotte
1 Tasse Smetana oder Joghurt
Salz, Pfeffer, Lorbeerblätter - nach Geschmack
Zucker
Wasser oder Pilzbrühe

Zubereitung:

Das junge Grün gründlich unter fließendem Wasser waschen, in kleine Stücke schneiden, mit kochendem Wasser oder Pilzbrühe übergießen. Braten Sie die gehackte Zwiebel und Möhre separat an, dann in die Brühe mit den Kräutern geben. Kartoffeln schälen, würfeln, zur Brühe geben und kochen bis sie weich sind. 5 bis 10 Minuten vor Ende der Garzeit geben Sie das Lorbeerblatt hinzu und würzen die Suppe mit Salz und Pfeffer. Ist sie zu sauer, fügen Sie einen Teelöffel Zucker hinzu. Servieren Sie die Suppe mit Smetana oder frischem Joghurt.

Die Frauen und die Torten

Eine gute „therapeutische" Tradition ist es, daß Frauen vor einer Hochzeit Kalatsch (ein Weißbrot) und jede Menge Kuchen backen (warum nur bezeichnen die Männer die Vorbereitung platt als Geschwätz?). Denn was haben Frauen da nicht alles zu besprechen. Allein die Sprache ist so scharf wie des Kosaken Säbel, und man versteht nicht, welche von ihnen wann was gesagt hat.

„Die Hochzeit ist stets Anlaß zur Freude – aber dann ... Nun, wem erzähle ich das. Hier ist mein Haus, ein Paradies. Ich bin Eva, der Mann ist Adam, und die Schwiegermutter ist die Schlange."

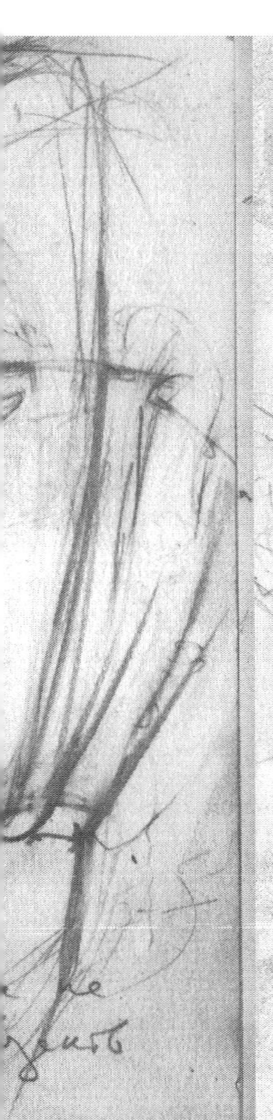

Bei der Gevatterin schmeckt selbst das Wasser besser.

Die Gevatterin ohne Verstand, und der Gevatter hat noch weniger.

Die Gevatterin der Gevatterin, und dann gleich dem ganzen Dorf.

Scharfen Rettich kann man essen, ist die Ehe schlecht, muß man gehen.

Der Gevatter lernte den Gevatter kennen und ließ Bier kommen.

Kennt du die Gevatterin, kennst du das halbe Dorf.

Iß, Gevatter iß, hungre nicht wie zuhause.

Jede Gevatterin backt ihre eigene Torte.

Egal ob die Gevatterin blaß ist, Hauptsache sie backt Kuchen.

Lobt der Gevatter die Gevatterin, wie niemanden ...

„Sag nur. Da hat sich der Meinige doch vorige Woche beschwert: ‚Mir ist unwohl, Liebes ... Wenn du nur Wareniki kochen könntest. Aber koch nicht vierzig und nicht 39, sondern mehr. Vielleicht, daß ich dann wieder auflebe ...' Und dann ist deine Gesundheit selbst nicht die beste, und das Augenlicht schwindet. Dann sehe ich, daß da irgendein Mann geht, aber ich erkenne ihn nicht."
„Aber ist das ein Mann?", klatschte Trinditschicha in die Hände. „Mein Schwiegersohn! ... Vor kurzem rief meine Tochter an: ‚Mamotschka, Mama, der Mann beleidigt mich, ich komme zu Dir." ‚Nein, nein, Töchterchen', habe ich gesagt, ‚Böses muß bestraft werden. Ich komme zu Dir'."

„Aber was mischst du dich da ein?", hörte ich die Stimme des Hausherren. „In der Liebe ist es, wie man sagt, wie mit dem Motorrad, lange geht es gut, dann sitzt du im Rollstuhl."
„Was erzählst du da. Da habe ich deine Nachbarin kürzlich im Garten gesehen. ‚Tamara', rief ich, ‚Telefon.' Und sie: ‚Wer?' Und ich: ‚Dein früherer Mann.' Und sie: ‚Welcher?' Habt ihr so was schon gehört?"
„Wie auch immer - die Gesundheit ist das wichtigste. Da haben sie dem Meinigen Blutegel gesetzt", sagte meine bessere Hälfte.
„Und, Gevatter haben die Egel nicht geholfen?" Das war an mich gerichtet, doch hatte ich keine Zeit, den Mund auch nur zu öffnen.
„Ach wo!", antwortete meine mir Anvertraute. „Drei wurden gesetzt, und mehr, sagte er, wolle er nicht."
„Warum ist dein Tschortochwost so zerkratzt?", gluckste Teterja.
„Er hat eine junge Frau aus dem Teich gerettet."
„Mein Gott, und sie zerkratzte ihn so?", klatsche Odarotschka voller Gefühl in die Hände.
„Nein, als er nach Hause zurückkehrte und es mir erzählte – und das kann mein Vater bezeugen –, habe ich ihn gesund gemacht – ganz ohne Blutegel."
„Und glaubst du deinem Mann", warf Tschortochwosts Nichte mit glänzenden Augen ein.
„Ja, recht oft", sie zwinkerte mit den Augen.
Und als ob er die Frauen nicht gehört hätte, machte der zu uns Zurückkehrende eine gewichtige Mine:
„Jungs, kann eine Frau einen Mann zum Millionär machen?"
Und er antwortete sich gleich selbst: „Ja, wenn er ein Milliardär ist."
„Oh, Mädels", seufzte Trinditschicha. „Wir denken nicht zuerst, und dann denken wir, warum wir nicht wirklich nachgedacht haben, als wir hätten denken sollen."
„Jaaa", mischte sich Tschortochwost nun in das Gespräch der Frauen ein, „vor der Hochzeit schickt ihr die sms ‚ich liebe dich, vermisse dich, warte auf dich', nach der Hochzeit heißt es: ‚Brot, Milch Toilettenpapier ...'"

„Eine weise Frau hat gesagt, streite nicht mit dem Mann, vergieß Tränen", meinte Odarka verträumt.
„Wirklich? Und mir gab ein weiser Mann den Rat, fang nicht an mit der Frau zu argumentieren, küß sie einfach", lächelte Tschortochwost in seinen Bart.
Der Tenor der Männer mischte sich mit den hohen Stimmen der Frauen.
„Was erzählst du, das wichtigste ist, daß unsere Frischvermählten in Liebe und Harmonie leben."
„Da sei ganz ruhig, wenn du die Kosten der Hochzeit ins Verhältnis zu Jawdochas Mitgift setzt, kann der Kosak von der Wiese nur aus wahrer Liebe heiraten", schloß ich das Gespräch.
„Die Welt verliert ihre Genies: Beethoven wurde taub, Puschkin wurde erschossen, Gurtschenko ist tot, und mir schmerzt auch der Kopf." Gevatter Teterja sprach die schweren Worte und wandte sich seinem geliebten Bambetel zu.
Und das alles soll leeres Gerede sein? Die Kuchen gebacken, die Torten herrschaftlich, die Kringel, die Werguni (Ausgebackenes) und die Pfannkuchen ... Wir lieben sie.

Als Sünde gilt es, ein Stück Brot nicht aufzuessen ... Wenn es herunterfällt, mußt du es aufheben, küssen und aufessen. Das lehrte uns die Großmutter ...

Kiewer Torte nach Art des Hauses

(ein Rezept von Jawdocha)

Zutaten:

10 Eiweiß

1 Glas Zucker

100 Gramm geröstete gehackte Walnüsse

40 Gramm Mehl

200 Gramm Butter

2 Teelöffel Kakaopulver

400 Gramm Kondensmilch

Beeren, eingelegte Früchte und Blumen aus Zuckerguß zur Dekoration

Zubereitung:

Das Eiweiß mit dem Mixer steif schlagen (oder auf Kosakenart, bei der die Frau in der Küche mit der Gabel das Eiweiß schlägt), den Zucker in drei gleichen Portionen hinzugeben. Die Eiweiß-Zucker-Masse muß etwa das dreifache Volumen haben. Nun die Nüsse und das Mehl hinzugeben, unterheben. Aus dieser Masse nun die Tortenböden backen – zwei oder drei Lepjoschki (Fladen) auf Pergamentpapier 4 Stunden im Ofen bei 100 Grad backen (man kann auch die ganze Masse als Kuchen backen und dann in Scheiben schneiden). Für die Creme vermengt man die weiche Butter mit der Kondensmilch und erhitzt die Masse auf niedriger Flamme, das Kakaopulver hinzugeben, alles vorsichtig unterrühren. Die Kuchenböden mit der Creme bestreichen, aufeinandersetzen, dann Creme über den ganzen Kuchen geben, mit Nüssen, eingelegten Früchten, Zuckergußblumen und Beeren dekorieren. 2 bis 3 Stunden kalt stellen.

Schokoladen-Nuß-Torte

Zutaten

Für den Kuchenboden

100 Gramm Butter

2 Eier

3/4 Tasse Zucker

1 Messerspitze Soda oder Backpulver

40 Walnußkerne

1,5 Tassen Mehl

Für die Creme:

200 Gramm Smetana

1 Tasse Zucker

20 Walnußkerne

Für die Glasur

50 Gramm Butter

2 Teelöffel Kakaopulver

Milch

Zubereitung:

Teig für drei Tortenböden: 100 Gramm Butter schmelzen lassen, zwei Eier dazu geben, alles verschlagen, 3/4 Tasse Zucker hinzufügen, dann Soda beigeben. Nun 40 gehackte Walnußkerne hinzufügen und das Mehl einsieben. Alles gut unterrühren. Den Teig in drei Portionen teilen, ausrollen und im Ofen backen. Abkühlen lassen.

Für die Creme die Smetana mit Zucker im Mixer verrühren, dann 20 gehackte Walnüsse dazugeben. Beiseite stellen.

Für die Glasur die Butter schmelzen, das Kakaopulver unterrühren und die Milch dazugeben. Auf kleiner Flamme zum Kochen bringen, dann vom Feuer nehmen und erkalten lassen.

Nun die Tortenböden großzügig mit Creme bestreichen, aufeinander setzen, dann oben und an den Seiten mit der Schokoladenglasur bestreichen. Über Nacht kalt stellen

Torte „Herrenlocken"

(höhere Kunst der Tortenzubereitung)

Zutaten

Für die Tortenböden

3 Eßlöffel Mehl
1 Tasse Zucker
8 Eiweiß
200 Gramm Walnusskerne
ein wenig Zimt
Prise Salz

Für die Glasur

Mandeln
2 Eßlöffel Sahne 33 bis 35 Prozent
200 Gramm weiße Schokolade
50 Gramm dunkle Schokolade

Für die Creme

300 Gramm Butter
3 Teelöffel Vanillezucker
2 Eßlöffel Aprikosenmarmelade (leicht erwärmt)
½ Tasse Kokosnußmilch
¾ Tasse Zucker
2 Eßlöffel Kirschwodka
4 Eigelbe
¼ Tasse Kondensmilch (die Dose rund 1 Stunde ungeöffnet in heißem Wasser erhitzen)
½ Tasse Milch

Zubereitung:

Eiweiß mit einer Prise Salz mit dem Mixer schaumig schlagen. Nach und nach den Zucker zugeben und alles steif schlagen. So lange schlagen, bis man das Eiweiß Kopf über aus der Schüssel stürzen kann. Die Walnußkerne in der Kaffeemühle mahlen. Das Nußmehl mit Zimt und Mehl nach und zum Eiweiß geben, alles von unten nach oben unterheben, arbeiten Sie sanft und sorgfältig. Aus der Masse sechs Kuchenböden auf Pergamentpapier backen, Ofen auf 150 Grad vorheizen, Böden sollen leicht braun bis karamellfarben sein. Das dauert rund 20 Minuten, dann aus dem Ofen nehmen und mit dem Messer gerade schneiden.

Nun bereiten wir die Creme: Verquirlen sie Kokosnuß- und Kuhmilch mit dem Mixer. Ein Drittel der Milch verrühren Sie mit dem Zucker, den vier Eigelben und dem Vanillezucker zu einer Masse. Die übrige Milch kochen Sie in einer schweren gußeisernen Pfanne auf, dann geben Sie die Eigelbmasse dazu, noch einmal aufkochen lassen. Vom Feuer nehmen, abkühlen lassen, dann 1 Stunde in den Kühlschrank stellen. Nun verschlagen Sie die Butter mit Kondensmilch, Teelöffel für Teelöffel in die Creme geben, den Kirschwodka dazu geben, alles unterrühren.

Die Creme nun auf fünf Tortenböden streichen. Diese aufeinander schichten, mit dem sechsten Boden abschließen. Auf diesen die Aprikosenmarmelade geben, die Sie zuvor im Wasserbad leicht erwärmt haben. Nun die weiße Schokolade im Wasserbad schmelzen, diese mit der Sahne verrühren und noch warm über die Torte geben – alles abkühlen lassen. Während die Oberfläche dieses kulinarischen Werkes härtet, schmelzen Sie die dunkle Schokolade im Wasserbad und gießen sie die flüssige Schokolade auf Pergamentpapier aus, nun malen Sie „kutscheri“ (Locken) in die Schokolade – Spiralmuster oder abstrakte Muster im Sinne von Jackson Pollock.

Und jetzt kommt die eigentliche Kunst: Mit dem Messer die Locken von der Mitte zum Rand ziehen – damit teilen Sie die Torte in acht Segmente. Nun in jedes dieser Segmente wieder eine „Locke“ setzen, nun aber vom Rand hin zur Mitte. Auf der Torte sollte so ein Federmuster entstehen. In jedes Segment am Rand eine Mandel setzen. Das Tortenwerk über Nacht in den Kühlschrank stellen.

Honigtorte nach Tscherkasser Art

Zutaten:

2 Eier
2 Eßlöffel Honig
1 Teelöffel Soda oder Backpulver
1 Tasse Zucker
6 Eßlöffel Mehl
125 Gramm Margarine
300 Gramm Butter
2 Dosen Kondensmilch
200 Gramm Walnüsse

Zubereitung:

Lassen Sie die Margarine weich werden, bis sie die Konsistenz von Smetana hat, dann Zucker und Honig zugeben, alles gut verrühren. Wenn eine homogene Masse entstanden ist, Soda hinzufügen, rühren. Rühren, bis die Masse nicht mehr an Volumen zunimmt und eine weiße Farbe annimmt. Wenn alles abgekühlt ist, die Eier hinzugeben, dann nach und nach das Mehl einsieben. Alles zu einem weichen Teig verarbeiten, dann 6 bis 8 Böden auf Pergamentpapier im Ofen backen.

Für die Creme gießen sie die Kondensmilch nach und nach in die geschmolzene Butter, immer gut umrühren. Die Creme auf die Böden streichen, drei bis vier Böden aufeinander setzen, dann oben mit Walnüssen dekorieren.

Kekse Turok

Nicht im Ofen gebacken

Zutaten:

400 Gramm Sandgebäck, das leicht zerkrümelt • 1 Tasse gemahlene Walnüsse
200 Gramm Butter • 1 Ei • 2 Eßlöffel Milch
2 Eßlöffel Kakao • 1 Tasse Zucker

Zubereitung:

Sandgebäck zerkrümeln und mit Walnüssen vermischen. Eier trennen. Bei niedriger Hitze das Eigelb, die Butter, die Milch, den Kakao und den Zucker zum Kochen bringen, das Eiweiß separat schlagen, alles mit der Gebäck-Nuß-mischung vorsichtig vermischen, zu einer Rolle formen, in Pergamentpapier einschlagen und über Nacht in den Kühlschrank stellen.

Spaseniki oder Bubliki (weiche Kringel)

Zutaten:

1 Kilogramm Mehl • 1 Paket Hefe • 50 Gramm Mohn • warmes Wasser

Zubereitung:

Spaseniki nennt man diese Teigwaren, weil sie ganz einfach sind, man kann davon essen, so viel man will, auch in der Fastenzeit.

Weizenmehl mit warmem Wasser verrühren, dann Hefe dazu geben, Teig gehen lassen, gut durchkneten, dann Kringel daraus formen und mit Mohn bestreuen, im Ofen backen.

Spaseniki und Honigbrot gab man Kindern, die auf das Neujahr warteten, der Hebamme bei der Geburt des Kindes, man gab Spaseniki den Reisenden mit, die Patin schenkte sie den Patenkindern.

Karawai – das ist die häufigste und älteste Form des rituell zubereiteten Brotes – und es wird häufig in der antiken Literatur erwähnt. Später wurde das Anbeten des Karawai als böse Praxis verurteilt, aber die Menschen bewahrten zu diesem Brot eine besondere Beziehung. In Tschernigow zum Beispiel wird das Hochzeitsbrot mit besticktem Korolewsker Stoff bedeckt und mit Beeren und Schneeballblumen und Zweigen von Obstbäumen geschmückt ... Dem Karawai begegnet man ehrerbietig, es wird nur von Frauen gebacken, den Karawaischtschizi, und am Ende des Hochzeitsmahls wird es als „Frieden Gottes" verteilt. Wenn die Bäckerin das Brot in den Ofen schiebt, singt sie ein Loblied. Gibt es auf einer Hochzeit kein Karawai, so gilt sie als unvollständig. Und über einen Menschen, mit einem hohen Bewußtsein der eigenen Würde sagt man, daß er „wie ein Karawai auf der Hochzeit ist"!

Das Brot soll sein wie Daune, wie Geist, wie süße Glückseligkeit!

Beschwörung des Ofen: „Unser Ofen auf dem Podest, und das Fäßchen tragen sie in Händen, Ofen, lieber Ofen, back ein luftiges Karawai!"

Roggenbrot ist der Fladen des Großvaters.

Brot ist Vater, Wasser ist Mutter.

Brot ist der König aller.

Wo Brot ist, wird gesungen.

Ohne Salz und ohne Brot kein Mittagessen.

Ohne Brot stirbt auch die Liebe.

Sprache wird gesprochen, Brot gegessen.

Karawai

Rezept des Hochzeitsbrotes der berühmten
zeitgenössischen Karawaischtschizi Jekaterina Porskalo

Zutaten:

4 Liter Molke • 400 Gramm Hefe • Mehl • 16 Tassen Zucker
500 Gramm Butter • 500 Gramm Margarine
½ Liter Smetana • 4 Päckchen Vanillezucker • 32 Eier

Ich fange mit dem Teig um 6.00 Uhr (morgens!) an. Und nach 16:00 Uhr hole ich das fertige Brot aus dem Ofen. Den ganzen Tag tanze ich um das Feuer. Insgesamt dauert der Vorgang 10,5 Stunden. Morgens um 6.00 Uhr wird der Teig geknetet (Hefe, Molke, Mehl), gehen lassen, um 7.00 Uhr kommen die Eier, der Zucker und Vanillezucker, die Butter und Margarine dazu. Gegen 8.30 Uhr knete ich den Teig vierzig Minuten, an einem Karawai muß man schwer arbeiten. Danach ruht er 1,5 Stunden. Ich forme die Laibe (sehr schnell, und sie müssen die gleiche Größe haben – wiege sie, jeder Laib soll 1200 Gramm schwer sein, so erhalte ich 18 Stück) – wieder ruhen lassen. Dann aus einem Teil des Teigs dünne oder dickere Teigschnüre rollen, diese zu Zöpfen flechten oder ineinander drehen und um den Brotlaib legen. Alles muß sehr schnell getan werden, der Teig wächst vor unseren Augen. Nun die Laibe auf das Backblech legen und 2,5 Stunden backen. Davor heize ich den Ofen 1,5 Stunden. Der Geist ist warm aus dem Ofen, und der Teig geht auf dem Backblech auf. Als Brennholz nehme ich Eiche – die hält die Hitze. Das Brot am Schluß mit Eigelb bestreichen.
Die Verzierungen mache ich, sobald ich eine freie Minute habe. Der Teig für die Verzierung wird nur aus Mehl und Wasser geknetet. Dann dünn ausrollen und Münzen, Vogelnester, Blätter, Getreideähren ausschneiden, und auf dem Brot verteilen, wenn ich gebeten werden, schreibe ich auch den Namen der Frischvermählten auf das Hochzeitsbrot.

Kiewer Werguni

Zutaten:

2 ½ Tassen Mehl
3 Eier
3 Eßlöffel Zucker
2 Eßlöffel Butter
½ Eßlöffel Rum
3 Eßlöffel Milch
12 Bittermandeln (gemahlen)
100 Gramm Zucker (zum Bestreuen)

Zubereitung:

Eier mit Zucker schaumig schlagen, dann die geschmolzene Butter, Rum und Milch zugießen, die gemahlenen Mandeln einstreuen, gut verrühren, das Mehl einsieben, und nun den Teig kneten. Der Teig wird sehr dünn ausgerollt und in 1 Zentimeter dicke Streifen geschnitten. Jeden Streifen in der Mitte abknicken und ineinander drehen. In heißem Schmalz ausbacken, auf den Teller geben und mit Zucker bestreuen.

Korotschun. Ein Ritualbrot, das am kürzesten Tag des Jahres gebacken wird, und auch am Weihnachtstag. Korotschun wird genauso feierlich zubereitet wie Kutja (süße Getreidespeise) und Uswar. Ein Stück Korotschun wurde im Haus als Medizin und als Schutz betrachtet. In den ungesüßten Teig wurden unterschiedliche Getreide, Knoblauch, Halme von Hafer, Honig und ein wenig Weihwasser gegeben.

Kulitsch Pas'chalni (Osterbrot)

hier ein sehr leckeres Rezept einer Paska - ein altes Ritualgericht ...

Zutaten:

1 Liter lauwarme Milch
2 Packungen Hefe (100 Gramm)
1 Kilogramm Butter oder halb Butter, halb Margarine
20 Eigelb
1 Kilogramm Zucker
500 Gramm Rosinen
Mehl
Muskatnuß, Zimt, Kardamom, Zitronenschale
Eiweiß

Zubereitung:

Mischen Sie Milch, Hefe, Butter, Eigelb und Zucker zu einem geschmeidigen Teig und lassen ihn 2 bis 3 Stunden gehen. Dann mischen Sie das gesiebte Mehl – für eine so herrschaftliche Paska muß das Mehl unbedingt gesiebt werden – unter und lassen den Teig an einem warmen Ort eine weitere Stunde gehen. Nun geben Sie die Rosinen, Zimt, Muskatnuß, Kardamon und die geriebene Zitronenschale hinzu. Geben Sie den Teig in eine runde Form und backen das Osterbrot bei 200 Grad 20 bis 30 Minuten, danach mit Eiweißschnee überziehen.

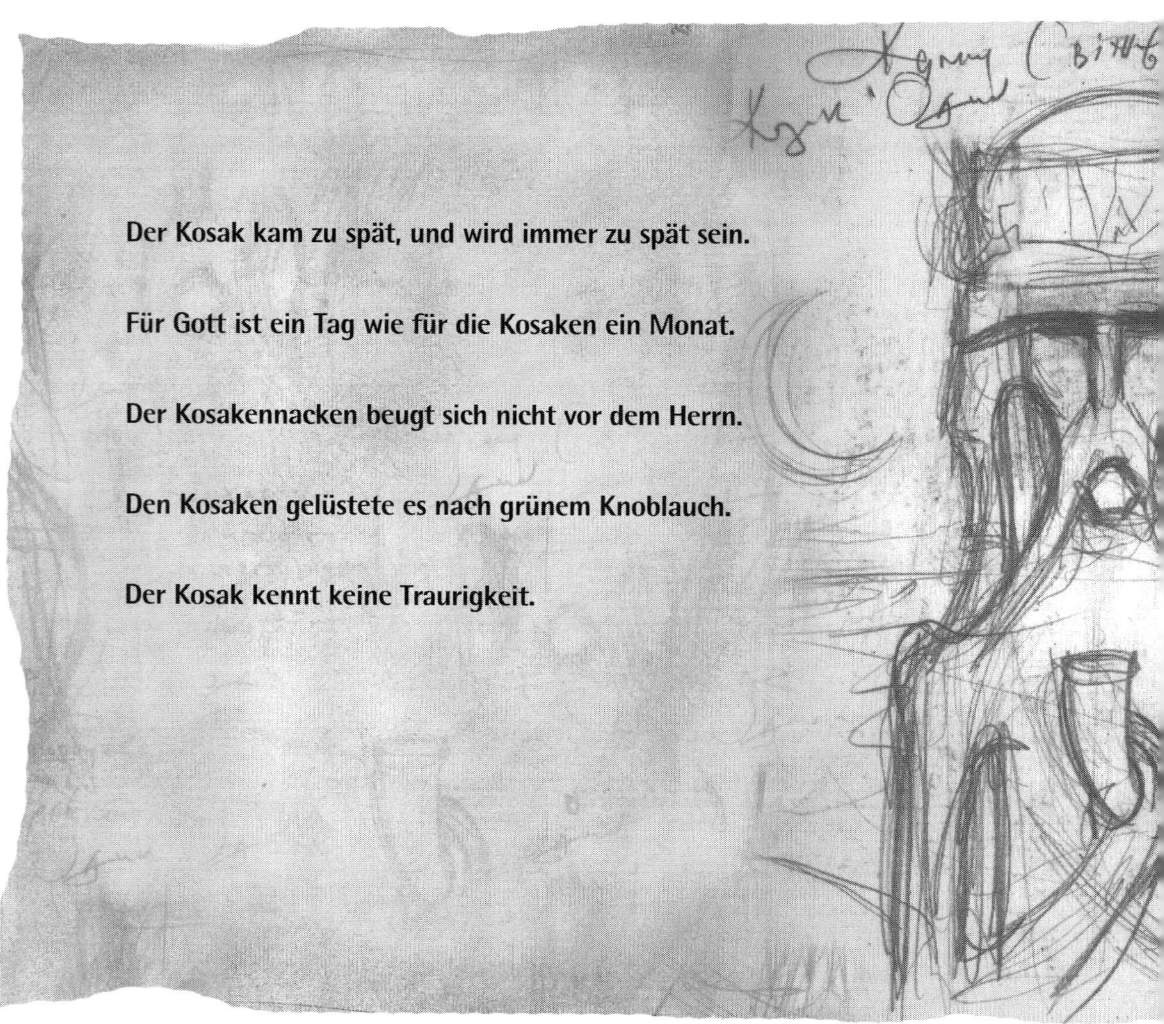

Wolchow Haplyk

wie er genannt wurde, weil er seinen roten Kaftan praktisch nie auszog, da er mit fünfzig kleinen Haplytschki (Haken) geschlossen wurde.

Auf dem hohen Steilufer des Dnjepr erhob sich eine Statue des Swetowit mit vier Gesichtern, die das gesamte Universum anblicken. Die Sonne stand über dem Dnjepr, dem Ewigen Fluß, am Himmel schwebte eine einzige Wolke wie

ein weißer Ritter. In der Nähe standen ebenfalls auf dem hohen Ufer Tische und Bänke.
Am Ende des Tisches – das Brautpaar. Leuchtend wie eine Ikone oder ein Gemälde. Am Tisch die Gesellschaft – die ganze Kosakenfamilie. Die Männer mit ihren Knebelbärten und Stirnlocken, und die Frauen ... Nun, unsere Frauen sind wunderbar! Kinder laufen in Gruppen herum - Katzen und Pferde jagen, dem dreiwöchigen Fohlen Odoakra ein Trick beibringen. Welches Glück!

Über der Gesellschaft ist vorsorglich ein Baldachin aus Schilfrohr gebaut, denn man setzte sich, um lange zu feiern - alle Rezepte, die ich für mein Manuskript gesammelt hatte, sollen probiert werden. Dort brät Wolchow Haplyk das Fleisch nach seinen Rezepten. Und es gibt Jawdochas Borschtsch und Kuchen und Wurst und Sülze!

Ich stehe bei Haplyk und schreibe immer weiter, kann schon nicht mehr aufhören ... Und Wolchow berichtet über die graue Vorzeit, über Rezepte und Getränke der Vorfahren. Dann geht er zur Medizin über. Sagt daß die Kosaken der ganzen Welt ihre Kultur geschenkt haben. Den Europäern – Kaffee, den Indern – das Rigveda von Avesta und Sanskrit. Und als Erste haben sie das Pferd gezähmt und das Rad erfunden (das waren die Tripolischen Kosaken vor 7000 Jahren ...) Und ich hörte ihm zu, hörte, hörte – und wissen Sie, ich glaube ihm! Ich glaube und schreibe die „Kosakenküche", damit ich den Frischvermählten ein fertiges Buch zum Geschenk machen kann. Soll die neue Kosakenfamilie stark und glücklich sein. Leben werden wir auf unsrem eigenen Land, in der Setsch, auf dem Steilufer des Dnjepr! In der Kosakenukraine!

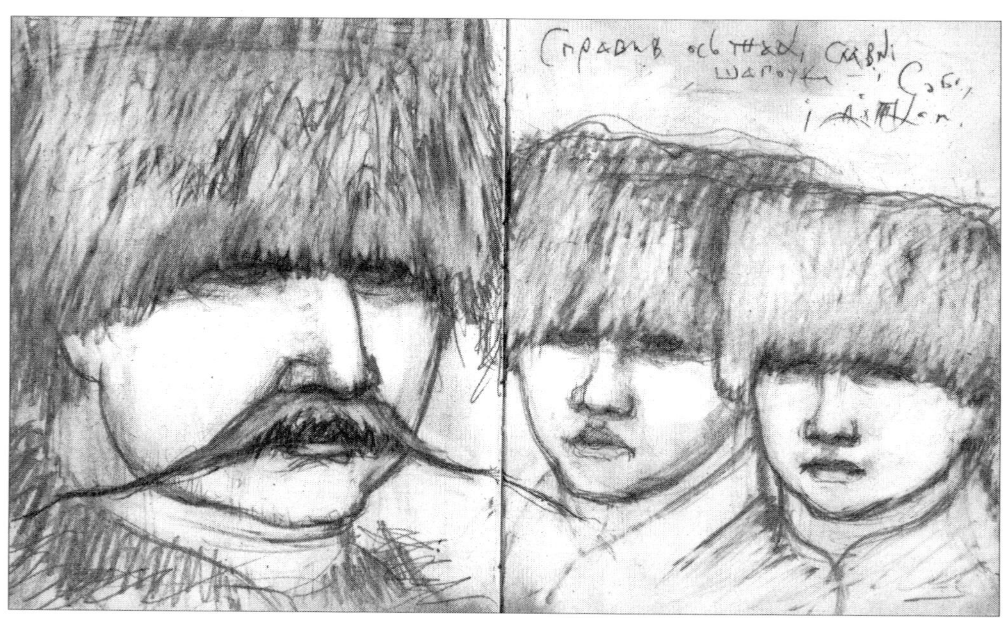

Fleisch in Zwiebelmarinade

Zutaten:

1,5 Kilogramm Fleisch,
5 mittelgroße Zwiebeln (oder mehr, wird nur besser)
Salz, Pfeffer, beliebige Gewürze nach Geschmack
Essig (9 Prozent) nach Geschmack

Zubereitung:

Fleisch in Stücke schneiden. Die ganzen Zwiebeln durch den Fleischwolf drehen. Salz, Pfeffer, Essig, Zwiebeln, Fleisch gut mischen. 6 bis 8 Stunden im Kühlschrank ziehen lassen. Auf dem Rost über gut heißen Kohlen braten.

Kebab-Rezept von Haplyk

Zutaten:

Schweinefleisch
Gewürze nach Geschmack (außer Pfeffer)
Zwiebeln
Rotwein und Essig
Zucker, Salz

Zubereitung:

Auch wenn es noch warm ist, fangen wir mit dem Fleisch an – führte der dem traditionellen Glauben angehörende Haplyk aus, wirbelte die Schalapuga wie der Recke Swjatogor. Haplyk war überzeugt, daß der epische Swjatogor an unseren Dnjepr-Ufern ritt und daß es auch den legendären „Heiligen Berg" aus den alten Aufzeichnungen gibt ...
Die richtige Wahl des Fleisches – das ist der halbe Erfolg. Man muß Schweinefleisch nehmen, in der klassischen Kosakenvariante Schweinenacken. Das Schaschlik wird saftig und schmackhaft. Wer mageres Fleisch bevorzugt oder gebratenes Fett schlecht verträgt, kann Fleisch vom Rücken nehmen, aber der Geschmack ist ein anderer. Fleisch in Würfel von 3 bis 4 Zentimeter schneiden, gut würzen (außer Pfeffer), salzen. Beim Würzen sind Sie Ihrer eigenen Phantasie und Kreativität überlassen. Die Hauptsache ist, daß die Gewürze zu Schweinefleisch passen, weil das Fleisch alle Aromen der Gewürze in sich aufnimmt. Nun werden die Zwiebeln fein gehackt und mit den Fleischwürfeln vermischt, rechnen Sie mit 1 bis 2 größeren Zwiebeln pro Kilogramm Fleisch. Die gleiche Menge an Zwiebeln in Ringe schneiden. Nun geben Sie in die Schüssel eine Schicht Zwiebelringe, darauf das Fleisch, dann wieder Zwiebelringe usw. Mit einer Schicht Zwiebelringe abschließen. So erhalten wir das Fleisch, das mit Gewürzen getränkt und von allen Seiten mit Zwiebeln bedeckt ist.

Nun wird die Marinade bereitet. Hier gibt es mehrere Möglichkeiten, aber Garant für den Erfolg sind Rotwein (ca. 250 Milliliter) und Essig (1 Eßlöffel) pro Kilogramm Fleisch. Sie können auch einige Esslöffel Portwein oder Sherry hinzugeben, auch ein Teelöffel Zucker tut nicht weh. Die Marinade so zugießen, daß jedes Stück Fleisch badet. Wenn Sie das am Abend machen, dann können Sie das Schaschlik schon am nächsten Tag am Nachmittag zubereiten. Wenn das Fleisch gut mariniert ist, kommt es auf einen Holz- oder Metallspieß. Fleisch und Zwiebelringe im Wechsel. Wer mag, kann Tomatenscheiben dazwischen geben. Beginnen und enden muß man natürlich mit Fleisch. Wenn Holz und Kohlen gut durchgebrannt sind, können Sie das Schaschlik braten. Wir können natürlich auch etwas nutzen, was im Volk „barbekuschni" genannt wird. Gegrillt wird nach den gleichen Regeln wie bei allen Barbecue-Gerichten. Rauch sollte nicht zu sehen sein, so daß niemand eingeräuchert wird! Die Temperatur bestimmen Sie am besten wie folgt: die richtige Temperatur ist erreicht, wenn sie ihre offene Hand 2 bis 3 Sekunden an den Ort legen können, wo das Schaschlik braten soll (natürlich dürfen Sie die Metallteile nicht berühren). Ist die Hand sofort verbrannt – ist die Hitze sehr stark, wenn Sie die Hand eine Weile dort lassen können – gibt es zu wenig Hitze.

Wolchow Haplyk erzählte mir auf dem Steilhang auch noch, daß das Wort „Schaschlik" aus der ukrainischen Sprache kommt und eine Verstümmelung des tatarischen Wort „schisch" ist, was Spieß, auf dem Fleisch über dem Feuer geröstet wird, bedeutet. Das heißt, „Schaschlik" oder „schischlyk" ist buchstäblich im Feuer geröstetes Fleisch. Diesem Begriff begegnen wir in der Dichtung von Taras Schewtschenko und anderen ukrainischen Literaten im Sinne von Kosaken-Mahlzeit und gegrilltem Fleisch.

Salo – weißer Speck

Ich lebe gut: Speck essen, in Speck schlafen, im Speck versteckt.

Speck bedeutet keinen Ruhm, aber immer noch einen Genuß.

Wäre ich ein Herr, würde ich Speck essen und Speck nachessen.

Speck ohne Brot ist töricht!

Gib auf gut Glück, wenn kein Brot, dann Speck.

Es gibt Speck, aber nicht für die Katze.

Hätte der Speck Flügel, flöge er gen Himmel.

Ohne jede Veranlassung bekam er Speck.

Fasten – und der Speck schwindet.

Er aß den Speck und beschuldigte die Katze.

Mit einem Stück Speck den Pilz würzen.

Wenn Speck, dann einen solchen, der in den Bart tropft.

Man war mit Angelegenheiten befaßt, und das Kätzchen fraß den Speck.

Dummer Speck – im Ofen ist er still, aber wenn er aus dem Ofen kommt, schreit er.

Speck mit Knoblauch

Zutaten:

500 Gramm Speck
300 Milliliter Essig
Knoblauch
Salz, Pfeffer
Wasser

Zubereitung:

500 Gramm Speck in mit Wasser verdünnten 300 Milliliter Essig (Flüssigkeit muß 2 Zentimeter über dem Speck stehen) 30 Minuten kochen. Erkalten lassen, zerdrückten Knoblauch, Salz und Pfeffer hinzugeben. 2 Tage stehen lassen, fertig.

Dissidentenschmalz

Zutaten:

1 Kilogramm Speck von geädertem Fleisch
4 große Zwiebeln
1 Teelöffel Salz
4 Lorbeerblätter
4 Pimentkörner
3 Körner schwarzer Pfeffer
getrockneter Knoblauch nach Geschmack

Zubereitung:

Speck in 1 Zentimeter große Würfel schneiden und in der Bratpfanne zu goldbraunen Grieben braten. Die Grieben herausnehmen und im Fett fein gehackte Zwiebel goldbraun braten. Zum Schluß geben Sie die Lorbeerblätter, Piment und Pfefferkörner hinzu und braten alles noch 1 Minute. Dann entfernen Sie die Gewürze und drehen die Grieben und die Zwiebeln durch den Fleischwolf. Mit Salz abschmecken, geben Sie den getrockneten Knoblauch hinzu. Füllen Sie alles in ein 1-Liter-Gefäß. Läßt sich lange im Kühlschrank aufbewahren.

Sduor nach Polessjer Art

Speck-Rezept der Polessje-Kosaken

Zutaten:

Speck
Pilze (vorzugsweise Steinpilze)
Zwiebeln
Knoblauch

Zubereitung:

Spricht man über Speck, muß man über Sduor sprechen. Er wird mit Pilzen zubereitet, besonders schmackhaft wird er mit Steinpilzen. Pilze kurz anbraten, dann mit Zwiebeln hinzugeben, weiter braten. Den Speck in kleine Stücke schneiden oder durch den Fleischwolf drehen, mit den gebratenen Pilzen und Zwiebeln vermengen. Mit Knoblauch würzen, bekanntermaßen braucht man eine Menge, und er muß gut zerdrückt werden. Knoblauch mit Speck und Pilzen verrühren, dann kühl stellen.

Nach der Legende haben sich die ersten Polischtschuken (Bewohner von Polessje) ausschließlich von Fleisch, Speck und Pilzen ernährt. Es heißt auch, daß das Brot erst vor relativ kurzer Zeit nach Polessje kam. Ja, und es ist möglich, daß es sich um eine gebackene Kartoffel handelte! Sduor – das ist Polessjer Speck.

„Einige Völker, wie beispielsweise die Moslems, essen keinen Speck", erklärt Hayplyk, genüßlich an seiner Pfeife ziehend. „Sie sagen, Speck zerstört den Geist. Das ist kompletter Unsinn. Für die Slawen waren Eber und Varaha Totemtiere. Der Verzehr von Speck kommt also einer Opferhandlung gleich. Die Moslems schlachten Hammel für ihre Feiertage, die Juden Kälber, und wir haben die Tradition des Weihnachtsferkels bewahrt!"

Speck – und das ist seit langer Zeit bekannt – ist eines der grundlegendsten Produkte der ukrainischen Küche. Aber auch andere Völker verwenden gerne Speck, die Deutschen zum Beispiel und alle Nachfahren der Kelten. Als Lieblingsnahrung der Schweine gelten Eicheln. Und so stark und beständig die Eiche ist, so sind auch Gerichte mit Fett gut für unseren Körper. Und wie viele Nährstoffe enthalten Brotgetreide, die wir oft für unsere Gerichte mit Speck verwenden. Ohne Grieben wird keine Kascha, werden keine Knödel, keine Wareniki und keine Blini zubereitet.

Speck enthält viele Spurenelemente und Vitamine. Frischer, drei Tage alter Speck heilt sogar Krebs in einem frühen Stadium, wenn man jeden Tag ein Stück ißt. Es ist ein sehr kalorienreiches Lebensmittel, das Menschen, die physische Schwerstarbeit leisten oder in der Kälte arbeiten, Energie zuführt. Weißer Speck ist auch für den Organismus des wachsenden Kindes nützlich. Alter gesalzener Speck ist Bestandteil einer Salbe, die zur Behandlung von Tumoren genutzt wird.

Die Vorbereitung von Speck nimmt sehr wenig Zeit in Anspruch. Rezepte gibt es viele und sehr unterschiedliche. Das wichtigste ist – Speck auf Vorrat zu pökeln. Die bekannteste Art ist, Speck in Eichenfässern zu pökeln. Große Stücke Speck reichlich mit Steinsalz einreiben und in Eichenfässern schichten, den hölzernen Deckel verschließen und in den Schrank stellen. Am Boden des Fasses muß unbedingt ein Loch gebohrt werden, damit die Sole abfließen kann. Dieses Rezept verleiht dem Speck eine dichte Textur, Weichheit, Aroma und einen ausgezeichneten Geschmack. Die heutigen Kosaken pökeln Speck in einem Drei-Liter-Glas, geben Knoblauch und Gewürze hinzu und bewahren ihn im Kühlschrank auf.

Gibt es gesalzenen Speck im Haus, haben die Hausherren nichts zu befürchten. Zu jeder Jahreszeit, auch bei extremer Hitze, kann man Speck mit auf die Reise oder zur Arbeit nehmen. Speck lieben ältere Menschen ebenso wie kleine Kinder. Taucht bei Ihnen unerwartet ein Freund auf – bieten Sie ihm Speck an. Speck ist ein in der traditionellen ukrainischen Küche beständiges, geliebtes und geschätztes Produkt.

Gesalzener Speck ist bis zu zwei Jahren haltbar. Speck ißt man zum Mittag mit Brot, Gurken und Knoblauch. Er kommt in Suppengerichte wie Borschtsch und Kohlsuppe. Auch die Eier braten wir mit Speck. An der Menge an Speck mißt das Volk den Wohlstand.

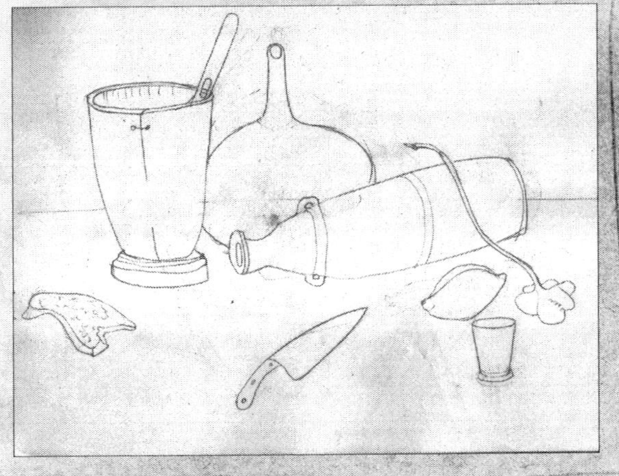

Kaffee

Der Kosake Juri Kulitschizki (Georg-Franz Kolschizky) aus Sambir, der in seiner Jugend in der Setsch ausgebildet worden war, geriet in osmanische Gefangenschaft. Dort lernte er, Kaffee zu trinken und türkische Lieder zu singen. Später war der legendäre Kundschafter Juri an der Rettung der prächtigen Stadt Wien beteiligt. Er gilt als einer der Urheber der gesamteuropäischen Kaffeemanie. Auch schrieb er ein Buch über seine Abenteuer ...
Seine Stunde schlug während der Belagerung Wiens im Jahr 1683. Spät in der Nacht durchquerte Kulitschitzki zusammen mit einem Kosakenbruder als Türke verkleidet die feindliche Linie, um den Herzog von Lothringen zu treffen. Er kehrte mit der Meldung nach Wien zurück, daß Verstärkung schon unterwegs sei. Weil die Mission der Kühnen erfolgreich war, keimte bei den Wienern der Glaube, daß sie durchhalten werden. Und so passierte es: Bereits einige Tage später zog das christliche Heer heran und befreite das belagerte Wien.
Unter den Trophäen fanden sich 500 Säcke mit „gräulich-grünen Körnern", mit denen der Stadtkommandant Graf Ernst Rüdiger von Starhemberg Juri Kulitschizki belohnte. Denn der Graf hatte nicht die leiseste Ahnung, was er damit machen sollte. Der Kosake versicherte dem Kommandanten, daß er damit ein herrliches Getränk kochen könne, das er in türkischer Gefangenschaft kennengelernt hatte. In der Euphorie des Sieges schenkte Graf Starhemberg Kulitschizki nicht nur das Getreide, sondern auch den Status eines Bürgers Wiens und ein Hofquartier. So begann Kulitschizki, in den Straßen Wiens Kaffee zu verkaufen, obwohl die Wiener ihn bitter und ungenießbar fan-

Wiener Kaffee

Zutaten:

gerösteten Kaffeebohnen
Schlagsahne
Puderzucker
eine Prise Vanille
Schokoladenstückchen

Zubereitung:

Kochen Sie einen sehr starken schwarzen Kaffee und gießen Sie ihn in eine Tasse. Auf den Kaffee setzen Sie einen Teelöffel Schlagsahne. Nach Geschmack können Sie eine Prise Puderzucker und Vanille in die Sahne geben. Um dem Heißgetränk ein elegantes Aussehen zu geben, streuen Sie Schokoladenstückchen darüber.

den, bis ... Dem Kosaken kam in den Sinn, ein wenig Zucker in die Tasse zu geben, der Geschmack überraschte ihn, so fügte er auch Milch hinzu. Und er traf eine Entscheidung: wenn die Wiener seinen türkischen Kaffee nicht mögen, wird er ihnen eben Wiener Kaffee kochen!
Später filterte er den Kaffee und gab in das heiße Wasser drei Eßlöffel Sahne und ein wenig Honig (das hat er in seinem Buch berichtet). Aber als der unternehmerische Kosak begann, zum Kaffee auch noch Hörnchen in Form des verhaßten türkischen Halbmondes zu reichen – waren die Wiener begeistert, und die Angelegenheit entwickelte sich erfolgreich! Nicht der ist Kosak, der unterging, sondern derjenige, der sich herauswindet!

Eichelkaffee mit Honig

Zutaten:

2 Teelöffel gemahlene Eicheln
1 Tasse kochendes Wasser
Milch oder Sahne und Honig nach Geschmack

Zubereitung:

2 Teelöffel gerösteter und in einer Kaffeemühle gemahlener Eicheln mit kochendem Wasser übergießen, einige Minuten auf dem Herd kochen. Stehen lassen, damit sich das Eichelmehl absetzen kann, durch ein Sieb in die Tasse gießen. Honig und Milch oder Sahne nach Geschmack hinzufügen.

Kaffee aus Bohnen

Zutaten:

2 Teelöffel gemahlene Bohnen
ein Glas Wasser
Zucker
Ziegenmilch (wenn Ziegen in der Nähe grasen ...)

Zubereitung:

Bohnen in der Mitte durchschneiden und auf dem Feuer braun rösten. Dann müssen sie in einer Kaffeemühle (man kann sie auch mit der Hand mahlen) gemahlen und wie normaler Kaffee aufgebrüht werden. 2 Teelöffel Kaffeemehl mit kochendem Wasser aufgießen und je nach Geschmack mit Zucker und Ziegenmilch verfeinern.

Diese beiden Kaffeearten (aus Bohnen und Eicheln) liebte der Kosak Skyth in seinem Burdjuk. Und ich kann Ihnen versichern, daß sie nicht weniger schmackhaft sind als der Wiener „Mokka".

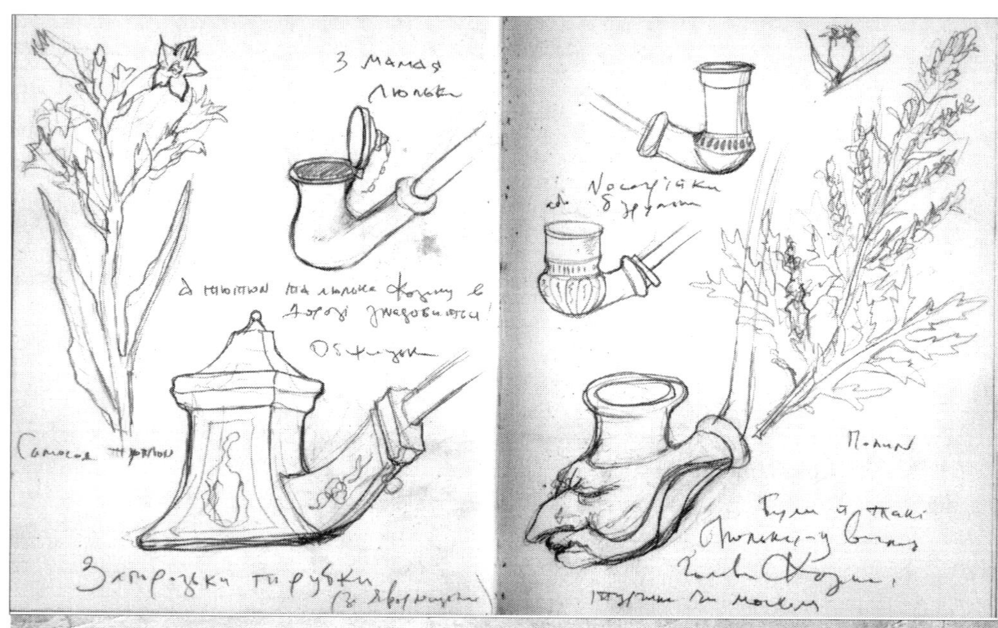

„Tabak und Pfeife braucht der Kosak für die Reise ..." (aus einem Lied), sang der Skythe nach dem Kaffee manchmal und stopfte langsam seine Pfeife, während er über das Rauchen bei den Kosaken redete ... Es gab bei den Kosaken sogenannte Nasenwärmer „ljulka-burunki" (vom tatarischen Wort burun – Nase), Tassenpfeifen, aus Ton und im Feuer gehärtet, und Pfeifen aus Schilf ... Die Tabakbeutel zum Aufbewahren waren oft mit dem Bild des geliebten Mädchens bestickt. Und in der Setsch gab es eine gemeinsame Pfeife (über die der Alte Dmitri Jawornizki geschrieben hat) – eine große, bemalte, auf der die Worte standen „Kosakenpfeife – gute Ideen", und die zündeten unsere Vorfahren an, wenn sie über wichtige Angelegenheiten grübelten oder einen Feldzug vorbereiteten ... So war's.

„So war's, und wo ist deine Pfeife?", wiederholte er, schaute sich um. „Und Taras Bulba wurde getötet, als er seine verdammt Pfeife suchte ... Weil er nicht wollte, daß die Feinde sie bekommen. Und die Kosaken rauchten bereits, als in Europa Tabak noch unbekannt war ..."

Tabak

Reiner türkischer Tabak war sehr teuer. Regelmäßige Raucher besorgten ihn auf unterschiedliche Weise: manchmal für Geld, oft allerdings mit dem Säbel, oft nahmen sie ihn als Trophäe. Und manchmal als Gebühr für den Transport durch die Stromschnellen. Aber Tabak hatten sie nie genug, also überlegten die Kosaken, Wermut und andere Kräuter hinzuzufügen. Vor allem Schafgarbe, Thymian, Salbei, Distel, getrocknete Baldrianblätter, Minze und Bärenklau. All diese Kräuter haben medizinische Eigenschaften beruhigen das Nervensystem, senken den Blutdruck, verbessern den Schlaf und steigern den Appetit.

Also, Vorsicht und Mut der Kämpfer hing manchmal vom Tabak ab ... Die Saporoscher Kämpfer erkrankten eigentlich nie an Asthma, Bronchitis, Tracheitis – auch dies ist dem besonderen Kosaken-Tabak zu danken. Das Rauchen diente der Freude, der Entspannung. Weder bei den Feldzügen, noch bei der Landarbeit wurde geraucht. Mehr noch – es war ein heilendes Ritual. Ist es schlimm?

Aus dem Buch „Krir – Kampfkunst der ukrainischen Charakterniki"

Tabak „Kosakenmischung"

Zutaten:

Tabak – die eine Hälfte der Mischung
Minze und Liebstöckel oder Steinklee (Klee) – die andere Hälfte

Mischung „Ruhmreicher Tabak"

Zu drei Viertel nehmen wir traditionellen Tabak, zu einem Viertel getrockneten Estragon. Man nahm an, daß getrockneter Beifuß dunkle Gedanken verscheucht.

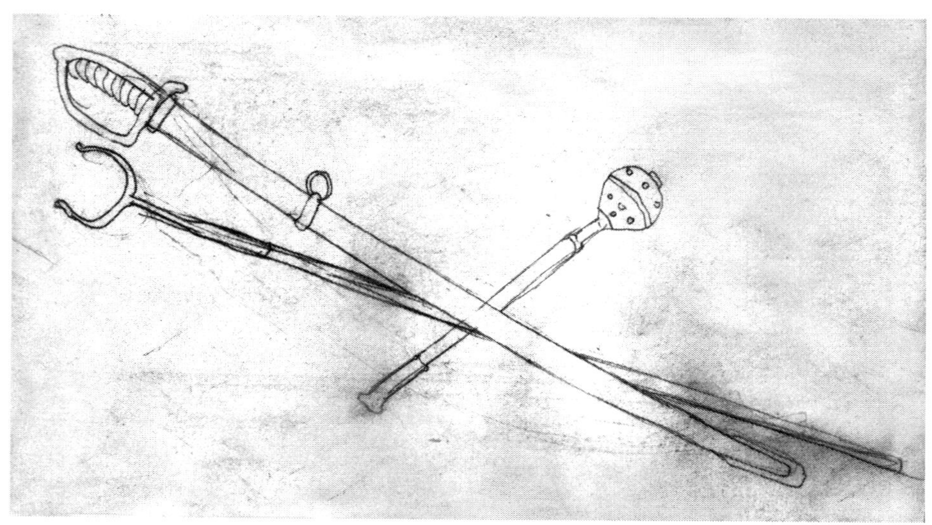

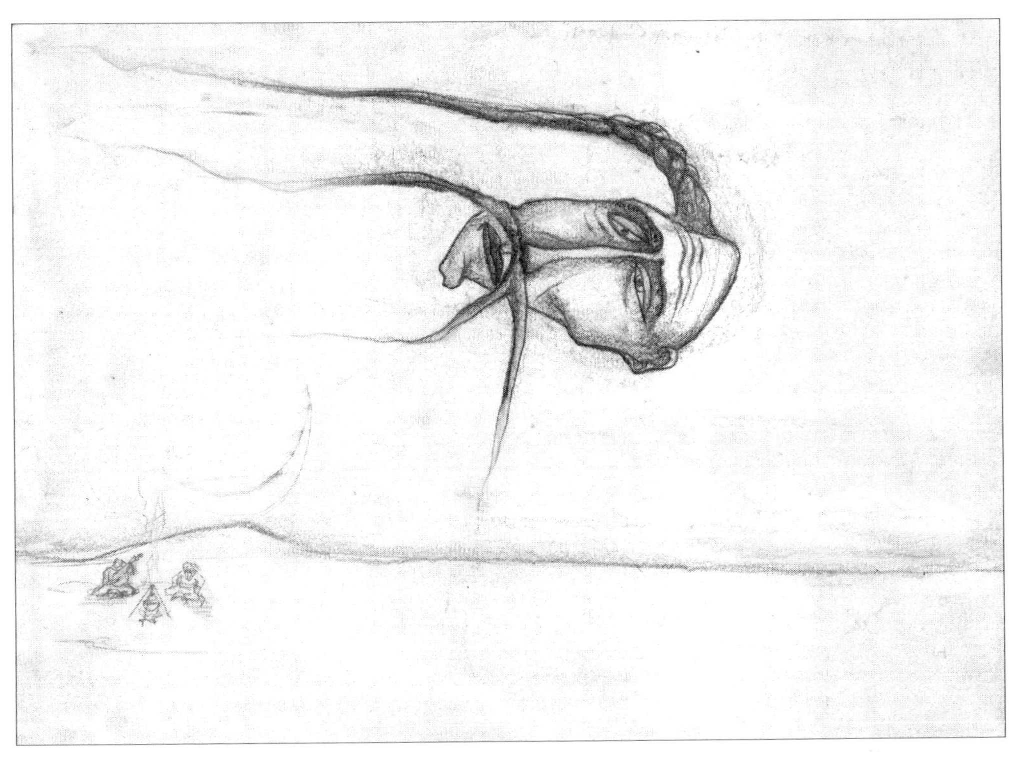

Die Pfeife erfreut die Seele ...

So weit ist es bei den Kosaken gekommen – kein Brot, kein Tabak.

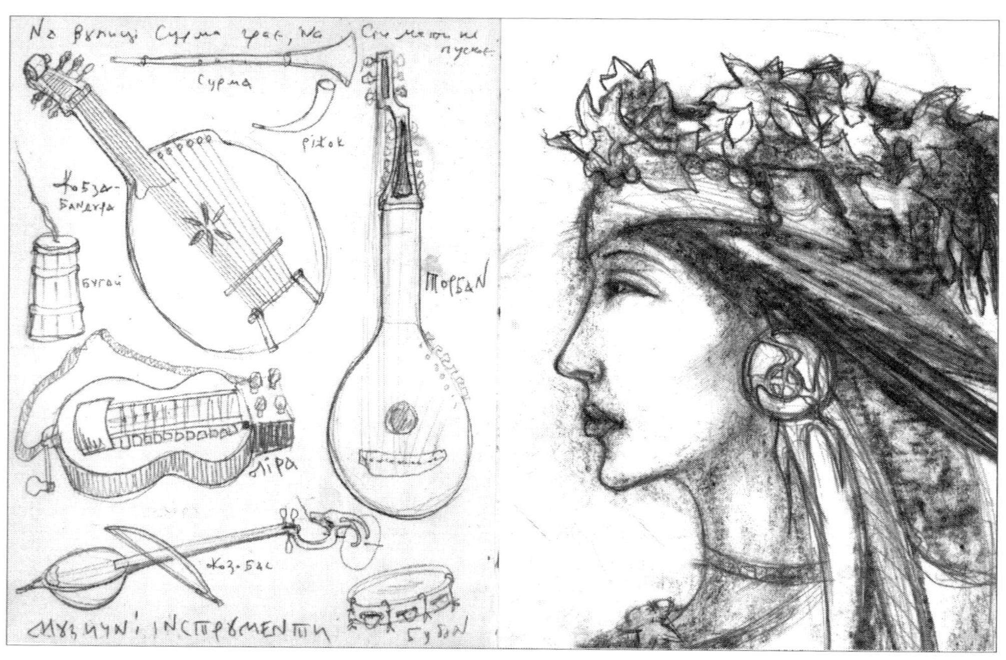

„Irgendwann hatte ich eine große Liebe ...", sagt an seiner Pfeife ziehend der Frauenheld Wolchow Haplyk. „Eine Solistin an der Oper mit lyrischem Koloratursopran ... Und irgendwann sollte sie bei einer Aufführung die Arie aus Mozarts ‚Hallelujah' singen. Man sagt, um die Stimmbänder für diesen gewaltigen Gesang zu öffnen, muß man ein Dutzend rohe Eier trinken. Und da dachte sich die Sängerin einen besonderen Salat (Vitamine und Proteine!) aus, bereitete ihn zu Hause zu und nahm ihn mit ins Theater. Und im Theater ist man mitten in den Vorbereitungen und die Emotionen schlagen hoch! Der Regisseur rennt herum, schreit: ‚Ich entlasse alle' und klatscht in die Hände. Der Saal ist überfüllt und voller Kameras! Der eine ruft, die andere lacht, der nächste probt die hohen Töne – kurzum: eine Flut des Lebens hinter den Kulissen ... Habe ich selbst erlebt und war mit Begeisterung dabei. Und nun, meine Künstlerin vor dem Auftritt und vor dem Hinter-

„Hallelujah!"-Salat

Zutaten:

200 g gefrorene Miesmuscheln
1 kleiner junger Weißkohl
1 gekochtes Ei
3 Eßlöffel Smetana vom Basar (dick und fett)
100 g Hartkäse
Salz, Zucker, Pfeffer - nach Geschmack.

Zubereitung:

Miesmuscheln in einer heißen Pfanne braten, den Kohl hacken, das Ei zerbröckeln, den Käse reiben, alles vermischen, Muscheln und Smetana hinzu fügen, gut salzen und pfeffern, mit einer Prise Zucker abrunden.

grund des hysterischen Chefs holt leise, leise den Salat hervor und zusammen mit Violetta und Tarantella und bereits in Reifrock und geschminkt schlingen sie den Salat aus einem Plastikbehältnis hinunter. Und da klingelt es auch schon zum dritten Male und das Konzert der Saison beginnt. Ich bin im Zuschauersaal, zersteche mir vor Aufregung die Hände an den Rosen, halte den Atem an. Donnerndes Orchester.

Was ich also sagen will, meine Freunde – mit einer solchen Gewalt und einer solchen Furore wie bei diesem Konzert habe ich die beste Opernarie der Welt in meinem Leben noch nicht gehört. Und ich habe sie in Mailand und in New York gehört ... Und all das war diesem Salat gedankt ... Selbst der Regisseur war nach der Vorstellung ganz aufgelöst, gab allen drei neue Rollen und war bestrebt, das Geheimnis des Rezepts zu erfahren."

Die Rezepte sind ausgesucht – mögen die Gäste kommen!

Ein großes Danke an alle Brüder, die Rezepte zu diesem Buch beigesteuert und viele Ratschläge für dieses notwendige Traktat erteilt haben.

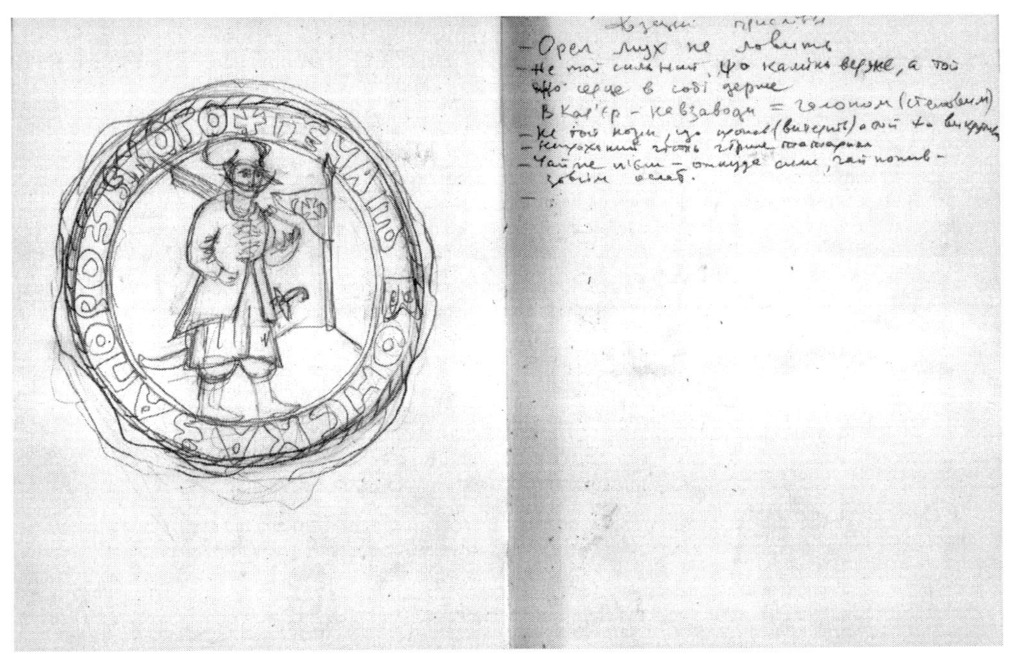
– Орел мух не ловить
– Не той сильний, що камінь верже, а той що серце в собі держе

Wer sind sie, die Kosaken?

„Kosak?" Ein Unbekannter mit langem weißen Bart deutete auf meine Stirnlocke.

„Wie kommen Sie darauf?" scherzte ich, schon ein wenig müde von der Präsentation der „Kosakenküche". „Mein Großvater und mein Urgroßvater waren Kosaken."

Meinem versteckten Humor schenkte der Alte keine Aufmerksamkeit und beschämte mich dadurch. Ich mußte mich korrigieren.

„Und woher stammen Ihre Vorfahren?"

„Aus dem Gebiet Tscherkassien. Wo der Ros in den Dnjepr mündet. Waren Sie einmal dort?"

Ich kenne die Gegend sehr gut. In der Nähe, in Trachtemirowa, hatte ich zusammen mit Freunden auf der Welle der Wiedergeburt der Kosaken in den 1990er Jahren eine unabhängige Kosakensiedlung gegründet. Der Dnjepr-

Steilhang, die Steppe und der Fluß, all das wurde von Taras Schewtschenko, dem großen Dichter unseres Landes, besungen.
Großvater Garmyder (russisch: Kuterma), das war sein eigentlicher, sein Kosakenname, erzählte interessante Dinge: Daß ihm sein Großvater nicht erlaubte, mit am Tisch zu sitzen, solange er die alten Stammeslegenden nicht auswendig gelernt hatte ... Daß sein Großvater vor dem Ostergottesdienst den alten „Ordynka"-Säbel holte, ihn küßte, ihm leise etwas zuflüsterte, als ob er sich entschuldigte, ihn wieder zurücklegte – und erst dann in die Kirche ging. Er berichtete von den unbekannten Ustinsker Büchern und von den Kachtyriw, die sie bei sich zu Hause aufbewahrten. Garmyder erinnerte sich, daß sein Großvater zu sagen pflegte:
„Wir, Enkel, sind Kosaken, die anderen sind Graki! (ukrainisch: graki, russisch: gratschi – Saatkrähen, Vögel, die ständig im Boden picken) Vergiß das nicht."
Ich protestierte sofort:
„Wieso? Es kann nicht sein, daß sich die Kosaken über diejenigen erheben, die den Boden bearbeiten!"
Aber Garmyder erklärte ruhig:
„Darum geht es nicht. Aber sage, warum haben wir nach zwanzig Jahren Unabhängigkeit heute eine so gesetzlose und von Banditen beherrschte Ukraine? Die Antwort ist einfach. Diese Ukraine haben die Graki gebaut, nicht die Kosaken. So ist es."
Da waren die Zeiten, als sich die Kosaken-Ukraine im Bürgerkrieg erhob, für Batka Machno, für Petljura, und als sich der Kuban erhob! In den 1920er Jahren war es in den selbstverwalteten Kosakendörfern eine Sache weniger Stunden, hundert oder sogar zwei-, dreihundert bewaffnete und gut ausgebildeten Reiterkosaken zu mobilisieren. Und welche ungebetenen „Gäste" auch erschienen – gegen sie leisteten alle Widerstand, um ihre Familien, ihr Land zu schützen. Vor dieser Ukraine hatten die Besatzer immer Angst, deshalb sollte das Kosakentum vollständig zerschlagen werden oder degenerieren. Und dann wurden im letzten Jahrhundert diese besonderen Graki groß-

gezogen. Diese Saatkrähen, deren Name Hase ist und denen ein Stück Wurst teurer als die Unabhängigkeit ist, jene, die ihre Mutter und ihre Heimat zum eigenen Vorteil verkaufen ... Nicht nur einmal in ihrer Geschichte haben sich die Kosaken verbrannt, weil sie den Graki vertrauten.

Einmal habe ich im Kuban, woher meine Mutter stammt, meine Verwandten gefragt: Seit ihr ukrainisch oder russisch. Und was antworteten sie? Nicht russisch, nicht ukrainisch. Wir sind Kosaken!

Während ich mit Garmyder hin und her redete, trat ein mir bekannter Gast aus Europa zu uns. Er fragte: „Warum haben Sie über sich als Kosaken geschrieben. Wann ist man Kosake?"

So gut ich konnte, erklärte ich, daß „Kosake" sowohl ein Name als auch ein Verständnis des historischen Ukrainers ist. Dann interessierten wir uns dafür, was man in Europa über die Kosaken weiß. Im Laufe des Gesprächs wurde deutlich, daß das Bild von den Kosaken bei unseren europäischen Freunden eng begrenzt ist. Der Kosak, damit verbindet man den Don-Kosaken-Chor mit

seinen Liedern und Tänzen, weiter sind Kosaken Mörder ohne Prinzipien – im heutigen Verständnis vor allem aufgrund der Beteiligung von Kosaken an der Ermordung der russischen Zarenfamilie. Und es gibt noch ein stabiles Bild des Kosaken im Westen: Verkleidete Clowns seien sie, die Wareniki essen und auch Pluderhosenträger genannt werden.

Der Bekannte schlenderte weiter, um andere Gespräche zu suchen. Aber Großvater Garmyder und ich blieben am Thema hängen. Wie viele berühmte Kosaken gibt es denn? Und kannst du sie aufzählen – Fürst Swjatoslaw der Eroberer und sein Heer, Ilja Muromez, der Recke Swjatogor, der am Dnjepr-Steilhang geboren wurde ... Die bekanntesten sind natürlich die Saporoscher Kosaken am Unterlauf des Dnjepr mit ihren legendären acht Setschs, die ihre Anfänge in der indoarischen Epoche als Kaste der Krieger hatten, mit ihrer immer gleichen Stirnlocke, ihrem Schnurrbart, Knebelbart genannt, und ständig auf dem Rücken der Pferde.

Und welche Kosaken können wir noch nennen? Die Registerregimenter vom Dnjepr, die Vorstadtregimenter – im Gebiet Sumy und Charkiw in der Ukraine, in Südrußland, am Oberlauf des Don –, dann die Schwarzmeer-, die Kuban- und die Terekregimenter. Aber es waren und sind gerade die Unsrigen, die ukrainischen Kosaken, die die Freiheit als höchstes Gut schätzten und sich nie vor dem Doyen beugten. Im Kosakentum sahen sie ihre Lebensweise.

Das russische Kosakentum am Don entstand aus dem Saporoscher Kosakentum. Natürlich, dort gab es eigene Sitten, dort wurde die Kosakengemeinde ergänzt aus den Reihen der zaristischen Bauern und Leibeigenen. Deshalb ist für die russischen Kosaken – vom Don, aus dem Ural, aus Sibirien und aus Transbaikalien – die Achtung vor dem Rang charakteristisch. Von seinem Geist her steht das russische Kosakentum näher zur militärischen Ordnung.

Und so ist vollkommen klar, erörterten wir weiter: Der gesamte eurasische Steppengürtel über Sibirien bis in den Fernen Osten weiter bis Alaska, Nordkalifornien und zu den Aleuten wurde erobert und besiedelt von leidenschaftlichen Kosaken. So wie Nordamerika erobert und besiedelt wurde von

europäischen Emigranten, die zu einer eigenen Nation – der amerikanischen – wuchsen. Und auch die Kosaken kann man als eigenen Ethnos bezeichnen. Aber wie entstand dieses ewige Bild des grausamen Kosaken? Klar. Dieses Bild entstand bei unseren Nachbarn nicht ganz zufällig. Der Kosak lebte auf freiem Land, an der Grenze, die tagtäglich geschützt werden mußte, er lebte in ständiger Kampfbereitschaft. Die Kosaken waren Berufskämpfer, und buchstäblich alle – Franzosen und Deutsche, Polen und Schweden wie auch die Russen – luden sie ein, in ihren Streitkräften zu dienen. Die althergebrachten Militärtraditionen und die Beschäftigung mit militärischen Angelegenheiten von frühester Kindheit an brachten eine Mentalität der Kampfesleidenschaft hervor, für die Ruhm, Wille und Ehre teurer waren als das eigene Leben. Eine ähnliche Weltanschauung als Militärkaste finden wir bei den japanischen Samurai und den griechischen Spartanern an. Es ist nachvollziehbar, daß diese „Kriegs- und Kampfromantik" das Bild der Kosaken geprägt hat.
Nehmen wir zum Beispiel die Tatsache, daß wir in jedem historisch dokumentierten Krieg in Europa auf Kosaken treffen. Man denke etwa an den Sturm auf die Zitadelle im französischen Dünkirchen, der von Iwan Sirko angeführt wurde, an die Napoleonischen Kriege, an den Krimkrieg zwischen Rußland und der Türkei, die Verteidigung und Befreiung Wiens, den Ersten und Zweiten Weltkrieg ... In der österreichisch-ungarischen Armee gab es seinerzeit sogar die Anweisung, daß man in einen Kampf gegen die Kosaken nur mit fünffacher Überlegenheit zieht. Und noch, erinnern wir uns an die Eroberung Sibiriens durch den Kosaken Jermak, die Erhebung unter Jemeljan Pugatschow (ein Nachkomme des Kosaken Pugatsch), an Stepan Rasin, und wir könnten Dutzende weitere Beispiele nennen. Und überall, wo Kosaken kämpften, wurden sie berühmt für ihren militärischen Einfallsreichtum, ihre Ausdauer, ihre Disziplin, auch ihre Hexerei. Ich erinnere nur an die respektvolle Bezeichnung „Charakterniki" (ein Kosakenkämpfer, der magische Kenntnisse und Fähigkeiten besitzt) und an die Kosaken-Aufklärer – Plastuni genannt. Und von wem stammt etwas im heutigen Militärverständnis so Ge-

wöhnliches wie der Scharfschütze und die Schützengräben? All das sind „Erfindungen" der Kosaken. Oder nehmen wir das U-Boot – ein umgedrehtes Boot –, auch das haben sich Kosaken ausgedacht.

Der gesellschaftliche Aufbau der Kosaken – eine Militärdemokratie – brachte unter Hetman Pylyp Orlyk eine der ersten freiheitlichen Verfassungen Europas hervor. Das war Anfang des 18. Jahrhunderts.

Und die Kosakenfrauen. Der Platz der Frauen in der Kosakengemeinschaft war schon immer ein besonderer - vielleicht aufgrund der alten Sarmaten-Amazonen am Schwarzen und am Asowschen Meer. Es ist schwer vorstellbar, aber zu Zeiten, als im mittelalterlichen Europa die Männergemeinde noch darüber beriet, ob die Frau eine Seele habe, war es bei uns wie folgt: die Kosakenfrau konnte selbst um einen Geliebten werben (und Gnade Gott, man wies sie ab). Oder folgende Regel war verbreitet: Ein wegen eines Verbrechens verurteilter Kosake konnte von einer jungen Frau durch Gelübde, mit ihm eine Familie zu gründen, vor der Hinrichtung gerettet werden. Und den Witwen gestorbener Waffenbrüder wurde immer geholfen, daß sie ihre Kinder großziehen konnten, bis diese auf eigenen Füßen standen ... So viel also zu den grausamen und seelenlosen Kosaken.

Für Trunkenheit bei Feldzügen wurde man hingerichtet. In der Setsch war man immer kampfbereit. Da muß man nur daran erinnern, daß die Kosaken 15 000 osmanische Janitscharen vernichteten, die in der Hoffnung, daß die Kosaken sich in der Weihnachtsnacht nicht auf den Beinen halten konnten, angegriffen hatten,.

Aber sie feiern, die Kosaken, und wie sie feiern! Wenn sie von ihren Feldzügen in die Ukraine zurückkehrten, waren sie bemüht, die Schrecken des Krieges zu vergessen. Dann feiern sie mit dem Wind, um all ihr „Kosakenbrot" auszugeben, sie bringen alle Trophäen mit und geben alles gleich aus, nichts bleibt bei ihnen. Wenn sie trinken, dann tanzen sie unbedingt den berühmten Gopak. Und mit diesem Tanz kann man nicht betrunken werden. Man muß jedoch von guter Gesundheit sein, bei den Drehungen und Sprün-

gen ... Und die Kosaken feiern auf großem Fuß, denn das ist das Schicksal des Kriegers: Heute lebst du – morgen bist du tot.
Und nun zum Etikett des Pluderhosenträgers. Wie oft habe ich das gehört in den zwanzig Jahren, die ich nun Kosakenhosen trage. Bis heute habe ich nicht verstanden, worum es dabei eigentlich geht. Vielleicht um diejenigen, die die Kleidung ihrer Vorfahren tragen, aber selbst keine Würde haben? Ich persönlich habe nie Schöneres gesehen, als Menschen in ihrer Nationaltracht. Für eine gute Kosakenhose braucht man zwölf oder mehr Meter erstklassigen teuren Atlas (Seidenstoff). In der Pluderhose des legendären Iwan Sirko konnten dreißig Kosaken Platz finden. Im Kampf konnten sich in den Kosakenhosen die Säbel und Messer der Gegner verfangen. Mit der Pluderhose kann man Fische und Krebse fangen ... Wir tragen bequeme weiche Stiefel. Und der meterlange Seidengürtel unterstützt das Kreuz bei beliebigen Anstrengungen. Und dann die „Burka" oder „Kireja" (kaukasischer Filzüberwurf) – in ihr kann man auch bei Frost schlafen, sie hält warm und trocken, wenn alles rings in Regen und Schlamm versinkt. Den Kosaken ist ihre Papacha (ihre Mütze, statt russisch „schapka"), was den Amerikanern ihre Baseballkappe ist. Es ist nicht von ungefähr, daß Mahatma Ghandi seinen Kampf um die Unabhängigkeit Indiens damit begonnen hat, sich den Stoff für seine Kleidung – die Kleidung seiner Vorfahren – selbst zu weben und seine Dhoti (Beinkleider) und sein Kurta (Oberhemd) selbst zu nähen.
So diskutieren Großvater Garmyder und ich während der Präsentation der „Kosaken-Küche". Und die Menschen, die sich um uns versammelten, mischten sich zunehmend in die Erörterung ein, die Diskussion entwickelte sich lebhaft:
„Also, wer sind sie, die Kosaken?"
„Die Kosaken haben Napoleon und Hitler gestoppt."
„Das ist ein kriegerischer Tscherkessen-Stamm, der aus Tmutarakan (Taman-Halbinsel) an den Dnjepr gekommen ist und wie niemand sonst in der Steppe kämpfen kann."

„Das sind die, die niemandem am Hals hängen und das Letzte geben."
„Ich weiß: das ist ein Subethnos. Immer schon gab es Kosaken, und gab es hörige Graki mit der Mentalität von Sklaven. Die Kosaken liebten die Freiheit über alles. Die Graki den Boden und Ruhe. Und die einen wie die anderen haben recht."
„Swjatoslaw der Eroberer war Kosak, trug die Stirnlocke – darüber schrieben bereits die Griechen."
„Nestor Iwanowitsch Machno, wenngleich die Bolschewiki ihn belogen und betrogen ... Und die Aufständischen aus dem legendären Kalten Tal aus den 1920er Jahren."
„Jeder kann selbst wählen, Kosake zu sein oder nicht ... der arme Bauer und die Waise, der Graf und der Fürst, sogar ein Ausländer ..."
„Es gab leidenschaftliche Kosaken vor 1000 Jahren, vor 500 Jahren, so wie es auch heute leidenschaftliche Kosaken gibt."
„Also, wer sind sie, die Kosaken?"
„Für Rußland eroberten sie das ganze Reich und beherrschten es. Wie im amerikanischen Wilden Westen. Man darf kein Feigling sein, um seine Familie dorthin zu bringen."
„In Rußland haben die Kosaken historisch überlebt. Und bei uns?"
„Und bei uns – Kosak sein, das ist eine Geisteshaltung, das ist Geisteskraft und Suche nach dem Willen. Viele künstlerische Menschen werden Kosaken. Aber nur wenige Wohlhabende. Weil die Reichen in der Ukraine die Graki sind. Sie haben nicht genug Willen."
Die Menschen diskutierten, nur ein blasser Geschniegelter mit Krawatte stimmte nicht zu:
„Ein moderner Kosak zu sein, ist unmöglich. Das alles ist von Gestern. Und alle – die modernen Kosaken – sind nur ein Klub von Pluderhosenträgern und Verlierern."
Mir zuckte es in den Händen, diesen Schlaukopf zu schlagen und aus der Veranstaltung zu vertreiben. Aber Großvater Garmyder erzählte – gelassen wie

Buddha – weiter: „Eine jede Besatzungsmacht in der Ukraine vernichtete das Kosakentum, weil sie das Wort selbst fürchtete. Schon im Zarenreich schufen die Herren das Bild des einfältigen kleinen Mehlkloßes, des Trunksüchtigen, des Pluderhosenträgers. Sie kleideten ihre Diener und Lakaien in billige rote Hosen und nannten sie Kosaken. So haben sie es auch in den Gemeinden gemacht. Und heute träumen die Neureichen von Kosakenlakaien, die ihnen dienen und ihnen diese Pluderhosenträger wiederkäuen. Aber tatsächlich dienen ihnen Graki, weil sich keine Kosaken für diese Rolle finden ..."
Der Geschniegelte in Anzug und Krawatte war schnell verschwunden. Und alle um uns Versammelten wurden still, verstanden, daß um das Kosakentum ein geistiger Kampf geführt wurde – und wenn die Kosaken den verlieren, dann werden ihre Kinder solche Janitscharen in Anzügen. Und ihre Kinder werden Leibeigene, Graki und Sklaven aus Überzeugung sein. Und das Seltsamste ist, daß es ihnen so gefallen wird ...
Die eingetretene Stille durchbrach ein sehniger Alter.
„Auf! Herren Kosaken! Das Kosakengeschlecht läßt sich nicht verleugnen.

Dieser Kerl ist mir so verwandt wie der Teufel der Onkel der Ziege ist."

Humor und Kochen – das rettet die Ukraine.

Die Gans ist nicht die Freundin des Schweins.

Kulesch ist nicht Kascha, fünf Rubel sind kein Geld.

Danke für den Fisch, und den Krebs nehmen wir dazu.

Der Ziege Gesundheit, dem Ziegenbock Verstand.

Der Samstag mit Sonne, der Kosak im Glück.

Nicht der ist Kosak, der umkommt, sondern der, der sich herauswindet.

Also, worüber haben wir begonnen zu sprechen. Ah, ja, über die „Kosakenküche".
Wir leben auf unserem Land, wir haben unsere jahrtausendealten Traditionen, die Felder schenken uns Weizen und Buchweizen – noch nicht genmanipuliert. Von den Schweinen bekommen wir unseren Speck. Ein Mensch mag unsere Sprache nicht sprechen, einen fremden Namen tragen, moderne aus-

ländische Kleidung tragen ... Aber das echte Kosaken-Gen zieht immer den Knödel dem Hamburger vor, bevorzugt Kulesch vor gebratenem Reis. Gerade dieses Gen hilft dem Menschen, Mensch zu bleiben – stolz und frei in allen Lebenssituationen.

Und mit einem glänzenden Toast schließt Großvater Gardymer das Gespräch. Ich gehe, etwas über dem offenen Feuer zuzubereiten – und Ihnen sage ich: Auf diese Weise leben die freiheitsliebenden Kosaken, da ist viel Witz und viel Sattheit. Und bei allem hilft uns die „Kosakenküche". Zum Wohle.

Ilja Repin. Die Saporoscher Kosaken schreiben dem türkischen Sultan einen Brief

Kurzer Blick auf die Geschichte der Kosaken

Die Kosaken (ukrainisch: козаки, russisch: казаки) sind Angehörige der Militärkaste und des Ritterordens, der für die Verteidigung der Freiheit und der Unabhängigkeit des jeweiligen Landes gebildet wurde.

Kosaken gründeten selbstverwaltete Militärverbände zuerst in der Ukraine, später im Süden Rußlands. Die erste schriftliche Erwähnung der Kosaken geht auf das 15. Jahrhundert zurück, doch waren sie bereits in sehr viel früherer Zeit bekannt. Nach einer These waren die Kosaken im 2. bis 3. Jahrtausend vor unserer Zeitrechnung eine Militärkaste (kschatrija) indoarischer Stämme am Mittellauf des Dnjepr. Nach einer anderen Hypothese kam das Kosakentum in der Zeit der Kiewer Rus (9. bis 13. Jahrhundert) auf – einer der herausragenden Vertreter der Kosaken war der Kiewer Fürst Swjatoslaw der Eroberer (957 bis 972), der die Grenzen des Kiewer Fürstentums bis an die Donau und die Wolga erweiterte.

Die Kiewer Rus wurde von den mongolisch-tatarischen Horden im 12. Jahrhundert zerstört. Die Kosaken stellten danach die Truppen zur Verteidigung der

Grenzgebiete, wodurch eine Art Pufferzone zwischen dem islamischen Orient und dem christlichen Westen entstand.
Das Saporoscher Heer wurde Mitte des 17. Jahrhunderts auf den unbesiedelten Gebieten der südlichen Ukraine am Unterlauf des Dnjepr – dem sogenannten Freien Feld – gegründet. Oberhalb der Dnjepr-Stromschwellen errichteten die Kosaken befestigte Siedlungen – die Setschs, die Militär- und Verwaltungszentren der Saporoscher waren.
Im 16. und 17. Jahrhundert nahmen die Kosaken an vielen Kriegen in Europa als angeworbenes Heer teil, sie führten Kriegszüge zu See und an Land auf dem Gebiet des Osmanischen Reiches, befreiten Gefangene und verteidigten die Grenzen der christlichen Welt.
Im 17. Jahrhundert begann unter der Führung von Hetman Bogdan Chmelnizki der Krieg für die Unabhängigkeit der ukrainischen Gebiete von der Rzeczpospolita – der Königlichen Republik Polen-Litauen. Danach wurde auf Basis der Traditionen und der Selbstverwaltung der Kosaken die unabhängige Kosaken-Republik ausgerufen – das Hetmanat. Im Jahre 1654 waren die Kosaken im Kampf um die Unabhängigkeit der Kosakenrepublik gezwungen, ein Bündnis mit Moskau einzugehen. Aber der Moskauer Zar verriet das Bündnis und unterzeichnete das Bündnis mit Polen-Litauen. Das Hetmanat wurde zwischen beiden Reichen aufgeteilt.
Im Großen Nordischen Krieg von 1770 bis 1771 zwischen Schweden und Rußland kämpften die Kosaken auf der Seite der Schweden in der Hoffnung, der Besatzung durch Moskau zu entkommen. Doch der Sieg Rußlands in diesem Krieg führte zur Aufhebung der ukrainischen Autonomie im Russischen Reich. Im Jahre 1775 zerstörte Zarin Katharina II. die Saporoscher Setsch, und ab dem Jahre 1783 verstärkte sie die Bevölkerung der neuen russischen Kolonie.
Das Russische Reich setzte die Kosaken – zumindest den Teil, der sich bereit erklärt hatte, ihm zu dienen – zum Schutz seiner Grenzen und zur Ausdehnung seines Territoriums ein.
Das Kuban-Heer wirkte auf dem Territorium vom Asowschen Meer bis in den Nordkaukasus. Kosakenverbände eroberten und beherrschten den Kaukasus, Si-

birien und Alaska. Die Kosaken waren von Steuern befreit, sie waren nicht unterjocht, und neu annektierte Ländereien wurden ihnen unentgeltlich zur Nutzung überlassen. Im Gegenzug übernahmen die Verbände den Grenzschutz des Russischen Reiches.
Die neu erschlossenen Gebiete waren das ersehnte Ziel großer Teile der Bevölkerung Rußlands. Hierhin strebten die Freigeister, diejenigen, die mit der herrschenden Macht nicht einverstanden waren. Alle, die auf der Suche nach einem freien Leben waren, schlossen sich den Kosaken an.
Vom 16. bis 19. Jahrhundert waren die Kosaken Teil der russischen Armee und hatten einen aktiven Teil an allen Kriegen des Zarenreichens: an den russischen Krimkriegen vom 16. bis 18. Jahrhundert, am Russisch-Türkischen Krieg 1787 bis 1792, am Kaukasuskrieg, am Russisch-Japanischen Krieg 1904/1905.
Im Ersten Weltkrieg, der Rußland schließlich zur Oktoberrevolution führen sollte, organisierte die freie Kosakenbevölkerung eine Rebellenarmee, die Kosaken führten einen aktiven Partisanenkrieg, waren die Initiatoren der Schaffung der Ukrainischen Volksrepublik. Auch der Kuban wollte sich der Ukraine anschließen. Als der Bürgerkrieg ausbrach wurde die Ukraine wieder von Rußland, nun bereits dem bolschewistischen, besetzt. In den 1930er Jahren rächte sich die bolschewistische Macht am ukrainischen Volk für dessen Widerstand; Repressionen, die Zwangsumsiedlung der Bevölkerung, die Hungersnot in der Ukraine und im Kuban waren die Folge. Im Kosakentum sahen die Bolschewisten eine potentielle Bedrohung. Die Sowjetmacht zielte auf die Zerstörung der Idee des Kosakentums an sich, auf die Zerstörung des Kosakentums als ein eigenständiges politisches, ethnisches und wirtschaftliches Gemeinwesen – sie verfolgte die sogenannte Politik der Entkosakisierung.
Diejenigen Militärverbände der Kosaken, denen die Emigration gelungen war, bildeten den Kern der Ukrainischen Aufstandsarmee, die für die Unabhängigkeit der Ukraine im Zweiten Weltkrieg kämpfte. Der Sieg der Sowjetunion im Zweiten Weltkrieg, in dem ein Teil der Kosaken auf Seite der Deutschen für ihre Unabhängigkeit kämpften, brachte neue Repressionen mit sich.

In den späten 1980er Jahren wurde das ukrainische Kosakentum wiedergeboren und schloß sich aktiv dem Kampf für die Unabhängigkeit der Ukraine an. In der modernen Ukraine ist die Kosakenschaft ein patriotisches und von Leidenschaft getragenes Element der Gesellschaft. Das Kosakentum hat seine eigene militärische, kulturelle und gesellschaftliche Bildung. Die ukrainischen Kosaken sind längst nicht so zahlreich wie die russischen. Das russische Kosakentum wird aktiv vom Staat unterstützt und zugleich genutzt, um die herrschende Macht und die Ordnung zu schützen.

In der Geschichte der Ukraine hat das Kosakentum eine außergewöhnliche und symbolische Bedeutung, denn es beeinflußte die Herausbildung des ethnischen Bewußtseins, die Besonderheiten des nationalen Charakters und der Kultur in hohem Maße. Die Tatsache der Existenz der Kosaken und des Kosakentums selbst hat die Ukrainer schon immer inspiriert, für ihre nationale Unabhängigkeit und Freiheit zu kämpfen.

Rezepte - eine Übersicht

Jawdocha
Herrschaftliche Küche

Borowik
Pilzrezepte

Der Skythe

Archaische Rezepte und Fasten

Sorwidach

Alles rund um Fleisch und Wurst

Rezepte des Priester Tschortochwost

Die Küche der Nachbarn

Gevatter Teterja
Eingelegtes und Eingemachtes

Die Frauen und die Torten

Wolchow Haplyk
Gerichte über dem offenen Feuer, Kaffee und Tabak

Glossar

Adschika – eine scharfe Würzsauce, kommt ursprünglich aus Abchasien

Amarant – Amarant oder Inkaweizen heißen die mild nussigen Körnerfrüchte des Gartenfuchsschwanzes. Diese Pflanze wird seit Jahrtausenden weltweit angebaut. Amarant ist ein stärkehaltiger Pflanzensamen, der wie Getreide genutzt wird.

Ataman – bei den Kosaken militärischer Rang, zum Teil auch frei gewähltes Oberhaupt

Batko – Väterchen, Ehrbezeichnung, auch gegenüber Höhergestellten

Bej – Militärrang, im Osmanischen Reich Statthalter einer Provinz unter einem Pascha

Blini – eine Art Eier- oder Pfannkuchen, als dünne Fladen gebacken, gerollt oder gefaltet, mit süßer oder deftiger Füllung oder Aufstrichen, wird warm gegessen

Bogratsch (Kesselsuppe) – als Bogratsch wird ursprünglich in Ungarn der Kessel bezeichnet, in dem über offenem Feuer und ohne Deckel Gulasch (Rinderhirtenfleisch) und andere Suppen und Eintöpfe gekocht wurden

Borschtsch – eine in Ost- und Mitteleuropa verbreitete Suppe. In der ukrainischen Variante wird sie fast immer mit Fleisch, Rote Bete und Weißkohl bereitet.

Burdjug – archaische Unterkunft bei den Kosaken, eine Art Erdhütte

Charakterniki – ein Kosakenkämpfer, der magische Kenntnisse und Fähigkeiten besitzt

Deruni – Kartoffelpuffer oder Kartoffelplätzchen

Epiphania – die orthodoxen Kirchen, die liturgisch am Julianischen Kalender festhalten, feiern die Taufe des Herrn am 19. Januar

Galuschki – typisches ukrainisches Alltagsgericht aus Teig, der in Brühe, Wasser oder Milch gekocht und mit Butter oder Smetana gereicht wird

Gevatter – altertümliche Bezeichnung für Taufpate, in der orthodoxen Kirche derjenige, der bei der Taufe vor Gott die Verantwortung für die geistige Erziehung des Getauften übernimmt

Gorilka – ukrainischer Wodka

Guljaipolsker Batka Machno – Nestor Machno war ein ukrainischer Anarchist, der zwischen 1917 und 1921 während des russischen Bürgerkriegs zum Anführer der nach ihm benannten Machnowschtschina, einer anarchistischen Volksbewegung in der Ukraine, wurde

Gumak – humoristische Bezeichnung für das Behältnis für selbstgebrannten Wodka

Janitscharen – Elitetruppen im Osmanischen Reich

Jarowisierung - Jarowisation, Versommerlichen; künstliche Anwendung von Licht- und Temperaturreizen auf gequollene Pflanzensamen, die Keimung, Blüte und

Fruchtansatz unter schwierigeren klimatischen Bedingungen begünstigen oder beschleunigen (sollen). Das Verfahren der Jarowisation hat es in Rußland angeblich erlaubt, den Getreideanbau weiter im Norden zu betreiben

Hetmanat – bei den Kosaken ein historisches Gemeinwesen. Das Kosaken-Hetmanat wurde 1648 mit dem großen Kosakenaufstand gegründet und bestand bis 1782. In der ukrainischen Historiographie gilt es als Staat

Kachtyri – ein Gesetzesbuch auf der Grundlage der mündlich überlieferten Ustinsker Bücher. Aufgezeichnet in der Saporoscher Setsch kurz vor deren Auflösung durch Zarin Katharina II. Die in den Kachtyrsker und Ustinsker Büchern gesammelten Informationen, die den geistigen und historischen Kern der Nation widerspiegelten, wurden dank der Kobsaren-Sänger gerettet. Das „Kachtyri" hat die Herausbildung des Geistes und der Bildung des Dichters Taras Schewtschenko stark beeinflußt

Kahor – ein kräftiger dunkelroter Dessertwein mit hohem Zucker und Alkoholgehalt, wird traditionell zur Eucharistiefeier getrunken

Kalatsch – traditionelles ostslawisches Brotgebäck

Karawai – traditionelles Hochzeitsbrot, bekannt vor allem in der Ukraine und Rußland

Kasan – ein in der Regel großes Kochbehältnis aus Metall, das über das offene Feuer gestellt oder gehängt werden kann

Kascha – Brei, ein Gericht aus geschrotetem oder gemahlenem, in Flüssigkeit gekochtem Getreide oder auch anderen Zutaten von dickflüssiger bis halbfester Konsistenz

Kissel – süßsaure Mehlspeise, die aus Fruchtsaft gekocht wird

Kobenjaki – ein Übermantel mit Kapuze

Kobsar – Kobsaren sind Sänger ukrainischer Volkslieder, die ihren Gesang mit Saiteninstrumenten wie Bandura oder Kobsa, von der ihr Name stammt, begleiten. In alten Zeiten erfüllten sie eine wichtige gesellschaftliche Funktion. Durch die Texte ihrer Lieder konfrontierten sie die Zuhörer kritisch mit den politischen Vorgängen im Lande

Koljada – ursprünglich ein vorchristliches rituelles Winterfestival, das später in das orthodoxe Christentum eingebunden wurde. Kinder und Jugendliche gehen von Haus zu Haus, singen und streuen Getreide aus, um den Bewohnern Glück und Erfolg zu wünschen. Sie erhalten dafür Süßigkeiten oder ein kleines Geld

Kulesch – ein ukrainisches Nationalgericht, eine Suppe, ein Brei aus Hirse, oft mit Grieben und Zwiebeln

Kummet – das Kumt (oft auch Kummet oder Kummt) ist ein steifer, gepolsterter Ring oder besteht aus gepolsterten Ringsegmenten. Es wird dem Zugtier um den Hals gelegt und erlaubt es, die Zugkraft durch eine der Tierart entsprechende Gestaltung sinnvoll auf Brustkorb, Schultern und Widerrist zu verteilen

Kumys – gegorene Stutenmilch, leicht alkoholhaltig

Kurgan – Hügelgrab

Kutja – eine süße Getreidespeise aus geschältem und gekochtem Weizen, Honig, gehackten Nüssen, gemahlenem oder zerriebenem Mohn und Rosinen. Die Zutaten symbolisieren Hoffnung und Unsterblichkeit, Erfolg, Glück und Ruhe

Kwas - ein altes ostslawisches kohlensäurehaltiges Erfrischungsgetränk, das durch Gärung aus den Grundzutaten Wasser, Roggen und Malz gewonnen wird. Obwohl meist aus Brot oder Zwieback hergestellt, gibt es auch andere Rezepturen, zum Beispiel Kwas aus Birnen, Beeren oder anderen Früchten

Lab – ein Gemisch aus den Enzymen Chymosin und Pepsin, das aus dem Labmagen junger Wiederkäuer im milchtrinkenden Alter gewonnen und zum Ausfällen des Milcheiweißes bei der Herstellung von Käse benötigt wird

Lemischka – ukrainisches Gericht aus Buchweizenmehl mit Speck, ein Auflauf

Lepjoschki – Fladen

Muromets, Ilja – Heldengestalt der Kiewer Tafelrunde, einer der bekanntesten Bogatyre (Recken)

Okroschka - kalte Suppe

Ordynka – eine besondere Form des Säbel

Pan – slawische Bezeichnung für Herr

Panir – ein Frischkäse mit krümmeliger bis schnittfester Konsistenz

Paska – traditionelles Osterbrot

Pirogge – allgemein eine Teigtasche oder ein Küchlein mit unterschiedlichen Füllungen

Poltawer Sotskim – bis zur Oktoberrevolution ein Polizist

Pope – veraltete Bezeichnung für Priester in der orthodoxen Kirche

Rigveda – ist der älteste Teil der vier Veden und zählt damit zu den wichtigsten Schriften des Hinduismus

Rjaschenko – fermentiertes Sauerrahmerzeugnis

Roschna – Gabel mit nur einem Zinken

Ruschniki – Stoffbahnen

Samogon – selbstgebrannter Gorilka, also selbstgebrannter Schnaps/Wodka

Setsch – oberhalb der Dnjepr-Schwellen errichteten die Kosaken befestigte Siedlungen - die Setschs waren Militär- und Verwaltungszentren der Saporoscher Kosaken

Smetana – eine Art Sauerrahm, wird mit unterschiedlichem Fettgehalt angeboten

Simownik – kleine Ansiedlungen, in denen Kosaken, die aus dem Dienst in der Setsch ausgeschieden waren, mit ihren Familien lebten. Den Simowniks oblag die Versorgung der Kosaken-Setschs

Sirko, Iwan – 1610 bis 1680, ein ukrainischer Ataman der Saporoscher Kosaken, um dessen Leben viele Legenden geschaffen wurden
Stjablo – ein ausgehöhltes Brett, in dem die Ucha serviert wurde, oder eine Art Gitter, auf dem der Fisch liegt und in der Ucha zu schwimmen scheint
Swjatogor – mystischer Bogatyr (Recke) der Kiewer Tafelrunde, die Legende „Ilja Muromets und Swjatogor" ist Teil des „Ilja Muromets"-Zyklus. Von Swjatogor – heiliger Berg – soll Muromets seine übernatürliche Kraft erhalten haben
Swjatowit – Svantovit (Swantewit, Svetovit) ist eine slawische Gottheit. Er war der Kriegsgott und die oberste Gottheit der Ranen auf Rügen und anderer Elb- und Ostseeslawen, vergleichbar mit dem obersten Gott Perun anderer slawischer Stämme. Slawische Gottheiten haben oft mehrere Köpfe. Swjatowit ist vierköpfig, jeder Kopf schaut in eine Himmelsrichtung
Tschumak – Kaufleute und Händler die mit Salz handeln, ein historischer Beruf auf dem Gebiet der heutigen Ukraine, vor allem am Asowschen und am Schwarzen Meer
Ucha – klare Fischsuppe
Ustinsker Bücher – mündlich überlieferte Gesetzessammlung. Eine Art historisches Gedächtnis des Volkes. Kobsaren durchstreiften die Ukraine und überlieferten die Sammlung von Mund zu Mund, manchmal begleiteten sie sich selbst mit der Kobsa
Varaha – die dritte Inkarnation (avatara) des Gottes Vishnu in Gestalt eines Ebers
Veda – wörtlich: „Wissen", eine zunächst mündlich überlieferte, dann schriftlich fixierte Sammlung religiöser Schriften im Hinduismus
Veles – einer der Hauptgötter in der slawischen Mythologie
Wareniki – Beeren- oder Quarkknödel
Warenje – eine marmeladenartige Substanz aus Früchten, wird zum Tee gereicht
Werguni – in Öl ausgebackenes Gebäck
Werst – Längenmaß im zaristischen Rußland, 1 Werst = 1066,78 Meter

Maßeinheiten

Glas = 0,2 Liter oder 200 Gramm
Grad in Verbindung mit alkoholischen Getränken = Prozent
Gramm in Verbindung mit alkoholischen Getränken = Milliliter
Tasse = 0,2 Liter oder 200 Gramm

Ruslan Naida - wurde in der Familie eines Militärangehörigen geboren, stammt aus einer Kosakenfamilie aus dem Kuban. Naida ist Bildhauer, Schriftsteller und Kobsar. Zusammen mit den Gleichgesinnten der „Neuen Setsch" entwickelt er unabhängige Siedlungen in der Dnjeprregion. Er züchtet Pferde, schreibt und illustriert Bücher und schafft Heldenskulpturen der ukrainischen Steppe.

Lesja Gontschar – wurde in der Familie des bekannten ukrainischen Schriftstellers Oles Gontschar geboren, sie schreibt Märchen für Kinder und historische Romane für Jugendliche.

2012 erschien das erste Gemeinschaftsprojekt: „Kosakischer Roman". Ruslan Naida und Lesja Gontschar haben zehn Jahre in den USA gelebt, nach der Geburt ihrer Söhne Nestor und Damian kehrten sie in die Ukraine zurück. Sie leben in Kiew.